县域经济发展模式研究
——以贵州省为例

李家凯　著

本书的出版得到了"贵州省一流大学——经济学专业教学团队"
建设经费资助

科学出版社

北　京

内 容 简 介

  本书立足于贵州省县域经济发展的现实，研究了县域经济发展模式，共分为十一章。通过贵州省县域经济发展模式的十个典型案例，提炼模式的经验与启示，由此提出了贵州省县域经济发展的措施和对策建议。

  本书既可以作为普通高等院校区域经济学、产业经济学本科、研究生的教学参考资料，也可以作为该领域专家、学者科学研究的参考资料，还可以作为地方政府制订产业发展相关规划、战略的决策参考依据。

图书在版编目（CIP）数据

县域经济发展模式研究：以贵州省为例/李家凯著. —北京：科学出版社，
2019.9

  ISBN 978-7-03-058291-1

  Ⅰ.①县⋯　Ⅱ.①李⋯　Ⅲ.①县级经济－经济发展模式－研究－贵州
Ⅳ.①F127.73

  中国版本图书馆 CIP 数据核字（2019）第 161043 号

责任编辑：邓　娴／责任校对：杨　赛
责任印制：张　伟／封面设计：无极书装

科 学 出 版 社 出版
北京东黄城根北街 16 号
邮政编码：100717
http://www.sciencep.com

北京盛通商印快线网络科技有限公司 印刷
科学出版社发行　各地新华书店经销
＊
2019 年 9 月第 一 版　开本：720×1000　1/16
2020 年 1 月第二次印刷　印张：15 3/4
字数：287 000
定价：120.00 元
（如有印装质量问题，我社负责调换）

前　言

县域经济，是以县级行政区划为地理空间，以县级政权为调控主体，以市场为导向，优化配置资源，具有地域特色和功能完备的区域经济。县域经济属于区域经济学的范畴，在幅员辽阔的中国，它有着特有的历史地位和深刻内涵。具体来讲：县域经济是国民经济的基本单元，是功能完备的综合性经济体系，其活动涉及生产、流通、消费、分配各环节，第一、第二、第三产业各部门。县域经济是国民经济的基础层次和基本细胞，县域经济的强弱直接影响着国民经济的兴衰。改革开放 40 年以来，县域经济发展经历了从合作社模式向联产承包、城乡统筹发展模式的变迁，是中国改革的重要组成部分。

本书主要从理论和实践两方面分别对县域经济发展模式进行阐述。

首先是理论部分，从二元经济结构理论、工业化带动论、产业结构转变论、现代要素引入论、区域发展非均衡理论、可持续发展理论等方面，着手对县域经济所涉及的理论知识进行概括介绍和阐述，并将其作为实践部分的理论支撑。县域经济所出现的问题，是基于中国县域经济不断发展而产生的。因此本书将县域经济发展理论列为优先章节。人们在县域经济活动中所面临的任何问题都与对应的空间和阶段相联系，都需要有"因地制宜"的发展战略做支撑，而战略则是在理论政策的实施下展开的。

其次是实践部分。改革开放后，特别是十八大以来，交通运输的快速发展为贵州省县域经济发展带来了天翻地覆的变化，随着"两山理论""守底线走新路奔小康""弯道超车""后发赶超"等一系列思想的提出，贵州县域经济发展模式正在从传统模式向现代化转型，他们正在依据自身的资源禀赋运用东部地区乃至国际上的先进经验进行理论和实践上的探索。该部分通过对贵州十个典型县域发展模式的经验进行研究，来探索分析贵州省县域经济发展模式转变的路径和今后的创新思路。

作　者

2019 年 6 月

目　　录

第一章　贵州省县域经济与发展模式概况

第一节　贵州省县域经济发展总体概况

一、整体概况

（一）全省概况

贵州省简称"黔"或"贵"，省会是贵阳市。贵州省地处中国西南腹地，境内地势西高东低，自中部向北、东、南三面倾斜，平均海拔为 1100 米，全省地貌可概括分为高原、山地、丘陵和盆地 4 种基本类型，高原和山地居多，素有"八山、一水、一分田"之说，是全国唯一没有平原支撑的省份，面积为 17.62 万平方千米。2017 年年末全省常住人口 3580 万人。全省有 9 个地级行政区划单位，其中 6 个地级市，3 个自治州。6 个地级市为贵阳市、六盘水市、遵义市、安顺市、铜仁市、毕节市，3 个自治州为黔西南布依族苗族自治州（以下简称黔西南州）、黔东南苗族侗族自治州（以下简称黔东南州）、黔南布依族苗族自治州（以下简称黔南州）。全省有 88 个县级行政区划单位，其中 15 个市辖区，8 个县级市，53 个县，11 个自治县，1 个特区。贵州省行政区域划分详见表 1-1。

表 1-1　贵州省行政区域划分

地州市	市辖区	县级市	县、自治县、特区
贵阳市	南明区、云岩区、花溪区、乌当区、白云区、观山湖区	清镇市	开阳县、息烽县、修文县
六盘水市	钟山区	盘州市	六枝特区、水城县
遵义市	红花岗区、汇川区、播州区	赤水市、仁怀市	道真仡佬族苗族自治县（简称道真县）、务川仡佬族苗族自治县（简称务川县）、凤冈县、桐梓县、绥阳县、湄潭县、余庆县、习水县、正安县
安顺市	西秀区、平坝区		镇宁布依族苗族自治县（简称镇宁县）、普定县、关岭布依族苗族自治县（简称关岭县）、紫云苗族布依族自治县（简称紫云县）
毕节市	七星关区		大方县、黔西县、金沙县、纳雍县、织金县、赫章县、威宁彝族回族苗族自治县（简称威宁县）

地州市	市辖区	县级市	县、自治县、特区
铜仁市	碧江区、万山区		江口县、石阡县、思南县、德江县、玉屏侗族自治县（简称玉屏县）、印江土家族苗族自治县（简称印江县）、沿河土家族自治县（简称沿河县）、松桃苗族自治县（简称松桃县）
黔西南布依族苗族自治州		兴义市	兴仁县、普安县、晴隆县、贞丰县、望谟县、册亨县、安龙县
黔东南苗族侗族自治州		凯里市	黄平县、施秉县、三穗县、镇远县、岑巩县、天柱县、锦屏县、剑河县、台江县、黎平县、榕江县、从江县、雷山县、麻江县、丹寨县
黔南布依族苗族自治州		都匀市、福泉市	荔波县、贵定县、瓮安县、独山县、平塘县、罗甸县、长顺县、龙里县、惠水县、三都水族自治县（简称三都县）

资料来源：贵州省人民政府网

2015 年，全省生产总值实现 10 502.56 亿元，人均生产总值约为 3.0 万元。其中，第一产业增加值 1640.61 亿元，第二产业增加值 4147.83 亿元，第三产业增加值 4714.12 亿元。全年全部工业增加值 3315.58 亿元，全年财政收入 2291.82 亿元，其中一般公共财政预算收入 1503.38 亿元，全社会固定资产投资 10 945.54 亿元，社会消费品零售总额 3283.02 亿元，其中城镇消费品零售额 711.57 亿元，乡村消费品零售额 571.45 亿元[①]。

（二）县域概况

全省 88 个县级行政区划单位，纳入县域体系的有 78 个县级行政区划单位（其中 5 个市辖区，8 个县级市，53 个县，11 个自治县，1 个特区），行政区域面积为 17.0 万平方千米，户籍人口 3935 万人。2015 年，人均生产总值 2.1 万元，县域生产总值为 8351.7 亿元。其中，第一产业增加值 1596.3 亿元，第二产业增加值 3328.2 亿元，第三产业增加值 3427.2 亿元，三次产业结构比重为 19.1∶39.9∶41.0。县域公共财政收入为 795.9 亿元，县域固定资产投资为 11 633.7 亿元。

二、经济分析

（一）生产总值

1. 占比分析

（1）县域占全省生产总值比重

2015 年，县域生产总值为 8351.7 亿元，占全省生产总值的 79.5%。各地州市

---

① 资料来源：《贵州统计年鉴（2016）》。

县域占全省生产总值比重为：贵阳市占 6.7%、六盘水市占 7.9%、遵义市占 15.4%、安顺市占 3.7%、毕节市占 14.3%、铜仁市占 7.4%、黔西南州占 7.7%、黔东南州占 7.7%、黔南州占 8.7%[①]。

（2）各地州市县域生产总值比重

2015 年，各地州市县域生产总值比重为：贵阳市占 8.7%、六盘水市占 9.9%、遵义市占 19.4%、安顺市占 4.6%、毕节市占 17.7%、铜仁市占 9.3%、黔西南州占 9.7%、黔东南州占 9.8%、黔南州占 10.9%。

2. 排名分析

（1）全省各地州市县域生产总值排名

2015 年，全省各地州市县域生产总值排名依次为：遵义市、毕节市、黔南州、六盘水市、黔东南州、黔西南州、铜仁市、贵阳市、安顺市。其中，遵义市生产总值高出排名第二位毕节市的 6.7%，为安顺市的 4.2 倍。

（2）全省县域生产总值排名

2015 年，全省县域生产总值排名前 10 位的依次为：仁怀市、盘州市、七星关区、兴义市、播州区、清镇市、凯里市、水城县、金沙县、威宁县。其中，前 10 位次中有 3 位分布在毕节市（图 1-1）。

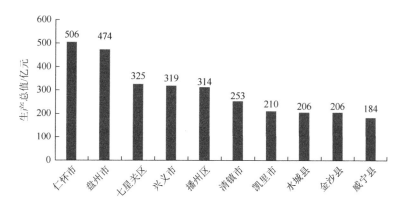

图 1-1　2015 年贵州县域生产总值排名前 10 位

2015 年，全省县域生产总值（从高到低）排名后 10 位的依次为：册亨县、岑巩县、剑河县、三穗县、锦屏县、施秉县、麻江县、台江县、丹寨县、雷山县。其中，后 10 位次的 9 位分布在黔东南州。后 10 位生产总值总和仅占排名第一位仁怀市的 61.4%（图 1-2）。

① 资料来源：《贵州统计年鉴（2016）》。

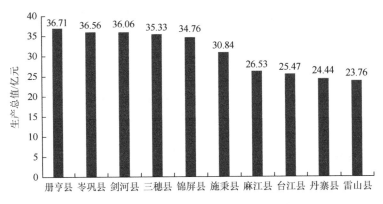

图1-2　2015年贵州县域生产总值排名后10位

资料来源：《贵州统计年鉴（2016）》

（3）全省县域人均生产总值排名

2015年，全省县域人均生产总值排名前10位的依次为：仁怀市、息烽县、清镇市、修文县、开阳县、盘州市、玉屏县、福泉市、兴义市、凯里市。其中，前10位次的4位分布在贵阳市（图1-3）。

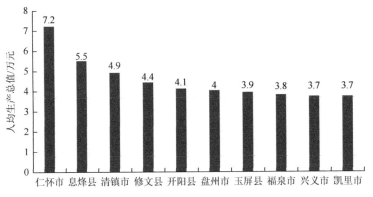

图1-3　2015年贵州省县域人均生产总值排名前10位

根据《贵州统计年鉴（2016）》，全省县域人均生产总值（从高到低）排名后10位的依次为：织金县、紫云县、沿河县、正安县、赫章县、榕江县、黄平县、务川县、务川县、威宁县，其中后10位次中分布正黔东南洲和毕市的分别有3位（图1-4）。全省县域人均生产总值排名第一位的仁怀市是末位威宁县的4.86倍。

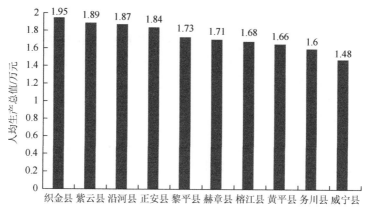

图 1-4 2015 年贵州省县域人均生产总值排名后 10 位

资料来源：《贵州统计年鉴（2016）》

（二）产业结构

1. 全省三次产业增加值比重

2015 年，全省生产总值 10502.5 亿元，其中，第一产业增加值 1640.6 亿元，第二产业增加值 4146.9 亿元，第三产业增加值 4715.0 亿元，三次产业结构比重为 15.6∶39.5∶44.9。

2. 县域三次产业增加值比重

2015 年，全省县域生产总值为 8351.7 亿元。其中，第一产业增加值 1596.3 万元，第二产业增加值 3328.2 万元，第三产业增加值 3427.2 万元，三次产业结构比重为 19.1∶39.9∶41.0。

（三）财政收入

1. 占比分析①

（1）县域占全省公共财政收入比重

2015 年，县域公共财政收入为 795.9 亿元，占全省公共财政收入的比重为 34.7%。其中，各地州市县域占全省公共财政收入的比重为：贵阳市占 1.8%、六盘水市占 3.5%、遵义市占 4.5%、安顺市占 1.4%、毕节市占 5.6%、铜仁市占 2.3%、黔西南州占 6.9%、黔东南州占 5.2%、黔南州占 3.5%。

① 资料来源：《贵州统计年鉴（2016）》。

（2）各地州市县域公共财政收入比重

2015 年，各地州市县域公共财政收入的比重为：贵阳市占 5.1%、六盘水市占 10.2%、遵义市占 12.9%、安顺市占 4.0%、毕节市占 16.1%、铜仁市占 6.6%、黔西南州占 19.8%、黔东南州占 15.0%、黔南州占 10.3%。

2. 排名分析①

2015 年，各地州市县域公共财政收入排名依次为：黔西南州、毕节市、黔东南州、遵义市、六盘水市、黔南州、铜仁市、贵阳市、安顺市。其中，黔西南州公共财政收入为安顺市的 5.0 倍。全省县域公共财政收入排名前 10 位的依次为：兴义市、凯里市、盘州市、安龙县、大方县、仁怀市、织金县、七星关区、水城县、播州区。其中前 10 位次中有 4 位分布在毕节市。全省县域公共财政收入排名后 10 位的依次为：望谟县、施秉县、印江县、雷山县、台江县、万山区、麻江县、锦屏县、江口县、丹寨县。其中，后 10 位次中有 6 位分布在黔东南州。

县域占全省公共财政收入的比重为 34.7%，其中黔西南州占比最大，占全省 6.9%。

全省人均公共财政收入为 6500 元，县域人均公共财政收入为 2022.7 元，县域为全省人均公共财政收入水平的 31.1%。全省县域公共财政收入排名，兴义市位居第一，丹寨县排名末位。第一位的公共财政收入是末位的 53.1 倍。人均县域公共财政收入排名，凯里市位居第一，赫章县排名末位，第一位的公共财政收入是末位的 28.0 倍。

全省生产总值财政贡献率为 21.8%，县域生产总值财政贡献率为 9.5%，县域是全省平均水平的 43.6%。在全省各地州市县域生产总值公共财政贡献率排名中，黔西南州位居第一，贡献率为 19.4%；贵阳市排名末位，贡献率为 5.8%。全省县域生产总值公共财政贡献率排名，安龙县位居第一，贡献率为 33.7%；赫章县排名末位，贡献率为 2.7%，第一位的财政贡献率是末位的 12.5 倍。

全省县域规模以上工业总产值为 8078.0 亿元，遵义市占比最大，占县域规模以上工业总产值的 20.2%。从县域来看，全省各地州市县域规模以上工业总产值排名，遵义市位居第一位，安顺市排名末位。第一位的规模以上工业总产值是末位的 7.5 倍；从县域来看，全省县域规模以上工业总产值排名，盘州市位居第一，末位为雷山县，排名第一位的规模以上工业总产值是末位的 467.1 倍。

---

① 资料来源：《贵州统计年鉴（2016）》。

全省县域固定资产投资为 11 633.7 亿元，其中遵义市占比最大，占县域 18.7%。全省县域固定资产投资排名，毕节市囊括全省前 10 位次的 3 位，黔东南州囊括全省后 10 位次的 8 位，排名第一位的盘州市的固定资产投资总额是末位麻江县的 27.9 倍。

第二节 贵州省经济发展模式的主要类型

一、资源带动型发展模式

贵州省资源丰富，但经济落后，整个省的资源禀赋结构呈现资本和技术相对稀缺、自然资源和劳动力资源相对丰富的特点。自然资源优势主要体现在矿产资源、能源资源、森林资源、生物资源等方面。具体表现为矿产资源种类多、储量丰富；能源资源富集；生物资源品种丰富，利于开发。贵州省统计局数据显示，贵州省生产总值位居前五名的产业分别是电力、燃气及水的生产和供应业、黑色金属冶炼及压延加工业、化学原料及化学制品制造业、有色金属冶炼及压延加工业和采矿业，仅这五个产业就占了国民生产总值的60%，其中，煤及煤化工、磷和磷化工、铝及铝加工和电力产业是贵州省的支柱产业，在未来的发展中必将继续以较快的增速带动贵州区域经济的发展。因此，必须走一条可持续的、循环发展的道路，做到统筹规划，推广先进的开采技术、工艺和设备，提高资源综合利用率。在资源使用阶段应加强对冶金、有色、电力、煤炭、化工等重点行业能源、矿石、原材料、水等资源的消耗管理，努力降低消耗，提高资源利用率；再生产环节中要减少污染的产生，对已产生的污染要进行有效的处理。延长不同行业的产业链，加强对各类废物的循环利用，争取实现零排放。在自己具有优势的产业上做到"专、精、尖"，而不是"大而全"，把产业竞争优势集中在少数几个产业上，以获得绝对优势或相对优势。把这些产业培育成经济增长极，使之发挥极化效应和扩散效应，影响和带动整个区域的发展。

二、产业承接型发展模式

产业转移是当今世界经济发展的大趋势，资源供给或产品需求条件发生变化，引起发达区域的部分企业顺应区域比较优势的变化趋势，将部分产业转移到发展中地区，从而在产业的空间分布上表现出该产业由发达区域向发展中地区转移的过程和现象。2008 年以来，由于人民币的持续升值及国际金融危机的影响，我国沿海地区以出口导向战略为主的经济发展模式受到巨大冲击，与贵州省经济发展密切相关的珠江三角洲（简称珠三角）地区尤为明显，逼迫其产业结构从劳动密集型产业向资本密集型产业及技术密集型产业方向调整，珠三角地区劳动密集型产业在要素资源价格提升及国际需求市场缩小的环境中不可避免地出现转移可能性，富士康科技集团将代工产业不断"中移"和"西进"就是最明显的例证。而贵州省也迎来了该地区产业转移过程的产业承接机会。一定意义上，贵州省具备了承接产业转移的一些现实基础，但承接何种产业、如何选择等现实问题需要慎重考量，唯有如此，才能保证产业承接路径的成功，以及实现产业结构升级和经济发展的目标。

三、旅游资源带动型发展模式

贵州省旅游资源丰富，是其最具特色的优势资源。境内自然景观和人文景观多种多样，加之喀斯特地貌所形成的独特的地形特征，旅游资源在种类和整体组合方面的综合优势十分明显，其开发价值和市场潜力十分突出。

除富有地方特色的民俗文化外，还有以山石风景、河湖水景、喀斯特洞景、森林风光等为特点的众多自然景观。贵州省属于喀斯特地貌发育典型的山区，碳酸盐类可溶性岩石显露面积约占全省土地总面积的 73%，此种岩溶地貌以及在此基础上发育起来的岩溶植被观赏性极高，极富地方特色。此外，贵州省动植物资源丰富、珍稀动植物种类繁多，自然保护区、国家公园类型多种多样。截至 2017 年，贵州省已建国家级自然保护区 10 个，风景名胜区多达 53 个，可进一步促进旅游业的发展。20 世纪 30 年代，中国共产党在贵州省进行形式多样的革命活动，使贵州省拥有类型丰富、形态多样的红色旅游资源。其时间上涵盖了自中国共产党成立以来的各个时期，历史跨度比较大，空间上遍布贵州高原各处，据初步调查全省共有红色旅游点 160 多处，极具开发潜力的精品旅游点 50 多处。红色旅游与自然山水游、少数民族风情游相伴而生，形成了全面发展的复合型旅游产业，良性互动的发展势头必将成为带动贵州省县域经济发展的优势产业（董晓燕，2014）。

四、农业产业化带动型发展模式

农业产业化是县域经济加快发展的必由之路，是县域经济全面振兴的重要依托。该模式指的是以国内外市场需求为导向，以提高经济效益为中心，依托县域特色农业资源，以农副产品生产基地为基础，对县域农业的支柱产业和优势产品实行区域化布局、专业化生产、企业化管理、社会化服务，产供销、农工商一体化经营，促进县域经济结构重组与优化，具有专业化生产、风险共担与利益共享、企业化管理、社会化服务的特征。目前贵州省农业产业化主要包括龙头企业带动型生态农业产业开发模式和合作组织带动型生态农业产业开发模式。前者运行特点是农产品加工、销售等龙头企业凭借自身较强的技术力量、产品市场和商业品牌，通过自建特色农产品生产基地，示范带动区域特色农产品基地建设，从而促进农业专业化生产、区域化布局的形成。该模式主要适用于烤烟、油菜等传统优势产业，以及生态畜牧业、茶叶、中药材、辣椒等特色农业产业，是推动现代农业发展的主要模式。"公司＋农户""公司＋协会＋基地"等为该模式的衍生形式，即龙头企业、协会与农户之间通过合同、订单等形式促进农业专业化生产、区域化布局的形成，推动"种养加、产加销、贸工农"一体化经营的发展。后者是由相关组织、农民等借助一定的形式组建而成的农业专业合作经济组织或农业专业技术协会等，围绕农业产业发展的某一方面或某几方面开展相关活动，以解决单个农户发展农业产业所面临的生产技术服务、产品销售服务缺乏的问题。该模式适用于畜牧养殖、林果、茶叶、蔬菜等特色农业产业。一些地方建立起来的养牛协会、果蔬协会等，在推动贵州特色农业产业发展、促进农业增效和农民增收中发挥了积极作用。

第三节　贵州省农业及主要发展模式

农业是经济发展的根本，是实现脱贫致富，全面建成小康社会的基础产业。贵州省地处我国内陆，在区位上处于劣势，又是我国少数民族聚居区之一，2016年，贵州省在全国率先出台了《关于推进农业供给侧结构性改革加快重点产业突破发展的实施意见》，提出了 11 个特色优势产业裂变发展的思路，以产业裂变为抓手，集中财力办大事，调整结构增效益。通过该思路的实施，贵州省县域规模化种养比例，科学化、标准化水平明显提高，产业聚集度、品牌创建水平明显提升。粮食内部结构和经济作物结构进一步优化，在调减玉米、小麦种植面积的同时，马铃薯、特色杂粮、蔬菜、水果等种植面积持续增加，茶园、辣椒种植面积居全国第一，火龙果、刺梨生产规模居全国第一，马铃薯种植面积居全国第二，薏仁米产量占全国总产量的 80%以上[1]。养殖业结构进一步优化，牛、羊、禽肉占肉类总产量比重增长 1 个百分点。多项产品品质、面积、质量位居全国前列，结构调整已然上路，效果初显。

---

① 资料来源：dcpp.gog.cn/system/2017/01/10/015337934.shtml。

一、贵州省农业发展特征

（一）着力推进结构调整，农业供给体系质量明显提高[①]

着力推进产业融合发展，培育新动能，积极培育发展新型经营主体，打造产业融合发展主力军。2016 年贵州省拥有省级以上农业产业化经营重点龙头企业711 家，农民专业合作社达到 4.5 万户，培训新型职业农民 1.14 万人。深入实施"万名农业专家服务三农行动"，争取财政资金和引进社会资金 11.5 亿元，推广农作物新品种 2555 个，推广农业新技术 3862 项。2016 年规模以上农产品加工企业累计完成总产值 2707 亿元，产销率为 96.6%，休闲农业经营主体完成营业收入64.1 亿元，同比增长 54.6%。

（二）着力推进农业绿色发展，厚植可持续发展优势

开展农产品产地土壤重金属污染防治普查。2016 年完成 5.4 万个土壤样品采集分析检验和全省水稻主产区稻米重金属污染协同监测，制作了全省农产品产地重金属污染普查系列图；推进美丽乡村"百村大战"行动，完成建设项目 2035 个，投入建设资金 45.51 亿元，建设新农村环境综合治理省级示范点 105 个；大力实施中央农机购置补贴项目，新增农机具 14.9 万台（套），农业耕种收机械化率稳步提升；开展 16 个农业面源污染国控监测点，推广化肥减量增效技术，建设绿色防控示范区 44 个，示范区主要农作物病虫害绿色防控和关键技术覆盖率分别达 35%、86.3%。播州区、印江县、罗甸县成为全国第一批国家农产品质量安全县。

（三）着力推动要素集聚，促进农业园区转型升级

2016 年，贵州省省级农业示范园区发展到 410 个，园区在先进技术应用、资金集聚等方面的作用正在显现。以园区为平台加大招商力度，完成签约项目 975个，签约资金 1548.9 亿元，到位资金 261.3 亿元，资金到位率 16.9%。入驻园区新型经营主体 8802 家，优质农产品生产基地达 1300 万亩[②]，依托园区开展产业精准扶贫，园区覆盖贫困人口 171.1 万人，扶持带动 57.4 万贫困人口脱贫。新型经营主体的培育正在进行、新业态的孵化器正在形成。

---

① 资料来源：dcpp.gog.cn/system/2017/01/10/015337934.shtml。

② 1 亩≈666.7 平方米。

（四）着力深化农村改革，改革红利稳步释放

2016 年，贵州省农村土地承包经营权确权登记颁证整省推进试点工作进展顺利，开展确权工作乡镇 1360 个，完成实测面积 5027.01 万亩，占全省国土"二调"耕地面积 75.16%。协同推进农业保险改革，启动茶叶气象指数保险试点，农产品目标价格保险试点范围和规模进一步扩大。全省 21 个县开展"三变"改革试点，试点县土地等资源入股 22.44 万亩，通过资金变股金带动社会资金投入 33.65 亿元，获得收益 5.6 亿元，人均收益 685.35 元。改革激活了农村生产力，盘活了农村资产，壮大了农村集体经济，增加了农民收入。改革释放的红利、迸发的力量正逐渐显现，并呈燎原之势。

（五）着力推进大数据发展，农业信息化水平逐步提升

贵州省"农业云"建设项目提升了农业信息化水平。茶资源交易、高效农业园区物联网应用示范、园区质量安全云、贵州种子管理综合信息系统、蔬菜产地信息系统等投入试运行，"互联网＋"现代农业快速发展，毕节农业大数据中心和北京金禾天成科技有限公司的火龙果标准化种植及产业化推广入选全国"互联网＋"现代农业百佳实践案例。贵州农业大数据中心进入农业部试点。传统农业正在逐步插上现代科技的翅膀。

以罗甸县为例。该县利用良好的自然资源，大力发展山地特色农业，着力推进现代高效农业示范园区建设。一是突出"向山要产业、向产业要特色、向特色要效益"的发展模式，通过"粮油稳产保收、增产促收，蔬菜提质增效，水、干果扩面、促销，畜禽良种化、水产生态化"等途径加快山地特色产业发展。围绕菜、果、药、茶、林、禽等特色产业，规划 10 个万亩山地生态高效农业核心示范园。计划到 2020 年，全县蔬菜种植面积稳定在 30 万亩以上，发展 10 万亩火龙果、20 万亩以艾纳香为主的中药材、10 万亩茶叶及 300 万只羽绿壳蛋鸡等。建成一批示范作用大、覆盖面广、规模档次高的核心示范园区和生态农庄；培育一批竞争力强、市场份额高的龙头企业和特色农产品品牌。打造全国农产品安全示范县、无公害绿色有机农产品大县、全国休闲农业与乡村旅游示范县。二是建设龙翔千堤休闲农业度假园区、上隆生态循环农业园区和木引特色农业示范园区等一批省级农业园区。每年至少安排 1000 万元发展资金用于园区基础设施补助、基地贷款贴息。按照"镇园合一"的要求，以乡镇为单位开展县级农业产业园区的培育和认定，确保每个乡镇有一个县级以上的农业示范园区，每个园区至少有一个主导产业。三是大力推进庭院经济和农业特色休闲观光园发展。积极挖掘和拓宽特色

农产品基地休闲观光旅游的内涵和功能，引导农户种植果蔬花草，养殖家禽家畜，发展集"观光、旅游、餐饮"为一体的"农家乐"式庭院经济。利用火龙果、脐橙等特色种养示范基地，打造一批以农产品采摘、乡村旅游和垂钓娱乐为主的观光农业休闲园区和生态特色农庄。突出改革，大力培育新型农业生产经营主体。加快推进以清产核资、资产量化、股权管理为主要内容的农村集体"三资"管理体制改革，加强"资源变资产、资金变股金、农民变股民"的"三变"管理，进一步完善农村家庭联产承包责任制。按照"依法、自愿、有偿"的原则，鼓励土地使用权向农业产业、经营大户、龙头企业流转。引进、培育壮大一批农业产业化龙头企业、农民专业合作社、家庭农场和种养殖大户，促进农业专业化、标准化、规模化、集约化发展。

二、贵州省农业主导的发展模式

（一）"公司＋家庭农场"模式

随着中国经济的持续腾飞，传统的农业经济已经不能满足时代的需要。近年来，国家加大了对专业户、家庭农场和农民合作社等新型农业经营主体的支持力度，实行新增补贴向专业大户、家庭农场和农民合作社倾斜政策，集约化、规模化的新型农业应运而生。

"家庭农场主"是国家明确提出积极扶持的新型农业发展模式。"公司＋家庭农场"，即公司参与"家庭农场"的选址、修建、规模预控，后续提供健康的仔猪、饲料、药品、技术支撑、销售等环节；而养殖户提供修建资金、押金、劳动力，赚取一定范围内的酬金。

公司通过对当地有一定实力的资源进行比较详细的调查了解，从中筛选出适合作为"家庭农场"的目标。以饲喂500头规模养猪场计算，需要至少68平方米土地资源，按照现代化标准修建至少花费30万元，而一般的政府补贴约为120元/平方米，所以其选择标准为为人诚恳、抵押金不低于30万元的农户。

一般每头仔猪保证金为400～1000元。通过政府担保，既使公司相信养殖户的诚恳、减轻了资金压力，而公司反过来为养殖户的仔猪押金作担保从银行货贷，又使养猪户打消了对公司的疑虑，更加把"家庭农场"当做一份事业来做。其间公司无偿提供饲料、药品、疫苗等物资，并派专人负责"家庭农场"猪只的健康，使猪只的生产指标优于行业认定的标准值。销售时，根据生产成绩，每头猪只可以为养殖户提供80～200元的酬金。150天左右出栏猪只，分为淘汰品、次品、正品。淘汰品不给予任何酬金，次品的酬金范围为80～150元。超过200千克的为正品，酬金范围为150～200元。生产消耗品考核按行业水平计算，节约、浪费分别按照＋5%、－10%计算入总体薪酬。

玉屏县采取"公司＋家庭农场"的模式大力发展生猪养殖产业，养殖新模式加快了生猪养殖标准化、规模化、集约化转型升级，彻底改变了传统的生猪养殖模式。截至 2017 年年底，玉屏县已发展 300 头规模以上生猪代养户 264 户，带动就业 3000 多人。目前生猪产业已成为全县农民增收的主导产业之一。

（二）"农户＋村民委员会＋合作社"模式

农户和村民委员会在自愿基础上建立互助性合作社组织，合作社为社员提供种苗、运输、技术、购销等服务，这种方式也是最为普遍的集体经济组织形式。安顺市大坝村建立了大坝延年果种植农民专业合作社，村民委员会以资金入股，90%以上的农户参与其中，现有社员 143 户。为提高土地利用率和产值，在村党支部的倡导下，全村以合作社为组织者，按照"群众自愿、公平公正、合理流转、合作管理、人人受益"的原则，将各农户土地面积丈量登记在册并公示，按照 200 元/亩的补助标准，将土地流转到合作社统一管理，实现"利益共享、风险共担"。对土地进行重新规划种植，农民以 200 元/亩的租金向合作社租种土地，同时，合作社以略低于市场的价格向农民提供种子、肥料等生产资料，以略高的价格统一收购农户产品，村集体获得每斤①农产品提成。合作社大力发展金刺梨种植为主的特色产业，目前已有育苗大棚 48 个，种植面积达 2300 亩，年收入约 4000 万元。

（三）"农户＋村民委员会＋合作社＋股份公司"模式

"农户＋村民委员会＋合作社＋股份公司"的组织形式，有效地整合了全村各组的土地和劳动力资源，实行一体化的农业生产经营管理，提高了村级集体农业经营组织化程度，是较高水平的集体经济组织形式。兴义市纳录村现有州级龙头企业黔西南州泉汇农业科技发展有限公司、纳录村休闲观光农业科技专业合作社和纳录村永丰果蔬种植农民专业合作社，公司与合作社主要以发展特色农业、观光农业、农产品加工为主，带动农户发展无公害蔬菜、花卉、中药材、优质水果、养殖业等。纳录村由公司及专业合作社流转土地 400 余亩，采取村委会、合作社、外来资本共同参股的方式，其中村委会参股比例为 34.3%，村支书、村主任等村干部均入股其中，形成"利益共享、风险共担"的股份公司。按照规范化种植、标准化管理、集约化经营、产业化发展的思路，泉汇农业科技发展有限公

---

① 1 斤=0.5 千克。

司已完成投资 2000 万元，建有年产 100 万株种苗的组培中心，100 亩蔬菜水果大棚、休闲旅游餐厅、花卉生产培育基地、特色香猪养殖场，解决了 300 多位农民的就业问题，增加了农民的收入渠道，使农民收入来源变为土地流转收入、务工收入和公司合作社分成收入。

（四）"公司＋专业合作社＋基地＋农户"模式

铜仁市贵州五新农业科技有限责任公司采用"公司＋专业合作社＋基地＋农户"模式和"企业＋基地＋农户"模式，已在碧江、江口、石阡等地建成 5 个种植基地，覆盖 13 个村、3200 户贫困户、种植杜仲 18 000 亩。按第一年见收益、三年进入盛采期计算，每亩采摘杜仲叶年收入可达 2500～4000 元，鲜叶 4 元/千克，带动 6500 贫困人口产业脱贫。2018 年可实现年产值 5 亿元以上，实现税收 3000 万元以上。

第四节　贵州省工业及主要发展模式

进入"十三五"以来，贵州省工业经济持续快速健康发展，总体呈现稳中有进、进中向好、结构趋优、活力增强的良好发展态势。工业重点产业均实现较快增长，结构调整成效明显，新兴产业发展迅速，优势特色产业贡献突出，有力支撑了全省工业的快速发展。

一、贵州省工业发展特征

（一）规模持续扩大，重点行业保持稳定增长[1]

2016 年，全省规模以上工业增加值 4032.11 亿元，比上年增长 9.9%，增速高于全国水平（6.0%）3.9 个百分点，工业增速连续保持全国前三位。全省 500 万元口径工业投资完成 3076.5 亿元，工业投资增速同比增长 12%。全省工业产品种类不断丰富，新增工业机器人、地面通信导航定向设备等 42 种工业产品，产品种类占统计目录工业产品种类的比重为 55.2%，产品覆盖率比上年提高 5.1 个百分点。截至 2016 年年末，全省规模以上工业企业数突破 5000 户，达到 5047 户，比上年末净增 565 户。全省 19 个重点监测的行业中，计算机、通信和其他电子设备制造业等 12 个行业保持两位数增长。电子、纺织、建材 3 个行业增速在 20%以上，分别达到 66.6%、24.6%、20.6%。

---

[1] 数据来源：http://gxt.guizhou.gov.cn/zwgk/xxgkml/tjxx_45751/201703/t20170308_1995492.html。

（二）结构持续优化，新动能增长加快

全省煤炭开采和洗选业，电力、热力生产和供应业，烟草制品业，酒、饮料和精制茶制造业总体稳定，四大行业合计实现增加值 2193.81 亿元，占规模以上工业增加值的比重为 54.4%，比重较上年下降 3.9 个百分点。装备制造业实现增加值 389.83 亿元，占规模以上工业增加值的比重为 9.7%，比重较上年提高 1.9 个百分点。全省以大数据电子信息、大健康医药等新兴产业为代表的工业新动能保持较快增长势头，新兴产业增加值 557.73 亿元，同比增长 27.85%，其中，以大数据为引领的计算机、通信和其他电子设备制造业增加值 93.38 亿元，同比增长 66.6%；大健康医药中的医药制造业增加值 126.57 亿元，同比增长 12.3%。

（三）企业效益总体提升，新入规企业贡献突出

2016 年，全省规模以上工业企业实现利润总额 669.8 亿元，比上年同期增长 5.6%；实现主营活动利润 636.9 亿元，同比增长 12.4%；实现主营业务收入 10 840.6 亿元，同比增长 12.9%。2016 年，新建投产入规企业实现增加值 182.91 亿元，拉动规模以上工业增加值增长 4.2 个百分点。

（四）投资保持平稳较快增长，项目建设有序推进

2016 年，全省十大产业项目共完成投资 2473.2 亿元，占工业投资的 80.4%。特色食品、烟草、民族医药、装备制造等产业投资增幅均超过 16%，分别达到 41.7%、24.9%、21.9%、18.1%。亿元以上重点工业项目调度工作推进良好，全年全省亿元以上正常推进的工业项目数为 537 个（含未入统项目），完成工业投资 768.8 亿元，占年度计划投资的 86.5%，其中，10 亿元以上的项目达到 74 个，完成投资 229 亿元。截至 2016 年年底，全省重点实施"千企改造"工程企业 1130 个，实现技改投资 350 亿元左右，其中列入省级的重点企业共 202 户、211 个项目。

（五）园区发展加快，承载能力进一步提升

2016 年，产业园区完成规模以上（2000 万元口径及以上）工业总产值 9568 亿元，实现税收 634 亿元，完成工业投资（500 万元及以上口径）2645

亿元，新增从业人员 152 679 人。全省园区累计签约项目 2238 个，累计签约资金 5527 亿元，入园项目 2107 个，开工项目 1973 个，投产项目 1166 个。全年建成标准厂房 491 万平方米，累计建成标准厂房 4100 万平方米，入驻率为 92%。

二、贵州省工业主导的发展模式

（一）"特色产业园区"发展模式

产业园区是以促进某一产业发展为目标而创立的特殊区位环境，是县域经济发展、产业调整升级的重要空间聚集形式，担负着聚集创新资源、培育新兴产业、推动城市化建设等一系列的重要使命。产业园区能够有效地创造聚集力，通过共享资源、克服外部负效应，带动关联产业的发展，从而有效地推动产业集群的形成。

以遵义市正安县的"正安·国际吉他园"为例。其具体做法：一是全民招商"无中生有"。正安县是劳务输出大县，常年有 20 余万农民工在外务工，据不完全统计，其中从事吉他制造的农民工就有 5.4 万人。该县充分利用这一资源优势，在招商引资中主打"乡情牌"，于 2013 年年初，将郑传玖创办的广州神曲乐器制造公司引入正安·国际吉他园。此后通过"以商招商"，先后引进了华成乐器、塞维尼亚乐器、鹏联乐器等吉他乐器加工企业，实现了正安县吉他产业的"无中生有"。二是"筑巢引凤"集聚发展。通过建设标准化厂房，"筑"好基础设施"巢"，为企业提供良好的生产条件。三是坚持开放带动，依托返乡农民工创业。吉他制造为用工密集型企业，该园 90% 以上的技术工人均为本地返乡农民工、留守妇女，实现了大产业带动大就业，大就业带动大扶贫的目标。2017 年正安县的吉他产量突破了 500 万把，获得了"中国吉他制造之乡"的美誉。正安县在不到 5 年的时间实现了吉他产业从"无中生有"到"有中生优"再到"优中做强"的飞跃转变。

（二）"酒旅融合"工业旅游模式

对于中国"酒都"仁怀市而言，酒旅融合已成特色。以酒产业为核心进行的特色小镇建设，工业拓展旅游，酒文化旅游与产业多样性衔接，区域文化与当地特色文化相结合，积极推动了仁怀市经济的多元化发展，展示了仁怀新成就，彰显了酒都新形象。并且通过引导和鼓励一批中心镇、特色镇因地制宜加快发展，仁怀市已初步形成了以城镇群为主战场和主形态，以产镇融合、城乡统筹为核心内容，以国家级、省级、市级新型城镇化试点示范为引领的特色小镇发展新格局。

2017 年，"中国酒都·神秘茅台"酒旅融合发展大会①成功举办，通过办会成功签约 6 个项目，签约资金 37.2 亿元。通过"酒＋旅游"带动，仅国庆 8 天长假就接待游客 55 万人次，同比增长 23.8%，实现旅游综合收入 3.6 亿元，同比增长 54.6%。"借酒兴旅、以旅促酒"开启了仁怀市酒旅融合发展的新时代。

第五节　贵州省服务业及发展模式

随着我国经济进入新常态，供给侧结构性改革的深入推进，贵州省持续深化体制机制改革创新，积极推进大扶贫、大数据、大生态三大战略行动，全力实施现代服务业改革创新、"十百千"、市场主体培育、质量提升"四个工程"，加速推动重大项目建设，促进服务业重点行业加快发展，服务业呈现出"稳中有进、持续向好"的良好发展态势，服务业持续快速增长，新兴行业和新兴业态蓬勃发展。不过，贵州省服务业发展也面临一些问题和挑战，主要是：行业管理体制有待完善；服务业供给侧结构性改革亟须深化；融资难、融资贵的问题尚未有效解决；服务业对外开放程度低。

一、贵州省服务业的发展特征

（一）服务业持续快速增长

贵州省服务业保持了高速增长。2016 年，贵州省第三产业增加值为 5261.01 亿元，同比增长 11.4%②，增速比 2015 年多 0.4 个百分点。2017 年贵州省服务业实现增加值 6080.42 亿元，同比增长 11.5%，快于同期地区生产总值增速 1.3 个百分点，增速与上年持平，服务业对贵州省 2017 年经济增长的贡献率为 48.2%，拉动地区生产总值增长 5 个百分点。

（二）服务业投资高速增长

贵州省一批服务业重大项目集中建设，服务业市场主体活跃，推动了贵州省服务业固定资产投资快速增长。2017 年，贵州省服务业完成投资 1.24 万亿元，同比增长 23.3%，高于同期贵州全省固定资产投资增速 3.2 个百分点，占贵州省全社会固定资产投资的比重达到了 80.8%。贵州省服务业投资结构进一步优化。2017

---

① 资料来源："中国酒都·神秘茅台"酒旅融合发展大会举行. 贵州日报，2017-5-31。
② 资料来源：《贵州统计年鉴（2017）》。

年，贵州省信息传输、软件和信息技术服务业完成投资 180.89 亿元，同比增长 69.4%[①]。

（三）新兴行业和新兴业态蓬勃发展

伴随着新技术的突破和信息化的推进、居民消费结构升级、服务业专业化分工程度深化，贵州省服务业涌现出了一批快速发展的新兴行业和新兴业态，具代表性的有大数据信息服务业、金融保险业、现代物流业、电子商务、旅游业等。这些新兴行业和新兴业态有巨大的发展潜力和广阔的市场空间，成为支撑贵州省经济发展的新动能。

1. 大数据信息服务业

贵州省把大数据作为引领全省经济社会发展的战略引擎，积极推进国家大数据综合试验区建设，出台了《贵州省数字经济发展规划（2017—2020 年）》、《中共贵州省委 贵州省人民政府 关于推动数字经济加快发展的意见》，启动了"大数据＋产业深度融合 2017 年行动计划"，在多个领域先行先试，围绕全产业链、全生命周期以及企业研发、生产、销售各个环节，促进生产技术更新、商业模式创新和产品供给革新，以大数据改造提升三次产业，推动各行各业转型升级。贵阳市启动建设大数据清洗基地，贵安新区贝格大数据加工基地投入运营，贵阳经开区大数据安全基地初步建成，阿里巴巴在贵州建设大数据产业园，贵州大数据信息服务业呈现出发展势头迅猛、动能强劲的良好局面。2017 年贵州省电信业务总量为 825.29 亿元，同比增长 146.2%；互联网经济总规模为 785.6 亿元，带动地区生产总值增长 645.2 亿元，拉动投资 583.2 亿元，带动税收 54.8 亿元，带动就业 19.2 万人；移动数据流量保持高速增长，全省移动互联网接入流量达到 84 612.3 万 GB，同比增长 303.1%；固定互联网宽带接入流量达到 39.6 亿 GB，同比增长 18.6%，在全国和西部地区排名中分别排第 12 位和第 5 位。

2. 金融保险业

2016 年，贵州省金融业实现增加值 689.07 亿元，同比增长 13.5%；2017 年，金融业增加值 787.88 亿元，比上年增长 13.4%。2017 年年末，贵州省金融机构人民币各项存款余额为 26 088.89 亿元，同比增长 9.8%；金融机构人民币各项贷款余额为 20 860.34 亿元，同比增长 16.8%。保险业快速发展，2017 年实现保费收入 387.73 亿元，比上年同期增长 20.7%。

---

① 资料来源：《贵州统计年鉴（2018）》。

3. 现代物流业

随着贵州省交通基础设施网络体系的进一步完善、物流园区的加快建设和有效运营以及大数据等信息技术在物流业中的应用，贵州物流成本有所降低，全省物流业呈现平稳较快发展态势。2017 年，贵州省交通运输、仓储和邮政业实现增加值 1070.22 亿元，同比增长 10.6%；贵州省公路货物周转量同比增长 15.5%；铁路货物周转量同比增长 6.5%；快递业务量累计完成 15 781.9 万件，快递企业业务收入 31.15 亿元，分别比上年同期增长 40.2%和 43%。

4. 电子商务

近年来，贵州省大力发展电子商务，加强与阿里巴巴、京东等全国知名电商平台合作，支持电商云、贵农网等本土电商平台和电商企业发展，推动电子口岸、跨境电商和贸易单证电子化，推动线上线下互动融合发展，取得了良好成效。2016 年，贵州省电子商务交易额同比增长 34.7%，其中网络零售额同比增长 37.8%。2017 年 1～11 月，实现电子商务交易额 1843.77 亿元，同比增长 46.18%；网络零售交易额累计完成 783.13 亿元，同比增长 40.15%。

贵州省农村电商发展成效明显，完成了国家级电子商务进农村综合示范县（市）级电子商务公共服务中心建设改造。2017 年贵州省国家电子商务进农村综合示范县达 48 个，省级电子商务进农村综合示范县累计达 23 个，县级电商运营服务中心累计达 60 余个，村级电商服务站点累计达 10 220 个。2017 年，《贵州省商务厅关于开展 2017 年农商联动示范县建设工作的通知》，要求在全省启动《2017 年农商联动示范县建设工作方案》，目标是打通农产品生产、种植、加工、流通、销售全链条，推进流通基础设施建设，补齐农产品流通短板，促进线上线下融合发展，推动贵州省绿色农产品抢占市场。当年贵州省推进了 20 个农商联动示范县建设，借助阿里巴巴、京东、苏宁等电商平台推动农产品销售，对接 8 个省外对口帮扶城市，辐射带动贫困人口 24.9 万人。

5. 旅游业

贵州省以 100 个旅游景区建设为重点，围绕打造"山地公园省、多彩贵州风"品牌，加大旅游行业管理体制改革力度，加强旅游基础设施建设，丰富旅游产品供给，强化旅游市场监管，重点加强对主要旅游客源城市的宣传推广，持续提升贵州省的旅游影响力和便捷度。贵州省依托丰富的民族文化、红色文化以及山地、温泉、湖泊等旅游资源，推出一批温泉养生、山地滑雪、观光索道、低空飞行等特色旅游产品，备受游客青睐。贵州省旅游业近年来驶入了发展的快车道。据贵州省旅游局统计，2016 年贵州省接待游客 5.31 亿人次，比 2015 年增长 41.2%；

实现旅游总收入 5028 亿元，同比增长 43.1%。2017 年贵州省共接待游客达到 7.44 亿人次，比上年增长 40.1%；旅游收入 7116.81 亿元，增长 41.5%。在景区旅游实现井喷的同时，贵州省乡村旅游发展态势不断向好，目前乡村旅游较好的村净收入每月高达 20 万多元，户均超过 3000 元。

二、贵州省服务业主导的发展模式

（一）龙头景区带动型发展模式①

龙头景区带动型是以龙头景区为核心，按照点、线、面结合的要求，将周边的景点、景区有机整合起来，实现景点扩成景区，景区连成旅游线路，将颗颗珍珠串成项链。围绕龙头景区不断完善基础设施建设，加快旅游产品研发生产，大力提升公共服务水平，使发展要素不断向龙头景区聚集，推进景城一体化发展。实行"旅游＋"发展模式，以旅游业带动健康养生、避暑休闲、度假疗养、山地运动、汽车露营、科普探险、修学旅行等新兴业态加快发展，为区域经济发展注入强大动力。这种类型在贵州省较为普遍，安顺市以黄果树瀑布景区为龙头，有机整合了黄果树、龙宫、屯堡等景点资源，加快规划、建设、管理、营销、宣传一体化发展，初步形成了大黄果树旅游圈。毕节市以百里杜鹃、织金洞、威宁草海三大景区为龙头，带动发展环百里杜鹃旅游集聚区、环织金洞旅游集聚区、环草海旅游集聚区、环韭菜坪旅游集聚区、环九洞天旅游集聚区和环七星关区红色旅游集聚区，形成黔西—百里杜鹃—大方—金海湖—七星关—赫章—威宁区域彝族文化产业带，融入全国藏羌彝文化走廊。铜仁市依托梵净山景区，打造万山矿山遗址公园、石阡温泉健康养生城等知名景区，初步形成了由碧江区、万山区、江口县、印江县、松桃县、石阡县、思南县组成的旅游"金三角"。

（二）文化带动型发展模式

立足丰富的历史文化、民族文化、红色文化资源，将民风民俗、历史记忆、地域特色作为全域旅游的最大亮点和灵魂所在，形成独特的文化旅游。深入挖掘红色文化，整理本地承载的革命历史事件及革命精神，保护、修缮、恢复革命纪念地，建设红色旅游景区、编排红色旅游线路、策划红色旅游节目，以红色文化带动旅游发展。依托历史文化、民族文化资源，积极举办民族节庆活动，为旅游

---

① 资料来源：https://mp.weixin.qq.com/s?_biz=MzA5NjM4MjQzOA%3D%3D&idx=6&mid=2653654589&sn=484c398ca65dbe6dd6801f1b9090bc2b。

者提供具有鲜明民俗文化特色的旅游体验，将文化之"魂"融入旅游之"体"，实现自然资源与历史文化、民族文化资源的有机结合。

遵义市作为中国首批历史文化名城，结合遵义会议、四渡赤水、娄山关大捷等重大历史事件，加快建设遵义会址、娄山关、海龙屯 5A 景区，对乌江、赤水两河流域等革命纪念地进行修缮，开展四渡赤水、雪山旗红、草地军魂、抢渡乌江、飞夺泸定桥体验项目，"红色圣地·醉美遵义"品牌形象不断深入人心。2017年遵义市接待游客 1.15 亿人次，实现旅游综合收入 1151.8 亿元，同比分别增长36.86%和45.3%[①]。其中，接待红色旅游游客 3728.25 万人次，实现旅游收入 276.27亿元，同比增长 37.24%。

黔东南自治州围绕黎平会议会址、榕江红七军军部旧址、龙大道烈士故居、红六军团十八师师长龙云烈士纪念馆、三穗杨至诚将军故居、镇远抗战遗址和平村、黄平旧州古城等红色景点，在红军长征经过的 12 个县重点打造红色旅游精品线。立足苗族文化、青山绿水、生态农业等丰富的旅游资源，形成了以西江"千户苗寨"为核心的环雷公山古苗疆文化旅游走廊和茶旅一体经济带。依托苗侗村寨文化和都柳江低热河谷四季旅游优势，对传统建筑、服饰、习俗、歌舞、乐器、工艺有序开发，着力打造侗族大歌世界非物质文化遗产地品牌。2017年接待旅游总人数 9351.53 万人次，比上年增长 39.5%；旅游总收入 777.75 亿元，增长 40.5%。

黔南自治州以荔波世界自然遗产山水休闲度假综合旅游区和平塘世界天文科普综合旅游区两大核心品牌为引领，扎实推进中国天眼景区、大小七孔景区提质扩容，加快福泉古城景区、贵定金海雪山景区等大中型旅游项目建设，形成了都匀—三都—荔波—独山—平塘世遗旅游带、平塘—罗甸—惠水—贵阳天文科普旅游带、长顺—惠水—龙里—贵定—福泉—瓮安环贵阳田园休闲度假综合旅游带。黔南州通过在不同的县召开旅游产业发展大会推动全州旅游产业发展，从 2008年第一届到 2018 年举办了 12 届，在旅游产业发展大会促动下近十年来实现了快速发展，从 2008 年的 82.29 亿元增长到 2017 年的 862.35 亿元，增长了 9.5 倍。

（三）旅游平台带动型发展模式

充分发挥本地生态优势、气候优势和资源优势，以举办国际性旅游会议和体育赛事为契机，加快城市环境治理、美丽乡村度假胜地建设、旅游配套功能完善和旅游产品研发，推进景区软硬件设施改造升级。到 2018 年已连续 13 年召开全省旅发大会，带动各市（州）、贵安新区以及部分旅游资源富集的县市建立旅发大会机制，近五届全省旅发大会累计带动各方面投资 2000 亿元以上。

---

① 资料来源：http://www.sohu.com/a/216334433_623359。

黔西南自治州以举办首届国际山地旅游大会为契机，投入资金 75 亿元，围绕万峰林、双乳峰等龙头景区实施基础设施项目 108 个，新建 6 千米万峰林观光人行栈道、10 千米纳灰河沿河步道，极大地提升了景区品质；改造提升万峰林纳灰河布依村寨、贞丰纳孔布依村寨、晴隆安南古城影视城等项目，旅游基础设施不断完善，接待能力显著提升，万峰林项目改造完成之后，景区的接待能力从以前的每天 4000 人提升到 20 000 人，游览质量、游览舒适度均大幅提升。

六盘水市举办中国-东盟国际产能合作妥乐论坛、世界雪日暨国际儿童滑雪节六盘水市分会场、生态文明贵阳国际论坛六盘水分论坛、夏季国际马拉松赛、野玉海国际鞭陀大赛等旅游及赛事活动，"中国凉都"知名度、美誉度大幅提升，全市接待游客量由 2011 年的 470 万人次增长到 2017 年的 2997.07 万人次，旅游总收入由 32.88 亿元增长到 200.49 亿元，年均增速分别为 57.7% 和 60.8%，连续六年位列全省第一。

安顺市西秀区举办"屯堡文化汇"四季游系列活动，在每年 3 月至 5 月的踏青季，主要开展踏青迎春等活动；6 月至 8 月的避暑季，主要开展休闲避暑等活动；9 月至 11 月的美食季，主要开展宣传西秀区美食等活动；12 月至次年 2 月的祈福季，主要开展屯堡民俗活动，让游客亲身体验屯堡年味。区委、区政府主要领导带队到重庆、大连、青岛等城市开展西秀区旅游专场推介会，吸引大批游客游览，全年游客络绎不绝。

（四）生态景观带动型发展模式

利用良好的自然生态环境和气候条件，按照发展全域旅游的要求，围绕景区景点部署基础设施和公共服务设施，大力发展以生态景观为引领的观光休闲旅游。

毕节市百里杜鹃管理区依托自然资源，结合本地时令规律，搭建以生态景观为基础，以休闲体验为主要形式的全季节旅游。一是春赏花，依托杜鹃花景区和樱花、木兰、梅花专类花卉园，规模培植紫薇花、玫瑰花等作物，绘就"花花世界"，"错时种花、全时赏花"成为常态。二是夏避暑，依托凉爽的气候和丰富的水体资源，充分利用"19℃的夏天"生态品牌，打造水上漂流、低空飞行体验、溶洞探险等休闲体验式生态度假产品。三是秋休闲，依托优美的秋天风光，通过举办乡村旅游文化节、国际象棋邀请赛和风筝节等赛事及篝火晚会等民俗节庆活动，形成"白天旅游体验、晚上夜景民俗"的秋季旅游格局。四是冬康养，依托丰富的温泉资源，打造初水花源休闲养生区、鹏程国际等旅游地产项目，培育温泉经济，激活冬天旅游发展新引擎。

全省大力打造茶旅一体化经济带，通过资源整合，促进茶旅结合、茶旅互济，大力开发涵盖观光、体验、娱乐、购物、度假等多种旅游功能的新型茶旅产品。初步形成了兴义—兴仁—安龙—贞丰—普安—晴隆—关岭—镇宁—西秀等 4 条茶文化旅游产业带。2017 年，全省茶叶种植面积 717.6 万亩，连续三年排名全国第一；加工企业（合作社）4149 家，茶叶产量 32.7 万吨，总产值 361.9 亿元，茶旅一体化产业综合产值 567.8 亿元。

遵义市湄潭县坚持走茶旅一体化发展之路，建成中国茶海、天下第一壶、七彩部落、贵州茶文化生态博物馆、浙大西迁历史陈列馆等一批精品景区，配套建设旅游厕所 100 座，自行车道 109 千米、木栈道 95 千米、健身步道 125.5 千米，茶庄园 6 个、驿站 8 个，实现 A 级厕所和绿道建设全覆盖。黔南自治州都匀市发挥全国十大名茶"都匀毛尖"品牌优势，整合马帮遗址、古驿道、天落水瀑布、野生千年古茶树等旅游资源，打造茶山休闲旅游度假村，让外来游客能够"爬茶山、游茶园、住茶馆"，真正体验茶文化。2016 年实现旅游收入 163.32 亿元，同比增长 46.5%，在全省 88 个县（市、区）中排第 7 位。

（五）"三变"改革带动型发展模式

积极推行"资源变资产，资金变股金，农民变股东"的"三变"改革，其实质是对生产要素的重新配置和组合。通过"三变"改革将自然资源、村民资产、市场资本、政府资金整合起来，投入到乡村旅游发展。建立起利益连接机制，真正把广大人民群众由旁观者变为当事人，提升整体旅游意识和文明素质，形成处处是景区、步步是风景、人人是导游的全域旅游发展新格局。

六盘水市实施"三变 + 旅游"模式，采取林权、水域等自然资源入股，把景区停车场、专卖场、娱乐场、农家旅馆纳入"三变"改革，重点打造夜郎故地牂牁江、乌蒙大草原、哒啦仙谷、玉舍国家森林公园滑雪场等旅游景区，开设游峡谷、观瀑布、穿溶洞、泡温泉、滑雪山、赏花海等旅游项目。2013 年，六盘水市贫困发生率 23.3%。推行"三变"改革以后，到 2017 年年底，贫困发生率降到7.34%。

安顺市平坝区塘约村以"确权、赋权、易权"促"三变"改革发展乡村旅游。将土地、林地、水库等自然资源作价入股或抵押贷款，引进专业团队入股运营，组建荷塘月色旅游发展有限公司，把塘约村 5.7 平方千米土地划分为"稻香梯田农业示范区""荷塘月色游览区""佛法农禅耕读体验区""漫步山野乡村体验区"等功能小区，打造集农业生产、农产品加工、休闲体验、养生养老等为一体的田园综合体。以乡村旅游为重要产业之一的塘约村，仅用三年时间就实现了天翻地覆的变化，创造了贫困地区追赶跨越、全面小康的奇迹，实现了从二类贫困村到"小康示范村"的华丽嬗变。农民人均纯收入由 2013 年的不到 4000 元，增加到 2016 年的 10 030 元,增加了 6000 多元;80% 的农户户均年收入在 3 万元以上,外出务工人员从 860 人减少到 50 余人;村级集体经济从不足 4000 元提高到 202.45 万元,增加了 202.05 万元。

(六)旅游小镇带动型发展模式

结合开展同步小康示范创建活动,深入挖掘乡镇旅游资源,加快推进风景庭院、风景园区、风景厂矿、风景道等建设,重点打造一批具有产业支撑、富有地域特色、人居环境良好的特色风情小镇,实现"处处是景、时时见景"的城乡旅游风貌。

丹寨县万达小镇依托非物质文化遗产发展民族文化旅游,引进 7 个国家级、17 个省级非物质文化遗产项目,将苗族、侗族文化元素融入小镇全方面各环节,打造集"吃、住、行、游、购、娱、教"为一体的旅游综合体,涵盖 3000 米环湖慢跑道、千亩花田、四大苗侗文化主题广场、鸟笼邮局、精品客栈、影院等众多文化旅游功能。万达小镇项目于 2017 年 6 月 29 日一举夺得第 54 届美国 PCBC 太平洋国际建筑协会"金块奖"的"最佳国际商业项目类大奖",极大地提升了丹寨旅游品牌知名度。

贵安新区瑞士风情小镇结合贵州省特色和瑞士模式发展休闲度假旅游,以生态、环保、健康、快乐为核心理念筑梦贵安休闲旅游时代风貌,打造集田园休闲、家庭教育、生态度假、生态商务等功能于一体的 5A 级国际休闲旅游度假区和"海绵城市"样板示范区,以瑞士风情小镇为主要旅游项目之一的云漫湖国际休闲旅游度假区,荣获国家旅游局的 2016 年度十一假日旅游"红黑榜"旅游服务最佳景区,入围 2017 年全国优选旅游项目名录。贵安新区北斗湾 VR(virtual reality,虚拟现实)小镇依托信息技术优势打造特色旅游,以"国际一流、全国标杆、贵州第一"的标准,利用 VR 技术,成功打造全球首个"产业 + 旅游 + 生活" VR 数字产业创意园和特色旅游目的地,为游客提供"欢乐海洋""全息剧场""飞行影院""星际碰撞",以及以贵州历史、民族风俗、历史文化为创作蓝本的"大明西征""苗谷吊桥""阳明悟道"等近 20 项 VR、AR(augmented reality,增强现实)、全息类体验项目,仅 2017 年端午节的三天"小长假",就接待游客 5 万人次。

镇宁黄果树石头寨特色旅游小镇、开阳水东文化旅游小镇、惠水好花红布依文化小镇、紫云格凸河水塘国际攀岩小镇等依托自然资源、历史文化、特色产业,以建设旅游小镇积聚各种资源要素,带动全域旅游发展,各有千秋,不胜枚举。

（七）"大数据＋服务贸易"一体两翼发展模式

贵州省贵安新区以大数据为支撑，让新区投资便利化、贸易自由化，做制度创新的高地。提升服务贸易便利化服务水平，贵安新区探索以简化放宽金融业务审批流程、为引进外籍人才提供便利、开通贵安"绿卡"的方式，吸引国内外知名企业入驻；探索建立适应期货保税交割、商业保理和融资租赁等新业态的监管制度；建设西南国际贸易运营中心，搭建综合外贸服务平台；建设供应链管理等新型服务模式发展的监管方式；建立"公司总部型"离岸金融贸易服务区。

搭建全方位、多层次的服务贸易交流平台。重点发展以电子商务和供应链管理为特征的现代物流，发挥新区大数据技术优势，提高物流产业信息化水平，搭建新区综合信息服务平台，重点支持国际服务外包公共服务平台建设、公共技术服务平台建设，加快推进贵安云计算服务平台建设。只有政策突破，体制机制创新，才能吸引服务贸易企业入驻。贵安新区把发展服务贸易创新试点，作为建设内陆开放型经济新高地的重要支撑，充分发挥区位交通、生态环境、科教人才、产业成本、政策与体制等优势，有效推进服务贸易创新试点，做内陆综合保税区多业态发展的先行者。

贵安新区推动服务贸易发展走新路，依托贵安新区绿色大数据中心，加快培育服务贸易发展的产业基础。依托国家大数据综合试验区，贵安新区打造大数据与服务贸易融合发展，开创一体两翼发展新模式，加快推进大数据、云计算、互联网和服务贸易融合发展，重点发展基于大数据和云计算的移动端应用、通过互联网交付的软件服务和通信服务、在云端交付的数据服务和计算平台服务，培育大数据与服务贸易融合发展的技术链、产业链、价值链，扩大数据服务规模，提升数据服务质量。2014 年以来，贵安新区大数据产业已初具规模，形成四大基地。大数据绿色数据中心基地，汇聚中国三大运营商、华为、腾讯、富士康等，引进培育了微软、IBM（International Business Machines Corporation，国际商用机器公司）、浪潮、东软、泰豪、航天科工等智能终端产业链配套企业，生产产品从单一的手机组装发展到芯片研发和分销、触屏、数据线、检测维修，产业链条不断延长，价值链条不断向高端攀升。一个以手机、手机贴片、触摸屏、"3C"（计算机、通信和消费类电子产品）、服务器、精密刀具等生产为支撑的制造产业集群正在该区壮大。规划储存能力 250 万台服务器。在做大大数据产业规模的同时，贵安新区实施了"大数据＋产业"工程，推动大数据与产业深度融合，促进产业供给体系升级。2016 年、2017年，贵安新区完成大数据产业规模总量 250 亿元、341.8 亿元，2017 年比 2016 年增长 36.7%。2017 年，贵安新区高端装备制造工业总产值完成 25 亿元，同比增长 91%[①]。

---

① http://www.cbdio.com/BigData/2018-01/22/content_5666923.htm。

第六节　贵州省混合业态发展模式

一、"云谷田园"模式

"云谷田园"模式是以现代高效农业园区为载体,依托苗族文化和原生态旅游资源,打造农文旅一体化模式。"云谷田园"现代高效农业园区位于凯里市舟溪镇,距凯里市中心 15 千米,2013 年开工建设,园区核心区规划面积 3000 亩,示范区面积 1.2 万亩,总投资 3.5 亿元,是一个以农业生产为主,集现代养殖、观光旅游、休闲采摘、养生度假、餐饮娱乐、商业运营、旅游地产为一体的大型农业综合体,是贵州省 100 个农业园区、贵州省 100 个旅游景区之一,是国家 4A 级景区。"云谷田园"现代高效农业园区立足苗族文化和原生态旅游资源优势,以现代高效农业园区为载体,探索现代农业与文化旅游资源融合发展,推动园区村庄景区化、旅游设施标准化建设。一是以园区为载体,发挥优势,打造产业融合新业态。目前建成标准生产大棚近 30 万平方米,现代农业展示厅 2000 平方米,大型生态景观餐厅 4500 平方米。二是以市场为重点,聚集资源,铸造创新发展新品牌。目前,台一国际股份有限公司、贵州博艺园林绿化工程有限公司、云南蕴梅轩园林绿化工程有限公司、凯里市东凯农业开发有限责任公司、黔东南州百吉大鲵开发养殖有限公司等已入驻园区投资,各企业累计投资 2 亿多元建设园区生产设施。三是以服务为支撑,强化合作,确保周边群众得实惠。建立面向企业服务的工作机制,及时解决发展难题,同时坚持优先安排本地居民就业,并积极开展业务培训,助力脱贫致富。开园以来,举行各种集中培训 44 期,培训 4022 人次,为黔东南州培训农业技术人员 300 人,其中州级 30 人、县级 160 人、乡镇级 110 人。园区建成运行两年多来,共接待中外游客 60 多万人次,生产总值 6.8 亿元,销售金额 5.9 亿元,销售利润 8766 万元。示范带动周边农业生产从业人员 1.8 万人,解决农村剩余劳动力、临时就业 1.01 万人。2016 年,园区农民人均年纯收入超过 1.5 万元。走出了一条生态脱贫、绿色发展的新路子。

二、大数据发展模式

在发展数字经济、建设数字中国的道路上,不同省市因其资源禀赋不同,有着不同的发展模式和路径。与北京的"科技创新引领"模式、深圳"高端制造引领"模式、浙江"电子商务引领"模式不同,贵州省凭借着生态、能源资源优势,走出了"大数据引领"的崭新模式。

贵州省大数据发展模式可以总结为"七要素模式"，即以理念创新为指引、以创新平台为载体、以数据中心建设为基础、以数据资源的共享开放流通为驱动、以经济社会各领域的大数据融合应用为重点、以大数据产业集聚为结果、以大数据体制机制和法规标准建设为保障的创新的及体系化的实践发展模式。

习近平总书记在十九大报告中提到"推动互联网、大数据、人工智能和实体经济深度融合"。贵州省委书记孙志刚提出"大数据的生命力来自于与实体经济、行业管理、社会管理和现实生活的融合，融合的水平，就是大数据发展水平的重要标志"。从2016年开始贵州省先后启动了"千企改造工程""大数据+产业深度融合行动计划""万企融合"大行动，逐步实现全产业链、全生命周期以及企业研发、生产、销售、服务各环节，以应用为核心促进实体经济向数字化、智能化转型。在政府治理和民生服务领域，贵州省工商大数据、公安大数据都成为全国工商和公安系统的先进示范，健康医疗大数据中心成为五大国家试点省份之一。

三、大数据与农业融合发展模式

在农业领域，贵州省有一些企业与大数据深度融合的案例。

修文县农业投资开发有限公司开发的修文猕猴桃大数据系统，通过大数据将传统的小农生产方式转变成了工业化的生产模式，初步实现了农业生产管理的精准化。在数据采集方面，大数据系统平台通过果园前端的气象站和探测器，收集并记录果园气候信息、土壤信息、果树生长变化等多种信息。在数据分析方面，通过对果树生长、灾害灾情以及农业设施进行数学建模，平台能够精准掌握果树生长周期和规律，精准计算施肥、用药、授粉等农事活动的实施时间和用量大小，精准分析并制定农事活动的实施计划，根据实施计划向农户精准下达实施指令。另外，每个果园都有一个终身唯一的身份证码，实现历史用肥用药、农事活动、气候信息、灾害等数据全部可追溯。截至2018年7月，平台已覆盖全县7镇3乡236个果园5.127万亩，占修文县猕猴桃种植面积的31.9%，实现了每亩产量提高20%、每亩投入降低20%、每亩增收500元。

瓮福（集团）有限责任公司（简称瓮福集团）的福农宝平台。福农宝平台，最开始是帮助农户进行测土配肥的服务平台，服务于该公司的化肥生产和销售。现在，福农宝平台通过收集农业生产中土壤、种植作物等各环节的历史数据，能够实现对农民农业生产过程和生产状态进行分析，为农户提供农资在线采销、农机租赁、农产品销售、农技辅导等农业服务，并为农户建立信用体系，提供"福农白条"金融融资和贷款服务，帮助农户解决融资难、产品销售难等问题。福农宝平台在黑龙江、河南、福建、四川及贵州等多省建立了上千个服务站体系，可以为3500千米之外的黑龙江省通河县农户提供农业服务和整套生产方案。

2017年，在瓮福集团对口扶贫的榕江县，福农宝平台通过对当地的土壤、气候、种植历史等数据进行分析，发现当地的气候非常适合反季种植胡萝卜。通过进一步分析胡萝卜的市场价格走势数据，发现当地胡萝卜种植成本约为 0.8 元/千克，远低于 2～3.6 元/千克的市场价格。2017 年 10 月，瓮福集团与榕江县的喜江葛佬生态农民专业合作社签订了 120 亩胡萝卜订单种植协议，产生了显著的示范效应。

第二章　国内外县域经济发展模式的理论研究

第一节　国外县域经济发展模式理论研究

一、二元经济结构理论

（一）二元结构理论的由来和发展

20 世纪 50 年代以来，各国发展经济学家、现代化理论家、区域科学家不约而同地注重研究经济增长模式和现代化道路，特别是发展中国家或地区的经济增长模式和现代化道路。二元结构的概念和理论，逐步形成、发展和完善。最初提出的二元结构，主要是指二元经济结构和社会结构。后来，研究的重点完全转向了二元经济结构，取得了一系列重大成果。70 年代以后，二元结构研究延伸并且拓展到经济以外的政治、文化、社会等各个领域。扩大了的二元结构概念和理论脱颖而出，很快引起国际社会的关注和认同。

荷兰社会学家伯克（J.Boeke）调查研究了印度尼西亚的社会经济状况，在1953 年出版了专著《二元社会的经济学和经济政策》，最早提出了二元结构的概念和理论。伯克认为，摆脱荷兰殖民统治的印度尼西亚社会，是一个典型的二元结构社会。一方面，广大农村依然是工业革命以前的没有实现西方工业化的传统社会，农业部门主要依赖土地、使用劳动力生产；另一方面，为数不多的城市却是殖民主义输入以后逐步进行西方工业化的现代社会，工业部门主要依赖资本、使用机器和技术生产。在他看来，一个社会及其基本特征是由相互依存的社会精神、组织形式和生产技术共同决定的。传统社会引进西方工业化的同时，也引进了西方的社会精神、组织形式和生产技术，以往的经济结构和社会结构由于同质性的破裂而呈现出二元性。现代城市社会和现代工业部门同传统农村社会和传统农业部门，在经济制度和社会文化等各个方面，都存在着巨大的差别。这些差别直接或间接地导致了城市和农村、工业和农业中的资源配置方式、个人效用函数以及人的行为准则的迥然不同。所以，在二元结构的社会中，社会矛盾的实质，在于工业社会及其现代性同农业社会及其传统性两种文化的冲突。

各国发展经济学家、现代理论学家和区域科学家系统地丰富、深化、完善了二元结构，特别是二元经济结构的概念和理论。大体上构建了五大研究流派或理论模型，如工业化带动论、产业结构转变论、现代要素引入论等。

（二）工业化带动论

从 19 世纪下半叶到 20 世纪上半叶，德国社会学家迪尔凯姆和韦伯已经注意到现代社会的工业化特征和变革。他们认为，工业化的生产方式带动了社会化的分工协作，取代了自然化的自给自足，推动和促进了传统社会向现代社会的转变。所以，发展机器大工业生产方式，把农民转变为工人，也就同时发展了现代工业社会。

美国经济学家、诺贝尔经济学奖获得者刘易斯（W. A. Lewis），集中地研究了二元经济结构问题，提出了工业化带动论。他认为发展中国家存在两大经济部门：一个是工业发展的现代部门；另一个是维持生计的传统部门。两大部门的主要差异表现在五个方面：其一，资本运用完全不同。现代部门使用再生产性资本，而传统部门不使用再生产性资本。其二，生产方式完全不同。现代部门采用机器大工业的生产方式，而传统部门采用手工劳动。其三，生产规模完全不同。现代部门生产规模较大，而传统部门生产规模较小。其四，生产率完全不同。现代部门因为生产规模较大，又使用再生产性资本，遵循规模报酬递增规律，而传统部门因为生产规模较小，又不使用再生产性资本，受到土地规模报酬递减规律的约束。其五，收入水平完全不同。现代部门生产率较高，因此收入水平较高，其中产出的一部分可以用于积累和扩大再生产，而传统部门生产率较低，因此收入水平较低，产出仅够维持生存。在刘易斯看来，二元经济发展的核心问题，是传统部门的剩余劳动力向现代工业部门和其他部门转移。现代部门扩张，通过提供就业机会、分享物质设施、传播现代思想和制度、相互贸易等途径，既使传统部门剩余劳动力转移，又使传统部门获益，并且得以改造更新而转化为现代部门，同时使现代部门促成再生产性资本的进一步增长、生产规模的进一步扩大、生产率和收入水平的进一步提高。以现代部门扩张为主，现代部门和传统部门互联互动并且循环往复，不仅推动和促进了二元经济转变为一元经济，还推动和促进了不发达经济转变为发达经济。

（三）产业结构转变论

20 世纪上半叶，不少经济学家觉察到，工业化过程既是整个社会结构从传统型向现代型转变的过程，又是社会经济结构从农业型向工业型转变的过程。他们进而发现，整个社会结构和社会经济结构的转变过程，取决于社会产业结构的转

变和革新，也就是传统农业主导的产业结构向现代工业主导的产业结构的转变和
革新。

美国经济学家、世界银行经济顾问钱纳里（Hollis B. Chenery），调查研究了
101 个发达国家和发展中国家或地区的二元经济结构问题，提出了产业结构转变
论。他认为经济发展就是经济结构的成功转变。经济结构成功转变的基本内容就
是传统农业主导的经济结构，由于市场需要的变化，在城市工业化和农村工业化
的工业化过程中，发生资金投入、生产技术、资源配置的变化，从而转变为现代
工业主导的经济结构。经济结构转变的整个过程，经历逐步推进的三个阶段。在
经济结构转变启动的第一阶段，由于人们最终需求中食物消费的需要最多和最大，
整个社会主要依赖农业提供初级产品。就国际贸易的需要来说，也是这样，比较
优势体现在初级产品的生产方面。随着经济的发展、收入的增加、生活的改善，
总消费中食物消费份额下降的恩格尔定律显现出来。无论国内消费需要，还是国
际贸易需要，都转向了工业制成品。现代城市工业应运兴起，传统农村农业处于
发展缓慢乃至停滞的状态。在经济结构迅速转变的第二阶段，由于工业制成品市
场需要的激励，资金、劳动力等生产要素资源从生产率较低的传统农业部门和其
他部门，迅速流向生产率较高的现代工业部门和其他部门，现代生产技术也在现
代工业部门和其他部门迅速发展起来。现代工业部门和其他部门不仅获得了资源
重新配置的直接增长效应，而且获得了资源在整体经济中重新配置的总体再配置
增长效应。在经济结构转变完成的第三阶段，传统农村农业实现了现代化的改造
和发展，现代农业部门从生产率低速增长部门转变为生产率增长速度较高部门，
缩小了同现代工业部门和其他部门的生产率差距。二元经济结构转变为一元经济
结构，经济不发达状态转变为经济发达状态。在钱纳里看来，发展中国家的资源
转移和再配置，同发达国家相比是更加重要的增长因素。因为发展中国家二元经
济结构更加突出，市场需要和要素市场的变化幅度更大，产业结构和经济结构的
转变余地也就更大。

（四）现代要素引入论

美国经济学家、诺贝尔经济学奖获得者舒尔茨（Theodore W. Schultz）比
较研究了发达国家和发展中国家的工业化和现代化进程及其现代生产要素的
引入和配置，提出了现代要素引入论。他认为，二元经济结构的转变，关键在
于传统农业的现代化。传统农业的现代化，关键在于增加农业的现代生产要素
引入，并且合理地配置。农业的现代生产要素，就是适合贫穷农村和落后农业
的既有利又有效的现代农业科技。合理配置农业的现代生产要素，就是农民不
但愿意接受和采用现代生产要素，而且必须懂得如何最好地使用现代生产要

素，必须学习新的有用知识和新的有用技能。正是这种学习构成了作为现代农业特征的生产率提高的基础。所以，这种现代农业的知识和技能，在本质上是向农民的一种投资。增加人力资本的投入，促使农民通过教育、培训、健康、迁移、信息获得等方面的投资而形成驾驭现代农业生产要素的能力，是农业经济增长的主要源泉。在美国经济发展中，自然资源的贡献率仅为 5%，物质资本的贡献率为 20%，而人力资本、人的技能的贡献率为 75%。美国农业经济的工业化和现代化，主要取决于农业人力资本的投入。不是土地和资金，而是人的能力和素质，才是决定贫穷和富裕、落后和发达的关键。在舒尔茨看来，教育是人力资本投资的主要形式，农村初等教育是非常有利的农业人力资本投资。

国外最先完整提出"二元经济"结构理论的学者是美国经济学家、诺贝尔经济学奖的获得者刘易斯。他提出了用以解释发展中国家经济问题的著名的刘易斯理论模型，即"二元经济结构模型"。他认为由于工业、农业部门间存在着巨大的劳动生产率差异，因此"二元经济"结构能否最终被完全破除关键取决于城市经济的发展程度。刘易斯的"二元经济结构模型"后来经过古斯塔夫·拉尼斯和费景汗等人的补充，形成了"刘易斯-费-拉尼斯模型"。该模型认为，加快农业发展和提高农业效率是促进工业进步和转移农村剩余劳动力的关键。在经济发展的初级阶段，实行"平衡增长"，按照投入和产出的基本原则把有限的可投资资金合理配置在两个部门使之相协调，就能够促进工业与农业的可持续发展，并最终实现城乡经济的一体化。

美国经济学家乔根森对"刘易斯-费-拉尼斯模型"做了修改，提出了"乔根森模型"，强调了发展农业经济的意义，突出了市场机制在促进二元经济解体中的作用。随后，美国发展经济学家托达罗表达了与乔根森相似的观点，建立了"托达罗模型"，指出大力发展农村经济是解决城市严重失业问题的根本途径，认为只要农村经济发展了，农民生活改善了，城乡差距才会逐步缩小，"二元经济"结构被极大地削弱，城乡经济一体化的目标才能得以实现。他的这一模型后来被广泛用于分析发展中国家的二元经济问题。

无论是刘易斯的"二元经济结构模型"，还是"乔根森模型"或者"托达罗模型"都一致认可在发展中国家内部存在着严重的"二元经济"结构，并且认为"二元经济"结构形成的主要原因是工、农业部门的劳动生产效率差异。所不同的是刘易斯把破解"二元经济"结构的重点放在了发展城市经济上，认为只要城市经济发展起来了就可以带动农村经济一起实现城乡经济一体化；而乔根森与托达罗则认为，在实现城乡经济一体化的过程中，发展农村经济也非常重要，实现城乡经济一体化的关键是农村经济与城市经济同时得到发展，而不仅仅是城市经济的发展。

二、区域发展非均衡理论

(一)不平衡发展理论

赫希曼在1958年出版的《经济发展战略》一书中,从资源稀缺性出发,指出平衡增长的不可行性,同时提出了不平衡增长理论。赫希曼深入研究经济增长在区域间和国际的传导机制后,从资源配置的角度阐述了增长点对其他地区的影响。他认为,经济进步不可能在任何地方同时出现,而且它一旦出现,某些强有力的因素必然使经济增长集中在起点附近;增长在国际或区际的不平衡是增长自身不可避免的伴生物和前提条件。

赫希曼通过极化效应和溢出效应,分析了区域间的不平衡增长。他把一个国家分为发达地区和落后地区两部分。发达地区的经济增长对落后地区具有极化和溢出两种效应。极化效应是指由于发达地区具有工资收入高、投资收益率高、生产条件完善、投资环境较好等优势,从而不断吸引落后地区的资金、技术和人才,使落后地区的经济发展日益衰落,这对落后地区的经济增长是不利的。溢出效应则是指由于发达地区向落后地区购买投入品、进行投资以及落后地区向发达地区移民,从而提高了落后地区的劳动边际生产率和人均消费水平,促进了落后地区的经济发展,这种效应有助于缩小区域经济发展差距。

赫希曼认为,经济发展并不主要取决于资本形成,而是取决于使用现有资源并最大限度地发挥其效率的能力,赫希曼特别强调了产业间的关联效应。赫希曼指出,关联效应是国民经济中各个产业存在着某种联系,这种关系决定了各产业之间的互相联系、互相依存的关系,产业之间的这种关系分为前向联系和后向联系两种形式。前向联系是指某个产业与为其提供投入品的产业间的联系;后向联系则是某个产业与把其产品作为投入品的产业部门的联系。他认为,一个国家或地区在选择投资发展项目时,应该利用关联效应,选择那些具有显著的前向联系和后向联系效应的产业,通过这种产业的优先增长来带动国民经济其他产业部门的发展。关联效应最大的产业就是产品需求价格弹性和收入弹性最大的产业,在发展中国家是进口替代工业。

(二)循环累积因果理论

循环累积因果理论是由著名的经济学家缪尔达尔在1957年提出的,后来经过卡尔多等的发展逐渐具体化为模型。缪尔达尔等认为,在一个动态的社会过程中,社会经济各因素之间存在着循环累积的因果关系。某社会经济因素的变化，会引起另一社会经济因素的变化，后一因素的变化，反过来又加强了前一个因素的变化，并导致社会经济过程沿着最初那个因素变化的方向发展，从而形成累积性的循环发展趋势。市场力量的作用一般趋向于强化而不是弱化区域间的不平衡，即如果某地区由于初始的优势而比别的地区发展得快一些，那么它凭借已有优势，在以后的日子里会发展得更快一些。在经济循环累积过程中，这种累积效应有两种相反的效应，即回流效应和扩散效应。前者指落后地区的资金、劳动力向发达地区流动，导致落后地区要素不足，发展更慢；后者指发达地区的资金和劳动力向落后地区流动，促进落后地区的发展。总之，循环累积因果论认为，经济发展过程首先是从一些较好的地区开始，一旦这些区域由于初始发展优势而比其他区域超前发展时，这些区域就通过累积因果过程，不断积累有利因素继续超前发展，导致增长区域和滞后区域之间发生空间相互作用。

缪尔达尔用循环累积因果关系解释了"地理上二元经济"的消除问题，他认为，循环累积因果关系将对地区经济发展产生两种效应：一是回波效应，即劳动力、资金、技术等生产要素受收益差异的影响，由落后地区向发达地区流动。回波效应将导致地区间发展差距的进一步扩大。二是扩散效应。由于回波效应的作用并不是无节制的，地区间发展差距的扩大也是有限度的，当发达地区发展到一定程度后，由于人口稠密、交通拥挤、污染严重、资本过剩、自然资源相对不足等，生产成本上升，外部经济效益逐渐变小，从而削弱了经济增长的势头。这时，发达地区生产规模的进一步扩大将变得不经济，资本、劳动力、技术就自然而然地向落后地区扩散，缪尔达尔把这一过程称为扩散效应。扩散效应有助于落后地区的发展。同时缪尔达尔认为，发达地区经济增长的减速会使社会增加对不发达地区产品的需求，从而刺激这些地区经济的发展，进而导致落后地区与发达地区发展差距的缩小。在缪尔达尔之后，卡尔多又对循环累积因果理论做出进一步解释。卡尔多指出各地区的效率工资概念，并用以解释循环累积效应的形成，即货币工资与生产率比值的大小，决定了各地区的经济增长趋势。效率工资低的地区，经济增长率高；效率工资高的地区，经济增长率低。从理论上来讲，一国之内各地区的效率工资应该相同。但在繁华地区，由于经济聚集引致规模报酬递增，生产率较高，降低了效率工资，因而经济增长率高。经济增长率的提高，提高了生产率；进而又降低了效率工资。如此循环累积，繁荣地区将更加繁荣，落后地区将更加落后。

（三）增长极理论

法国经济学家弗朗索瓦·佩鲁（Francois Perrous）在《经济空间：理论的应

用》（1950年）和《略论增长极的概念》（1955年）等著述中，针对新古典增长理论的均衡增长观点，最早提出以增长极为标志的非平衡发展理论。佩鲁指出：增长并非同时出现在所有地方，它以不同的强度首先出现于一些增长点或增长极上，然后通过不同的渠道向外扩散，并对整个经济产生不同的最终影响。增长极理论的核心是在经济增长中，由于某些主导部门或者有创新能力的企业在一些区域集聚，从而形成一种资本技术高度集中，具有规模经济效应，通过具有增长极的地区的先增长带动周围区域的共同发展的发展模式。因此，佩鲁认为，经济增长不是均衡的，而是存在着极化效应。在经济均衡增长过程中，创新将起到重要的作用。

增长极的形成依赖于那些具有特殊优点的企业，佩鲁把这些企业称为推进型企业。推进型企业是一些规模不断加大，增长速度较快，与其他产业联系紧密，具有创新能力和增长潜力的企业。佩鲁继承了熊彼特的创新理论，他在该理论的基础上阐述了增长极的形成条件。首先，增长极的形成必须存在有创新能力的企业和企业家人才。其次，增长极的形成需要良好的投资环境和生产环境。最后，增长极的形成必须具备一定的规模经济效益。

增长极在形成与发展的过程中会产生两种效应，即极化效应和扩散效应。佩鲁认为，极化效应促使各种生产要素向增长极回流和聚集；扩散效应促使各种生产要素由增长极向周围不发达地区扩散。在发展的初级阶段，主要表现为极化效应，当增长极发展到一定程度后，集聚效应减弱，扩散效应增强。自增长极理论提出以来，由于其对社会发展过程描述比较真实，理论重视创新和推进型企业，同时该理论还提出了一些便于操作的有效政策，政策制定者容易接受，所以该理论被许多国家用来解决不同区域的发展和规划问题。

（四）梯度推移理论

自20世纪下半叶以来，区域经济学家克鲁默和海特等以弗农等首创的工业生产生命周期理论为依据，提出了区域经济发展梯度推移理论。该理论指出，经济的发展趋势将是由发达地区向次发达地区，再向落后地区的推进。根据产业等级化的时空序列将区域分为低级、中级和高级产业区，通过高级产业区的试验作用和示范效应，将新技术、新产品扩散到低级产业区，从而带动整个区域的发展。梯度推移理论主要包括以下几个方面。

第一，区域经济的兴衰主要取决于它的产业结构，而产业结构的优劣取决于地区经济部门，特别是主导专业化部门在工业生产生命周期中所处的发展阶段。如果一个地区主导专业化部门处于创新或发展阶段，这将会促进该地区经济的高速增长及人均收入水平的提高，该地区就是一个高梯度地区；如果一个地区主导专业化部门处于成熟阶段后期或倒退阶段，这将会促使该地区经济的增长缓慢及人均收入水平下降，该地区就是一个经济发展的低梯度地区。

第二，创新活动是决定区域发展梯度层次的决定性因素。技术创新及管理创新等一系列创新是保持一个地区竞争优势的关键。大部分的新兴产业部门、新产品、新技术等均产生于高梯度地区，随着产品生命周期的变化，按顺序从高梯度地区向低梯度地区转移。

第三，梯度推移主要是通过多层次城市系统传递的。创新在空间上的扩散主要有两种形式：一种是局部范围的扩散，这种扩散是指创新活动由发源地按距离的远近向经济联系紧密的地区、城市转移；另一种是大范围的扩散，创新活动按全国行政区域城市系统"蛙跳式"向广大地区扩展。因为只有第二梯度上的城市才有能力接受、消化吸收来自第一梯度城市上的创新产业或创新产品，并随着产业或产品的成熟与老化，逐渐向第三梯度、第四梯度上的城市推移，直到乡镇农村。

这种有序梯度推移主要是由区域经济发展和生产力布局决定的。首先，处于创新阶段的工业部门大多布局在少数科技力强、产业结构好、经济实力强的大城市，这些城市具备一定的技术条件、市场环境和基础设施，所以这些城市具有创新和接受创新成果的能力和优势。其次，创新产业或产品由创新阶段向发展阶段过渡的过程中需要扩大市场，受市场驱动的需求，这些发展阶段的工业部门就需要从大城市向第二梯度上一些条件具备的城市推移。最后，处于成熟或衰退阶段的工业部门，技术成熟，生产完全标准化，生产由技术密集型转化为劳动密集型，高梯度地区该类产品市场需求达到饱和，由于发展中或落后地区地价低、工资低、原材料便宜等优势，这些部门就会向这些低梯度地区推移。

（五）输出基础理论

输出基础（export base）概念最先被城市规划者们所采用，他们用它来预测地方化城市经济的短期变化趋势。为了做到这一点，他们曾建立了一种能定量地对城市经济进行预测的理论模型。在这种模型中，经济被划分为两个部门，即一个输出基础部门（包括所有的城市外部需求导向的产业活动）和一个自给性部门（包括所有的城市内部需求导向的产业活动）。在这种模型中，通常假定自给性部门不具备自发增长的能力。但是，随着外部需求的扩大，输出基础部门的扩张，并为地方经济带来额外收入，这些部门也会随之相应扩张。输出基础思想后来被著名经济史学家、1993 年诺贝尔经济学奖得主道格拉斯·诺思（Douglass North）用来预测区域经济的长期变化趋势，从而形成了区域经济发展的输出基础理论。诺思在其 1995年所发表的《区位理论与区域经济增长》一文中，根据把太平洋西北岸作为其实证研究的基地而得出结论：区外对木材、毛皮、面粉、小麦等产品需求的扩大，不仅会影响那里的绝对收入水平，也会影响诸如辅助性产业的特征、人口的分布、城市化模式以及收入与就业波动范围等。他进一步指出，对区域输出需求的增加能对区域经济产生乘数效应，这不仅会导致输出产业投资的增长，也会导致对其他经济活动的投资增长。因此，按照诺思的观点，一个区域要求得发展，关键在于能在该区域建立起输出基础产业，而特定区域能成功地建立起输出基础产业，又将根据它在生产和销售成本等方面对其他区域所拥有的比较利益而定。

三、可持续发展理论

（一）可持续发展战略的提出

人类经过了对自然顶礼膜拜的漫长历史阶段之后，通过工业革命，铸就了驾驭和征服自然的现代科学技术之剑，从而一跃成为大自然的主宰者。可就在人类为科学技术和经济发展的累累硕果津津乐道之时，却不知不觉地步入了自身挖掘的陷阱。种种始料不及的环境问题击破了单纯追求经济增长的美好神话，固有的思想观念和思维方式受到强大冲击，传统的发展模式面临严峻挑战。历史把人类推到了必须从工业文明走向现代新文明的发展阶段。可持续发展思想在环境与发展理念的不断更新中逐步形成。

1)《寂静的春天》——对传统行为和观念的早期反思（20世纪50年代末，美国海洋生物学家蕾切尔卡逊发表环境保护科普著作《寂静的春天》，她通过对污染物富集、迁移、转化的描写，初步揭示了污染对生态系统的影响）。

2)《增长的极限》——引起世界反响的"严肃忧虑"（1968年成立的罗马俱乐部于1972年提交第一份研究报告《增长的极限》，报告深刻阐明了环境的重要性以及资源与人口之间的基本联系，认为要避免因超越地球资源极限而导致世界崩溃的最好方法是限制增长，即"零增长"）。

（二）可持续发展的内涵

由于可持续发展的概念最初是从生态学范畴中引申而来的，所以当它应用于更加广泛的经济学与社会学范畴时，则可有更多的认识和理解。许多机构和专家从不同角度对可持续发展做了不同理解和定义。1987年联合国世界环境与发展委员会提出《我们共同的未来》的研究报告，首次把"可持续发展"定义为"既满足当代人需要，又不损害子孙后代满足其需求能力的发展"，这一定义随后在1989年联合国环境规划署第15届理事会通过的《关于可持续发展的声明》中得到接受和认可，并补充了决不包含侵犯国家主权的含义。我国学者对可持续发展做的较完整的定义是："不断提高人群生活质量和环境承载力的，满足当代人需求又不损害子孙后代满足其需求能力的，满足一个地区或一个国家的人群需求，又不损害别的地区或别的国家的人群满足其需求能力的发展"。除此之外，还有各种分别着重于自然属性、社会属性、经济属性和科技属性的定义。但无论怎么表述可持续发展，其基本理论大致都包含以下四个方面的内容。

1）可持续发展不否定经济增长（尤其是经济不发达的国家的经济增长），但需要重新审视经济增长的方式。

2）可持续发展以自然资源为基础，同环境承载能力相协调。

3）可持续发展以提高生活质量为目标，同社会进步相适应。

4）可持续发展承认并要体现出环境资源的价值。

由此看出，可持续发展有两个基本要求：一是资源的永续利用；二是环境容量的承载能力。这两个基本要求是可持续发展的基础，它们支撑着生态环境的良性循环和人类社会的经济增长。农业可持续发展问题，集中在土地、资源、环境和农村经济发展上。1993 年，联合国粮食及农业组织（FAO）在《登博斯宣言》中明确提出了可持续农业和农村发展概念，即管理和保护自然资源基础，调整技术和机制变化方向，以便确保获得并持续地满足目前和今后世世代代人们的需要。这表明，可持续农业应是一种能够保护和维护土地、水和动植物资源，不会造成环境退化；同时在技术上可行、经济上有活力、能够被社会广泛接受的农业。可持续发展包括资源利用的可持续、经济增长的可持续以及由此最终实现社会发展的可持续。资源的可持续利用对人类社会具有重要意义。

（三）县域经济实施可持续发展战略的必要性

对我国大多数县域经济来说，人口多，资源相对缺乏，不断恶化的生态环境正日益成为制约社会经济发展的重要因素。而资金和技术的缺乏迫使我们不能也不应该走发达国家走过的并为之付出惨重代价的"先污染后治理"的老路，唯一的选择就是走可持续发展之路。我国农村和城市二元结构的存在，造成了县域经济发展与变革过程至少有四大困境：人口继续膨胀与迅速老化，就业负担严重；农业资源日益紧张，接近资源承载极限；环境污染的迅速蔓延与自然生态日趋恶化；粮食需求迅速增加与粮食增产举步维艰。而县域经济面临的发展环境与机遇也令人堪忧：人均资源占有量极其低下；对外开放比日本晚了 100 年左右，国际市场已基本被占领；县域的户籍人口多而常住人口减少；县域经济中的生产技术水平低下，开发利用资源的能力不足。特别是工业化国家曾经依靠的以资源（尤指不可再生资源）的高消耗和生活资料的高消费来支撑和刺激经济高速增长的发展模式，已经被证明是一种不可持续的发展模式，县域经济发展不可能再照搬这样的发展模式。因此，只有走可持续发展之路才是县域经济唯一可行的办法。

第二节　国内县域经济发展模式理论研究

国内学者对我国县域经济发展的模式做了概括总结，我国县域经济发展过程中形成了许多具有代表性的发展模式，苏南模式、温州模式、珠江模式、济源模式、义乌模式等都已经成为人们耳熟能详的概念。根据这些模式的一些共性将主要县域经济发展模式做了如下划分。

一、主导产业视角的县域发展模式

（一）农业主导模式

农业主导模式强调农业在县域经济中的基础性作用，发挥农业较强的前向产业关联效应，以带动县域整体经济发展，如以农业产业化为主的专业化基地型县域经济发展模式。

农业产业化经营，确切地讲是贸工农一体化的农业产业化过程。它是 20 世纪 90 年代中国从实践中总结提炼出来的农业和农村经济发展模式。与国外的"农工商一体化"、"农工联合体"以及"农工商综合经营"等具有相似的内涵，就是将农业相关的几大环节通过利益分配机制有机地结合起来，把农业由农、工、商割裂的弱质产业，变为农工商一体化协调发展的强势产业过程。农业产业化作为县域经济发展的重要战略选择，与县域经济的发展存在诸多的内在联系。例如，农业产业化中的龙头企业是县域工业的重要组成部分，龙头企业的发展壮大推动县域工业化进程。随着县域经济中农业产业化的展开，农村人口不断分工和从农业中分离，部分农民从小农业小生产中解脱出来，从事农村工业、服务业等非农产业，并且向城市（城镇）集中，从而推进了农村城镇化。因此，在县域区域范围内大力发展农业产业化经营具有客观必然性，这对县域经济的不断发展、壮大，进而缩小我国城乡差距，解决"三农"问题和全面建设和谐、小康社会都具有决定性意义。农业产业化县域经济发展模式具有以下几个方面的主要特征。

1. 专业化生产特征

从宏观上看，推进农业产业化经营的县域根据该区域的主导产业或优势产业的特点，形成区域专业化；从微观上，实行产业化经营的农业生产单位在生产经营项目上由多到少，最终形成主要专门从事某种产品的生产。现在实行农业产业化经营，是要从大农业到小农业，逐步专业化。只有专业化，才能投入全部精力围绕某种商品生产，形成"种养＋产供销＋服务网络"为一体的专业化生产系列，做到每个环节的专业化与产业一体化相结合，使每一种产品都将原料、初级产品、中间产品制成最终产品，以形成品牌商品形式进入市场，从而提高产业链的整体效率和经济效益。

2. 一体化经营特征

农业产业化就是要从经营方式上把农业生产的产前、产中、产后诸环节有机地结合起来，实行商品贸易、农产品加工和农业生产的一体化经营，一体化组织中的各个环节有计划、有步骤地安排生产经营，紧密相连，组成经济利益共同体。不但从整体上提高了农业的比较效益，而且使各参与单位获得合理份额的经济利益。与农业产业化经营之前相比，农业产业化具有明显的优势：一方面，农业产业化能把众多的"小生产""小农户"和复杂纷繁的"大需求""大市场"有机地结合起来；另一方面，又能把乡村和城市、落后农业和现代工业联结起来，从而带动区域化布局、专业化生产、企业化管理、社会化服务、规模化经营等一系列变革，使农产品的生产、加工、运输、销售等相互衔接，相互促进，协调发展，实现农业再生产诸方面、产业链各环节之间的良性循环，让农业这个古老而弱质的产业重新焕发生机，充分发挥其作为国民经济基础产业战略地位的作用。

3. 企业化管理特征

农业产业化经营需用现代企业的模式进行管理。通过用企业管理的办法经营和管理农业，使农户分散生产及其产品逐步走向规范化和标准化，从根本上促进农业增长方式从粗放型向集约型转变。以市场为导向，根据市场需求安排生产经营计划，把农业生产当作农业产业链的第一环节或"车间"来进行科学管理，这样既能及时组织生产资料的供应和全过程的社会化服务，又利于农产品适时收获后分类筛选，妥善储存，精心加工，提高产品质量和档次，扩大增值和销售，从而实现高产、优质、高效的目标。

纵观我国农业产业化县域经济发展模式的演化，可以说其是随着我国市场机制的出现，遵循自然演变的规律而发展成熟起来的。多种多样的农业产业化模式与我国区域经济发展不平衡、不同的历史时期以及不同的人文习俗（非正式约束）等有着密切的关系。换言之，在不同的经济发展时期或不同的区域状况，基于农业产业化的县域经济体现出明显不同的发展模式。

（1）"龙头企业＋农户"模式

农业产业化的一个主要内容就是把农民生产的农副产品变成商品，但在初始条件不成熟，农民自身无法对农副产品进行加工和销售时，欲将自身所生产的农副产品变成商品，其唯一的出路就是与拥有农副产品加工和销售能力的企业建立联系。光泽县把这一模式称为"龙头企业＋农户"的模式。这是农业产业化发展的初始模式，这一模式的基本特征是：农户通过龙头企业和市场产生联系，龙头企业的作用是解决农户生产的农副产品的加工和销路问题。在这一模式中，龙头企业与农户的关系主要是市场制约下的买卖关系，有一部分发展成为合同、协议的契约关系。

"龙头企业＋农户"的模式在一定程度上解决了农民进入市场的问题，是我国农业产业化最早的组织形式之一。这种模式在农业产业化发展早期对农民收入水平提高、丰富农产品品种等都起到了显著的作用，其充分发展，为模式的进一步创新提供了足够的组织和资金条件。

（2）"龙头企业＋中介组织＋农户"模式

当农业产业化的"龙头企业＋农户"模式发展到一定阶段时，具有相同利益的农户组成相应合作组织，以一个整体形式参与经济活动的欲望增强。在"龙头企业＋农户"模式的发展过程中，一是农户逐渐认识到自己在与龙头企业进行经济活动中的弱势地位，有成立代表广大农户共同利益的组织的强烈愿望，于是农户开始以一个整体同企业建立联系，提高其谈判的地位；二是随着农产品加工企业和销售企业的不断发展，市场对农产品要求的不断提高，企业从降低原料收购的成本、保证原料供应的稳定性及保障品质等方面考虑，需要中介组织对大量分散的农户进行管理。中介组织应运而生，并介入和参与农户和龙头企业的经济活动。原有的模式演进成"龙头企业＋中介组织＋农户"的发展模式。在这种模式下，农户与企业的关系从过去的"多对一"买卖关系转变成以中介组织为媒介的、代表所有农户共同利益的组织与龙头企业的关系。通过中介组织，农户与企业之间结成了相对稳定的利益共同体关系，农户在收入和利益保障上比单一家庭生产经营有了提高，同时，龙头企业的货源供应在数量和质量上也有了一定的保证。中介组织的出现是农业产业化模式发展到第二阶段的重要标志。中介组织的出现使得农户的经济实力和谈判实力都大大增强，同时，龙头企业发生的交易成本也大大下降。

（3）"龙头企业＋中介组织联盟＋农户"模式

在农业产业化模式发展的第二阶段，每个中介组织是分散的，各自为政替代农户进行市场活动。不同单个中介组织在与企业的经济活动当中，由于缺乏协调，弱势地位还是比较明显。随着农业产业化的进一步发展和中介组织的发展壮大，中介组织自身的发展建设有了可能，也有了进一步追求行业平均利润的愿望。中介组织要发展，必须壮大自己的实力，扩大组织的规模，提高与企业的谈判地位。出于对自身利益最大化的考虑，不同的中介组织间受利益目标一致的驱使，联系得到了加强，一种更为高级的中介组织形式——中介组织联盟得以产生。中介组织联盟的产生与参与大大提高了农业产业化的运作效率，使得农业产业化的产业组织结构趋向更加合理，从龙头企业到中介组织联盟，到中介组织，再到农户，形成了一个更加稳定的农业产业化组织结构。

（4）"龙头企业＋中介组织联盟＋协会＋农户"模式

代表农户利益的中介组织联盟的出现使得农户、中介组织与龙头企业之间在农业产业化发展进程中取得了对等的地位，参与农业产业化运作的各种主体之间在竞争中处于一种平等的状态。但随着各方追求利益最大化，互不相让，有可能出现"囚徒困境"博弈，造成交易的谈判成本显著增加。怎样通过一种更为合理的制度安排以解决"龙头企业＋中介组织联盟＋农户"模式中的这种局限就成了农业产业化进一步发展的关键。从发达国家农业产业化的经验来看，用行业协会的形式解决这一问题是一种行之有效的办法。在农业产业化发展中，行业协会作为一种更高层次的中介可以有效协调龙头企业、农户在生产、经营、销售过程中发生的各种利益冲突，提高农户适应市场的能力，分摊市场风险和生产成本；可以代表农户与政府、市场对话，在沟通政府与农户、政府与企业、农户与企业、国内与国外的关系上起着纽带和桥梁作用；协会还可以把分散生产和经营的个体组织起来，扩大同类农产品的生产和销售规模，促进外向型农业的发展，促进支柱产业和区域特色农业的发展。农业产业化中行业协会的独特作用，对于保持农业产业化的健康持续发展、维护农村社会安定、巩固基层政权、促进农村经济发展有着至关重要的意义。

（二）工业主导模式

一些县提出工业立县、工业强县的战略，强调工业在县域经济发展中的主导作用，可称之为工业主导模式。树立以工业化为主导的理念，大力发展工业，培育支柱产业，加速实现工业化，作为实现跨越式发展的突破口和主动力，建立起现代工业体系，提升县域经济整体实力，才能从根本上改变中部县域经济长期所处的不利地位。而新型工业化是实现现代化不可逾越的历史阶段。翻阅历史，发达国家和地区的发展无不是由工业化带动的。工业化集中体现为现代机器和社会生产方式的广泛应用，工业产值和就业人口在国民经济中比重提高，工业内部结构和整个国民经济结构的升级演进。迄今为止，人类经济社会形态先后经过了农业经济阶段、工业化阶段和发达经济阶段，由低向高依次演进。没有工业经济的充分发展，就不可能进入发达经济阶段，也就谈不上实现经济实力的强盛。纵观当今世界，美、日、德、英、法等经济强国，无一不是从农业社会进化到工业社会，进而向工业化、信息化、城市化整体推进，最终实现现代化的。环视当代中国，珠三角、长江三角洲（简称长三角）和环渤海湾等国内经济繁荣地区，无一不是工业经济先行之地。事实证明，只有新型工业化道路，才是促进经济社会迅速发展的有效途径。就整体而言，没有工业化一般不可能有县域经济的大发展。工业是竞争力较强的经营形式，是国民经济诸行业中创造增加值最多、对地方财政贡献最大、吸纳就业岗位最多的产业。资料表明，就国内每百元净产值创造的财政收入来看，工业是农业的 22 倍，工业的劳动生产率是农业的 10 倍多。工业经济是县域赖以发展、实现强盛的根本所在（陆学泽，2006）。繁荣城乡经济主要靠工业，推进传统农业向现代农业转变要靠工业，发展第三产业要靠工业，扭转财政困难局面、增加城乡居民收入、增加公务员和教师的工资也主要靠工业。没有发达工业的带动和支撑，脱贫致富、富民兴黔、全面建设小康社会就无从谈起。

（三）服务业主导模式

这种类型的县域经济的发展是以服务业为先导从而带动县域经济的发展。过去，通常都认为只有当第一、第二产业发展到一定程度时才会对服务业等第三产业的发展提出新的要求，并出现第三产业超前发展的情况。其实，服务业与各行各业有机地密切联系在一起，只要条件允许，以发展服务业为龙头可以牵动其他产业的发展，尤其是具有独特资源的地方有可能出现奇迹。例如，被人们誉为"朝阳产业"的旅游业，近年来有的地方发展十分迅猛。随着交通工具的更新，个人可自由支配收入的增加，带薪假期的延长和国际关系的缓和，以及国家对旅游业的日益重视，旅游业将继续呈现发展的势头。而旅游业作为一项包括吃、住、行、游、购、娱六大要素在内综合性很强的产业，与数十个部门相关联，旅游业发展可以带动众多行业的发展。一些具有自然旅游资源和人文景观资源的地方，其经济发展有可能成为服务先导型。具有旅游资源的县发展旅游业还具有投资周期短、见效快、污染小的特点，把旅游业作为先导产业有利于动员各方面的力量共同参与县域经济的开发，使县域经济得到超常的发展。现在，海南、云南、贵州等省都提出了以旅游为先导发展经济的思路。这些省的一些县旅游资源丰富独特，考虑目前的经济尚不发达，开发旅游资源，发展旅游业等服务行业，从而促进整个县域经济的发展确实是可行之举。

二、空间地域视角的发展模式

（一）产业空间布局发展模式

一是城镇化模式。诸多学者都承认城镇化发展在县域经济发展中的重要性，一些县已经形成了各自独特的城镇化发展模式。二是园区化模式。工业园区已成为加快县域经济发展的成功之举。一些县域经济的发展以工业园区为载体，以引进外资来推动园区的建设，把同类企业、产业链条关联密切的企业在园区聚集起来，吸引工业的空间聚集和产业提升，以园区建设来带动整个县域经济的发展，从而形成园区型的县域经济发展模式。一些县域正积极探索科技园区、农业园区以及生态园区等各类园区的建设。三是集群化模式。在县域经济发展中，集群经济特别是形成多种产业的集群成长和各种经济主体的集群成长是发展县域经济的新思路，如江苏省的江阴市、浙江省的绍兴市、福建省的晋江市等，都是这种集群化的经济发展比较成功的地区。

（二）地域文化视角的发展模式

以地区命名的模式有很多，这里重点介绍温州模式、苏南模式及珠江模式。温州模式虽然以家庭企业为起点，但 20 世纪 80 年代中后期，随着企业的壮大和对资本的需求，家庭企业逐渐演变为股份合作制企业。但这种合伙制组织形式及家庭工业资本日益显露出家庭化、本土化和封闭性的缺陷。面对严峻的市场化挑战，温州最终走上了现代企业制度的道路。无论何种组织形式，温州经济是靠内资、民营资本拉动的。数据显示，2017 年温州全年实现工业增加值 1744.0 亿元，规模以上工业企业 4900 家，实现工业增加值 1087.1 亿元。其中，私营企业 3216 家，占比为 65.6%；私营企业实现工业增加值 504.9 亿元，占 46.4%[①]。

苏南模式的典型特征就是依靠政府主导的集体经济带动地方经济的发展，但由于企业产权不明、政企不分、所有制实现形式单一等问题的凸显，苏南模式的优势渐渐被带有计划经济性质制度的故有缺陷所抵消。于是 20 世纪 80 年代苏南地区开始寻求经济发展模式的转型，转型后被称为"新苏南模式"，表现为产权制度改革和发展外向型经济。苏南产权制度改革的目标同样是建立现代企业制度，但以内资为资本来源的苏南公司制企业发展得并没有温州好。苏南发展外向型经济却取得了很大的成功。以苏州昆山为例，它通过开发区和工业园为招商引资的主要载体，吸引外商和外资，把招商引资的重点放在世界 500 强企业、国内知名企业、高新技术项目和具有龙头带动作用的项目上，聚集外商资本投入县域经济发展。2016 年，昆山共引进外资项目 172 个，新增实际利用外资 8 亿美元；新增境外投资项目 28 个、投资资金 8179 万美元，分别增长 86.7%、34.3%[②]。2017 年昆山市使用外资规模再创新高，新设立外商投资企业 239 家，同比增长 24.5%；新增

---

① 资料来源：2017 年温州市国民经济和社会发展统计公报。

② 资料来源：http://dy.163.com/v2/article/detail/DKOPNT2O0518BVJL.html。

注册外资 14.2 亿美元，同比增长 65.8%；实际使用外资 7.2 亿美元，在江苏省各县（市）中名列前茅[①]。

　　珠江模式是人们对广东省珠江流域中以广州、深圳等为中心的 14 个市县，自改革开放以来，向市场经济转轨过程中社会经济发展道路的概括和总结。其基本特点包括：地方政府有相对独立决策权、自身利益和竞争压力；外向型企业有相对独立性产权结构，乡镇企业具有相对排他性产权结构；具有受惠于外向型市场资源优势的外向型经济发展环境；具有通过内外市场互动，充满活力的迅速向计划体制渗透的市场。珠江模式最显著的一个特征是外向型经济。由于珠三角独特的区位条件，在改革开放前，其与毗邻的港澳地区客观上构成了落差很大的区域二元经济结构。改革开放后广东省先行一步的特殊优惠政策环境，使港澳资本连同劳动密集型产业、技术、管理等，借两地落差形成的"势能"，大规模地向珠三角地区转移，使得珠三角工业化发展步入新的发展阶段，大量本地农村劳动人口走进工厂，并吸引了数以百万计的内地农村剩余劳动力向珠三角地区转移。2010 年，珠三角常住人口中非户籍人口占比为 46.15%。随着金融危机的持续进行和产业的西部转移，近年比例略有下降，2014 年为 44.34%，但总体维持在 40%以上[②]。

（三）区位视角的发展模式

　　区位视角的县域经济发展模式，是指根据县域的区位优势，确立县域经济的发展方向。例如，靠近经济发达的大中城市或地区，就为大城市提供辅助配套支持，或从大城市的经济结构调整中得到发展机遇，这就是城郊型经济发展模式。如果在多个区域的交叉地带，就发展跨区域的商贸业；如果具有陆路、水路等交通优势，就发展物流、运输等。作为长期稳定的固定变量，地理区位是理解区域经济发展模式形成变迁的重要视角。根据区位特征不同，可分为四类：第一类，城郊型。该模式主要利用毗邻经济发达的大中城市，为大城市提供辅助配套支持，或从大城市的经济结构调整中获得发展机遇，或接受大城市的人才、技术、产业转移、资金等辐射带动，形成基于地缘优势的发展模式。第二类，边界型。该模式利用地处多区域交界接壤地带的特殊区位，发展跨区域商贸业。第三类，枢纽型。该模式主要利用水陆等交通优势发展物流、运输等。第四类，沿海型。该模式主要利用地处开放前沿的区位优势，引进外资，发展外向型经济。例如，山东半岛的胶州等，借助港口以及邻近韩国的优势，大力吸引韩国的资金和技术发展

---

　　① 资料来源：https://mp.weixin.qq.com/s?_biz=MjM5MTM1NzQ3Mg%3D%3D&chksm=bd5af0d78a2d79c1243254f75fb421d9fc5c1009dcfb9ed75ce06a83110999143b41c6685b84&idx=1&mid=2652413848&sn=94a2d344c82cfc0434c499e64fea21e7.

　　② 资料来源：珠三角外来人口占比持续下降.羊城晚报，2016-2-24。

县域经济。而珠三角区域拥有毗邻港、澳的地缘优势，形成一种香港发展贸易、珠三角从事制造的"前店后厂"的区域分工格局。

三、生产要素及资产所有权视角的发展模式

（一）资源要素

在学者们的模式分类中几乎都提到了资源型模式。资源型模式是发挥县域内的资源禀赋优势，包括生物资源、生态资源、矿产资源、能源等自然资源及人文资源的优势，带动县域经济全面发展的模式。其中的资源是指不可再生性自然资源。资源型县域经济，是指以当地不可再生性自然资源开采和加工业为主导产业的经济有机体。其主要特征表现为：

1）在整个县域经济中，占主导地位、拥有绝对优势的是资源型经济。

2）在整个县域经济中，资源型产业起主导作用，对整个县域经济以及相关产业有决定性的影响，对于县域经济结构的未来走势也具有引导作用。

3）县域经济的主要财政收入来源也依赖于资源型相关产业。

4）相关的资源或能源价格波动将对县域经济产生重要影响，当优势资源或能源的市场价格走高时，县域经济将得益于这一正向的波动，相应地表现出较迅猛的发展势头，具体表现为产值和效益的双重提升。目前，我国资源型县域经济所依赖的大部分是不可再生资源，主要包括石油、煤炭、钢铁以及有色金属等，随着我国工业化和城市化发展的进程，这些资源型产业必将成为整个国民经济的支柱型产业，因此，作为县域经济的优势产业，在强调基础设施建设依靠投资拉动的资源型经济的大背景下，县域经济也得到了迅速发展，同时促进了县域城镇的基础设施建设以及第三产业的发展，尤其是交通运输物流等服务业的兴起。这就为县域经济提供了更多的就业机会，增加了县域财政的收入。

（二）资本要素

资本导向型县域经济是这样一种经济发展模式，它凭借本地区资本增值载体优势，搭建资本集聚平台，并辅之以优良的资本运作环境，依靠多渠道增加区域资本供给带动整个县域经济发展。资本导向型县域经济中的资本既包括国内资本，也包括国外资本，因而按照资本的来源又可以分为内资导向型和外资导向型。资本导向型发展模式下的县域经济必须拥有为数众多的优质的资本增值载体——企业，多样化的高效率的资本进入与退出渠道，对资本具有持久的

吸引力。内资导向型县域经济通常具有很强的利用国内资本市场筹集资金的能力，特别是要拥有一批优质的上市公司，进而在证券市场上显示出高强的资金筹集能力。

内资导向型发展模式下的县域经济主要有如下特点。

1）资本来源多元化，从资本的所有者属性看，涉及国家资本、集体资本、个人资本以及外国资本，并分别有国有股、法人股、公众股、B股（人民币特种股票）等股权种类与之相对应；从资本的载体属性看，既有债权资本又有股权资本；从资本的区域属性看，既有县域内资本，又有县域外资本和省域外资本甚至国外资本。

2）产业结构中第二产业的强势比较明显，一批业绩优良的上市公司支撑着县域工业的稳步发展，而且企业集团的集聚带动了县域第三产业的持续发展。

3）在市场结构方面，由于存在一批在本行业内处于领先地位的企业集团，寡头结构比较明显。

4）市场经济发育程度比较高，市场经济主体对政府具有较强的博弈能力，制度环境比较完善，经济运行机制相对健全。内资导向型县域经济在大规模资本供给的推动下，发展速度比较快，后劲比较充足，经济发展的自主性比较强，但是进入壁垒比较高，对企业的质量和聚集规模要求比较高，由于与国民经济的晴雨表——证券市场联系比较密切，所以受宏观经济形势的影响比较明显。号称华夏A股（人民币普通股）第一县的江阴市无疑是内资导向型县域经济的杰出代表。

外资导向型县域经济的前提条件是，首先，必须对国外资本有较强的吸引力，这种吸引力既可以源于地缘情感因素，也可以源于纯粹的经济因素。其次，县域经济本身必须具有较强的对外开拓和经营企业的能力，能为国外资本提供相应的增值载体和空间，以提高资本流入的稳定性。再次，地理位置优势比较明显，对外经济交往成本较低。最后，县域经济必须在经济制度方面为外国资本的进入和运营提供必要的支持和保障。

外资导向型发展模式下的县域经济的特点是：

1）由于已"成为世界市场的组成部分和世界产品的'橱窗'"，资本来源多元化是毋庸多言的，即便外国资本也在国别上存在差异。

2）经济结构中的外资经济比重比较突出，第二产业相对于第一产业又非常显著，县域工业经济通常起步于"国产洋货"，形式流行于"三来一补"，载体集中于"三资企业"，因国际产业结构调整而转移来的高新技术产业占有相当比重，县域农业经济以出口导向明显的特色化产品为主。

3）基于资本供给主体的差异性和以灵活性规避风险的需要，通常企业规模不大，产品结构差异性较小，市场竞争相对激烈，经济运行机制完备程度也相对较高。

（三）技术要素

科技型发展模式是以科技为突破点，发展高技术产业，积极进行科技创新和改革，充分利用科技成果带动农业及其他各类型企业的发展，从而推动整个县域经济的发展的一种模式。科技是加快转变县域经济发展方式的关键所在。十九大报告中指出，创新是引领发展的第一动力，是建设现代化经济体系的战略支撑。县域经济在加快发展方式转变过程中，只有通过加大农业科技带动、发挥企业及科技园区等示范带动作用，提高农业劳动生产率，扩大生产规模，提高农产品附加值，才能推进农业经营产业化和现代化；只有通过发展高新技术产业，提升企业和产品的科技含量，才能增加企业核心竞争力；只有依靠科技推动服务业上档扩规增效，才能实现第三产业的健康快速发展。科技创新是县域经济社会可持续发展的重要保障。县域经济的竞争，实质上就是科学技术实力的竞争，是科技创新能力的竞争。

（四）资产所有权

一是以公有经济为主的县域经济发展模式。一些县乡，主要是靠公有经济特别是集体经济来发展壮大其经济实力的。苏南大部分乡镇企业的创业资本源自社区范围内的集体投入，其所有制的基本属性便是以社区政府为代表的集体经济。二是以民营经济为主的县域经济发展模式。民营经济是一种非国有国营的经济形式和经营方式，包含私营经济和个体经济等，具有灵活、适应市场能力强的特点。一些县的经济搞得比较活，就在于充分发挥民营经济的作用。同时，在公有经济中通过全面引入民营机制，盘活存量资产，以民营化为主体形成块状经济，带活县域经济，促进县域经济全面发展。三是以外资经济为主的县域经济发展模式。该模式以招商引资为主，发展外向商贸型经济，利用县域内便利的经济发展优势及地处沿海、沿江等区位优势和良好的对外交通运输条件，发展以流通组织系统为主导的商贸产业，以商招商，以"外"引外，形成以开放谋发展的模式。

四、经济运行机制视角的发展模式

（一）政府扶持型模式

政府扶持型模式是指一些县域经济的发展能够成功是政府直接介入社会经济领域的产物。政府扶持型县域经济发展模式主要是依靠政府的有效引导和推动，搭建产业发展平台，实现资源整合，逐步壮大产业发展基础的经济发展模式。这种模式形成的主要原因是该产业起点比较低，发形成为主，但是具有良好的发展前景。单凭市场机制的作用很难创造出良好的条件来实现特定产业的集聚和促使产业结构的优化升级。而依靠政府的力量，通过直接的经济干预、系统的制度安排，为产业的发展创造一个宽松、开放的政策和经济环境，实现社会资源合理有效的配置，壮大产业规模，逐步培养本地的产业集群网络从而提高产业的竞争力。就政府来说，主要从提供发展空间、做好产业规划、营造发展环境、提供公共服务、提高服务效率入手，培育龙头企业，鼓励企业间的正常竞争，从而保证了产业集群较快地形成并产生较强的活力。对于政府而言，只有对本县的经济发展起着重大作用的，市场需求旺盛、行业发展前景良好、准备作为本地经济的主要方向来抓的产业才愿意采用扶持型发展模式。因此，政府扶持型县域经济发展模式也是产业发展到一定阶段的产物。在此阶段，政府对企业给予一定的经济支持或者政策优惠，并搭建相应平台，等到该行业市场机制成熟、社会网络健全，政府扶持型县域经济发展模式必然要向市场主导型县域经济发展模式转变。

（二）专业化市场推动型模式

专业市场，即专业化市场，是具有较强辐射能力的某类或几类相关商品集中交易的场所，是一种贸易空间集聚现象。专业市场的交易空间可以是实体的现货交易市场，也可以是无形的虚拟交易市场。专业市场是与综合市场相对而言的按商品分类建立起来的市场，包括纺织品服装、食品饮料烟酒、药材药品及医疗器材、家具、小商品等22类专业市场。本书的"专业市场"系指参与商品交易环节的贸易活动场所，不包括生产要素市场，如资本、技术、土地、金融、劳动力市场等。本书将专业市场推动型区域发展模式界定为：以专业市场为地区经济发动机，中小型企业为经济活动主体，地方政府为组织协调者的地区发展模式。从专业市场竞争力和辐射范围看，专业市场发展的理想路径可以分为本地化经营、全国化经营、内向国际化经营和外向国际化经营四个阶段。以英国利兹市场和中国义乌市场为例。

1）本地化经营阶段。专业市场的共享式营销优势吸引中小企业入驻，专业市场初步发育，甚至依赖于政府引导和政策鼓励。此阶段市场立足本地，多以集镇或中小城市的集贸市场的形式存在，中小企业在市场空间集聚，促进了企业间的初步融合，但各企业综合实力较弱，如英国17~18世纪以自耕农、地主为经营主体的利兹柯克凯特毛织市场和20世纪80年代我国以农民群众为主体的义乌小商品市场。

2）全国化经营阶段。中小企业通过专业市场的共享式营销平台实现规模扩张，业务范围遍布全国，经营商品的市场占有率保持增长。例如，18 世纪下半叶至 19 世纪，利兹凭借优质的煤炭、良好的制造业设施和便利的交通条件（两条运河、一条煤矿铁路），发展成英国毛织、麻纺、陶瓷工艺、印刷等产业均较发达的城镇，柯克凯特毛织市场的经营业务遍布全国；20 世纪 90 年代中国义乌开始在全国兴办分市场，搭建起辐射全国的市场网络，进入了全国化经营阶段。

3）内向国际化经营阶段。企业竞争力进一步提高，专业市场开始启动对外贸易业务，个别企业具备一定国际影响力，进入跨国经营阶段。进入 20 世纪后，利兹市场产业向多元化方向发展，依托保持稳定增长的传统毛织产业，孵化出当地成衣业和纺织业龙头企业——Montague Burton 公司，以及当时世界最大的棋盘游戏公司——John Waddington 公司，利兹市场的主营业务迅速延伸到世界各地。相比而言，21 世纪前后，义乌市场也孵化出产品销往全球各地的大型企业，如浪莎袜业、蒙娜袜业、双童吸管等（张海霞等，2008）。与加入世界贸易组织（World Trade Organization，WTO）前的外向度不足 5%相比，2017 年义乌市场与世界上 219 个国家和地区有着贸易往来，经济外向度高达 65%[①]。

4）外向国际化经营阶段。专业市场入驻企业国际竞争力普遍提高，专业市场开始在其他国家建立新的营销节点，从而实现市场组织主体和市场经营主体的国际化。21 世纪，一些跨国公司从利兹市场脱颖而出，如从 19 世纪的一家小货摊起家的英国最大的百货公司——马莎百货公司（Marks & Spencer）和控制欧洲最大服装厂的 Montague Burton 家族公司。相对而言，义乌市场正从内向国际化向外向国际化阶段转型，通过电子商务平台的搭建培育跨国企业。

（三）企业导向型发展模式

企业导向型县域经济是利用本地区在兴办企业方面的有利条件，通过兴办和发展企业特别是乡镇企业为县域经济的全面发展提供动力支持的一种经济发展模式。企业导向型发展模式高度重视企业对县域经济发展的作用，将县域经济发展的重心放在创办各类企业上，通过微观经济活动主体的健康发展带动整个经济体的发展。企业导向型发展模式的适应条件是，县域经济具有较高的发展水平，特别是农村经济比较发达，既能够为兴办企业提供必要的资本原始积累，又能够为企业发展提供广阔的市场需求；兴办工业的历史传统比较悠久，具有良好的市场经济基础和勤劳创业的文化环境；在地理位置上邻近经济发达的大型城市，易于接受城市经济的辐射，能从市场、技术、人才、经营理念等方面为企业发展提供

---

① 资料来源：http://news.gmw.cn/2018-08/14/content_30510483.htm。

全方位的支持；整体经济环境有利于企业的发展，兴办企业的制度障碍相对较少，企业发展具有一定的政策制度优势，起步较早能取得先行者优势。

企业导向型县域经济的特点是：

1）资本来源多元化，乡村集体积累的资本居于关键地位，来自个人家庭以及国外的民间资本占相当比重，发挥政策扶持功能的政府资本具有不可替代的作用，具体到微观企业的资本来源结构也呈现多元化特征。

2）企业在工业领域的集中使第二产业在产业结构中占据较大比重，适合于县域中小企业的劳动密集型轻工业具有举足轻重的地位；农业在为企业提供了必要的积累之后基于产业间比较效益的落后而逐渐萎缩，具有区域特色的农副产品生产成为第一产业的最大亮点，传统农业已难有立足之地；第三产业的比重不断上升，其发展动力既源自县域工业企业不断发展的需求，又源自县域第一产业转移的供给。

3）由于直接以市场经济的基本主体——企业为经济发展动力，整个经济运行机制的市场化程度相对较高，市场在资源配置中的基础地位不断巩固，经济运行机制的具体环节也不断完善。

企业导向型发展模式的优势在于，直接着力于培养微观经济主体不但可以提高县域经济的活力，而且可以加快县域经济的发展速度，兴办企业带来的可观的经济社会效益既可以为县域经济发展吸引更多的资源，又可以为解决县域经济社会发展中的难题提供保障。该发展模式的劣势在于，受宏观经济周期波动影响较大，企业规模偏小，抗风险能力较弱，经济发展与邻近大城市经济的联动风险较大，数量不断增加的企业难以在行业分布、产业分工以及资本规模等方面协调发展，初始产权界定模糊、经营管理中的封建意识等问题都会阻碍企业发展。企业导向型县域经济要进一步发展，就应着重解决好一系列事关全局的关键问题，如进一步深化产权制度改革、扩大企业规模、完善企业经营管理机制、推进企业技术创新步伐等。

第三章　中国县域经济发展的典型模式研究

作为解决中国目前诸多现实经济、社会问题的突破口之一，县域经济发展被给予了越来越多的理论关注。而综合典型个案的实践经验和最新理论成果的各种"模式"的研究，也就具有了重要的现实意义。与一般的发展思路相比，发展模式具有相当的规范性和成熟性，既是从经验到理论的飞跃，又是理论对现实的直接指导。

县域经济发展模式是关于县域经济发展道路的理论总结，是对不同类型县域经济成功发展的条件、优势、途径、措施、效果等方面的高度概括。经济发展过程中，一些县在资源、地理位置等方面的状况极其相似，优势和劣势也相当，这些共性使得县域经济在发展模式的选择上具有一定的通用性。因此，县域经济可以按一定标准进行模式化的分类。

既然研究县域经济的发展必然面临县域经济竞争优势的选择，那么以县域所拥有优势为依据划分县域经济的类型，可能更有现实针对性，至少对于产业竞争优势的培育是非常有指导意义的。据此把县域经济分为四类，即工业驱动型县域经济、农业驱动型县域经济、第三产业驱动型县域经济和资源禀赋驱动型县域经济，并细分为若干亚类。主要关注点是县域经济的比较优势，但也内在地包含了劣势的分析。

第一节　中国县域经济农业发展的典型模式研究

一、农业主导型县域经济的主要特点

农业主导型的县域经济，其主要特点在于农业及其延伸产业的发展是推动县域经济发展的主体力量。农业主导型模式强调农业在县域经济发展中的基础性作用，实施"规模经营、专业经营"的策略，实现农业产业化，发挥农业较强的前向产业关联效应，以带动县域经济全面发展。

农业产业化是促进农业主导型县域经济发展的关键路径。"农业产业化带动模式"通过发展农业专业化生产，充分发挥农业县的资源优势，在农业专业化生产的基础上，重点建设一批龙头企业，通过农业产业化龙头企业带动系列农产品的生产和加工，建立起充分利用当地农产品资源的平台，通过农产品加工增值，

形成当地的主导产业。农业产业化生产具备专业化生产、一体化经营、风险共担与利益共享、企业化管理和社会化服务的特征。农业驱动型县域经济发展模式的具体表现形式各不一样，比较典型的有北京郊县的都市现代农业模式、江苏的政府引导扶持模式、安徽的发展农民自主经营的模式、山东以龙头企业带动的模式、河南优质专用特色农产品的农业发展模式、甘肃支持支柱产业带动模式等农业发展模式。

由于农业是国民经济的基础性行业，县域是保障国家粮食安全的重镇，因此，农业主导型县域经济发展模式在我国县域经济中的地位应该得到巩固和加强。同时，应加快推进农业科技创新，提高农业产业化程度和农产品附加值，进一步促进县域经济发展。

农业尽管是弱质产业，但如果重视产业链的经营，强化政策扶持，也能成为县域经济发展的重要驱动力。近年来，城郊"菜篮子工程"、特色农产品开发、农业产业化经营、外向型农业就带动了许多农民依靠农业致富，也促进了县域经济发展。农业驱动型县域经济主要不是基于农产品的数量扩张，而是重在市场性农业的发育和建设。其主要特点是农业及其延伸产业的发展成为推动县域经济发展的主体力量，表现有三：一是面向市场，农业结构有重大调整，畜牧、水产、养殖、瓜果、蔬菜在农业结构中已占大头，培育出具有地方特色的名、优、特、新农产品。二是农副产品进入市场前已在县域内初步加工或深加工，提高了农产品的附加值；县域农产品已突破地方市场进入大中城市市场和国际市场。三是已经有比较成熟的农村市场主体和市场制度。制度创新推进了传统农业向现代农业的转化和农业生产科技含量的提高，激励了标准化生产、市场化营销和品牌战略的自觉实施，使农业由弱势低效产业转变为强势高效产业。例如，在山东肥城市，一批农产品深加工龙头企业把10万亩有机菜的90%以上出口。农民自发成立了有机蔬菜合作社，"以土地经营权入股，集约经营、小段定额、收益分红"，既有效地解决了一家一户分散经营存在的技术障碍、标准及质量问题，把千家万户的分散经营与千变万化的大市场连接起来，又在不违背土地承包政策的前提下，推进了土地的适度规模经营，解放了农村劳动力。可见，制度上的探索和创新，对农业驱动型县域经济的发展有着深远的意义。

农业驱动型县域经济发展模式并非单一的或一致的，内部也有很大的差异。按照推进机制来看，农业驱动型可进一步地细分：如北京郊区发展都市现代农业模式，以高新技术为依托推进农业结构调整，重点开发籽种、设施、精品、加工、创汇、观光六大类农业；江苏则是政府引导扶持模式，由政府扶持兴办800多个农业园区，促进农业产业化、区域化和特色规模化；安徽重点发展农民自主经营模式，鼓励农民探索和创新各种与市场对接的方式，如与龙头企业结盟型、与工商挂钩的"车间农业型"和农民经纪人先导型等，积极成为结构调整主角和灵活的市场主体；山东以龙头企业带动模式闻名，培植并依托产业化龙头企业，建设特色产品基地和专业市场、推进规模效益型特色农业发展；河南则推广优质专用特色农产品模式，以发展高效农业为核心，大幅度提高优质农产品种植比重，建设棉花、优质花生、无公害蔬菜和优质水果生产与深加工基地，实施大宗农产品优质化工程和"大蔬菜""奶业"战略；甘肃则支持支柱产业带动模式，推动主导农产品的合理布局和特色产业发展，形成马铃薯、油橄榄、百合、黑瓜子等专业生产县；福建的特色是市场需求导向模式，鼓励各县在市场导向下，按照调"优"、调"高"和调"外"的准则，开拓国际市场，重点发展外向型创汇农业。上述各省（直辖市）的措施，都成功地带动了一批县域经济的发展。农业驱动型县域经济发展模式形成的条件：一是农业资源较为丰富，农业发展条件较为优越；二是除了农业资源以外没有别的资源；三是一般远离中心城市，接受城市辐射较难。这种模式面临的主要问题：一是主要产品的技术含量不高，因而产品附加值偏低，影响了资金积累；二是农业科技开发投入偏少，农业科技推广体系不够健全，农产品更新换代步伐过慢；三是市场制度建设滞后。创新的方向是：加快培育、引进新品种，继续向专、高、特方向发展，进一步提高农产品的加工深度和附加值，着力推动市场主体和市场制度建设。

二、农业主导型县域经济实例

（一）北京郊区都市现代农业模式

北京郊区都市现代农业主要体现在食品生产、生态屏障和服务都市三大功能。随着都市建设的不断发展，城市不断向郊区扩展，服务功能更为重要，主要体现在：修建农副产品交易批发市场、兴建公园及新增绿地等，以便能够为市民提供更舒适、完善的服务；利用地理优势以生态农业、观光农业、体验农业为形式主体服务城市，如观光果园、垂钓乐园、森林公园、少儿农庄等；"品牌化"服务，如平谷大桃、大兴西瓜、燕山板栗、房山蘑菇等；主打文化创意牌，北京郊区都市现代农业未来发展与文化创意产业结合，热带水果如火龙果、枇杷、荔枝、番石榴等在北京成功种植。

此外，北京还重视可持续发展都市现代农业。第一，大力推行植树造林，提高森林覆盖率至38%，且80%以上的农田实现了林网化，以改善生态环境。第二，开发研制了低毒、低残留的农药产品，大力倡导生物防治替代农药防治，以减少农药使用量，进而减少农药对农村环境的污染，以便从根本上解决环境污染问题，保证农业的可持续发展。第三，采取科学施肥、提高肥料利用率的措施，以减少化肥使用量，进而保护土地和水资源。第四，综合开发农村新能源和可再生能源，减少传统燃料的使用量，减少废气排放量，以改善农村生态环境（宋金平，2002）。

（二）长株潭两型农业

在建设节约型农业的过程中，长株潭地区总结了节投、节地、节水和节能的"四节"模式。节投农业模式，指减少有害投入品——化肥、农药、农用薄膜的使用或寻求替代品，用农家肥替代化肥、生物治虫替代化学农药，用可降解农用膜替代不可降解农用膜，采用精准施肥技术，大力推广病虫害综合防治技术。节地农业模式，指借鉴立体种植、养殖节地模式，充分挖掘土地、阳光、空气、水的利用率，大力拓展生物生长空间，持续提高农产品产量，在节约使用土地的同时提高土地产出效益。节水农业模式，长株潭近年来降水呈现季节不均匀分布情况，秋冬两季经常出现干旱，水资源比较紧张，推广该模式就避免了这一不利影响。具体措施有：平整土地和条田建设；利用水库、梯田等工程储水；采用覆盖技术、喷灌滴灌技术以减少水分的蒸发。节能减排是节能农业模式的核心目标之一，要求从耕作、机械、龙头企业等方面减少能源消耗。如推广保护性耕作、水稻直播等高效率的节能技术；降低饲料和能源消耗，推广生态畜禽养殖技术；改造温室大棚使其充分利用太阳能、沼气能，得以种植反季节蔬菜；组织推广农机的跨区作业与联合作业，降低油耗；解决农业经营以及农产品加工、运输过程中的高能耗问题。

环境的"四清"模式。清洁生产模式，主要是全力建设无公害农产品、绿色食品和有机食品的生产基地，通过严格标准化认证、政府监督管理和行业规范自律等措施生产出品质过硬、微农药或者无农药残留的优质产品。清洁能源模式，使用农村丰富的资源发展清洁能源，强化对风力发电、稻秆发电与气化、沼气和太阳能的利用，重点实施"一池三改"（即建造沼气池与改厨、改厕、改圈）的生态家园富民工程，大力发展生物质能源，建立垃圾焚烧发电厂并对垃圾进行资源化处理。清洁产业模式，是利用农村的自然与历史人文景观、休闲农庄（农家乐）、特色农业产区、知名度高的农业企业等开发集观光、休闲与教育于一体的新形态休闲旅游产业，将休闲旅游产业与乡村农业发展融合在一起，努力使经济增长、农民收入增加与环境保护实现多赢。清洁家园模式，加强农村用地的科学规划和布局，大力建设乡村基础设施，优化景观，统一处理生活垃圾，使废弃资源得到有效的利用。

（三）武汉现代都市农业模式

多元功能模式。武汉的现代都市农业以大城市的经济需求为导向，其农产品的生产、流通与经营，农业产业的整体分布，产业发展的核心都围绕市民的需求展开，通过满足都市居民的日常生活需求而获得经济收益。但城市居民的需求是不同的，这就要求都市农业的功能多样化以满足不同的需求。武汉市的都市农业不仅向农产品市场供应优质、新鲜有特色的农副产品，还为市民提供绿色的生态环境作为休憩游乐的场所，并赋以文化传承与知识教育等方面的功能。

高度集约模式。凭借与城市之间关系紧密的优势，其农业资源条件具有一定的高度集中的特点，这表现在资本、科技与劳动力的密集投入使得对农业生产过程中的要素投入、产业技术等都有比较高的要求，也是现代都市农业与传统农业显著的不同。为追求更高的经济利润，现代都市农业越来越寻求资本、科技密集投入和土地集约利用的道路，农业生产经营方式的规模化、高科技化、市场导向化明显，生产加工销售一条龙，为都市提供各种农副产品与服务。

产业化经营模式。现代都市农业必然要求实现产业化的经营模式。武汉的现代都市农业利用该市的雄厚资本与高校云集的科技优势组建现代农业的龙头企业，采取公司加基地或公司加农户的形式，实现农产品的生产加工销售一条龙，同时注意协调与规范企业与基地或农户的关系，全面推行契约化、合同化经营与管理，做到产销双方权责清晰，结成共担风险、共享收益的经济共同体。注重品牌建设，建立并保持现代农业企业的优良形象，着力开发特色产品和主导产品，谋求市场竞争中的优势地位。

城乡一体化模式。武汉作为我国的工业重镇，工业的发展也影响着都市农业的发展，现代都市农业的工业化趋势相当明显，这极大地促进了工业、农业的融合，也加速了城乡一体化的进程，农村人口不断向城市迁移的同时大城市也在不断向农村扩张，城市和农村的结合产生了许多农村中的城镇及都市里的乡村与田野。传统的城乡布局被突破，现代都市农业已成为该市的一个有机组成部分。

（四）河南特色农业模式

特色种植业带动型。在河南省新乡市原阳县葛埠口乡，当地选择黑色作物作为农作物种植的主要物种，所谓的黑色作物即黑花生、黑玉米、黑小麦、黑红薯等。该乡已形成黑色农作物种植基地，建立了现代化的黑色农产品加工龙头企业，例如，新乡市黑王食品有限公司是河南省唯一的黑色农产品加工生产厂家，农民增收明显。永城市苗庄、卫辉市代庄、叶县屈庄、博爱县留村和鹿邑县小李庄等都以种植大棚蔬菜为主，支撑当地特色农业的发展，实现了布局的科学化、种植的规模化与生产的标准化，这样既增加了农民收入，又为乡村振兴战略实施打下了良好的基础。还有潢川县吴楼村、鄢陵县姚家村、光山县天赐城村通过发展观赏性花卉与城市绿化苗木的生产，发展集休闲度假与生态旅游为一体的新兴农业模式，带动了周边地区的发展。

　　特色养殖业带动型。河南省鹿邑县算李村大力发展养蚕业，为村民提供完整的植桑、养蚕和制丝服务。在养蚕之外，该村还大量建设养猪场，并采取集中与分散结合的方式，在全村形成了每家每户都养蚕养猪的混合产业格局。在特色养殖业的基础上，算李村以养殖业的废弃物为原料大力发展沼气，既加强了农村的生态文明建设，又为新农村建设添砖加瓦，使得算李村在 2005 年获得了"文明生态村"与"小康示范村"的美称。

　　特色加工业带动型。河南省原阳县龙王庙村通过加工粉皮带动猪养殖业的发展，同时大力推广采用大棚种植蔬菜的技术，并以生猪养殖过程中产生的猪粪作为沼气的来源，建立了四位一体、前后相继的循环经济模式。全村每家每户都拥有小规模的生产作坊，2006 年粉皮年产量达到 1500 余吨，年产值可达 1800 万元。这样的例子还有以毛料加工闻名的汝南县黄庙村，从事豆制品加工的镇平县大奋庄村。

（五）江西绿色农业模式

　　"科技园 + 农户"模式。在该模式中，科技园是主要载体，龙头企业是依托，紧密结合周边民众，实行贸易、工业、农业的一体化，农产品生产、加工、销售的一条龙，将分散的农户集中和联合以提高其市场竞争力，农业生产流程的前后各部门、农户与相关的企业之间签订一个拥有一定弹性的长期合约来改变市场中风险较大的临时交易关系。例如，在江西省南昌市，圣丰农业园区实行从良种兔的繁育、生产的技术培训、推广，到商品兔的回收，再到出口一体化，该模式通过示范户的典型示范，坚持以"绿色"为核心、科技为支撑、产业化为主线的思路。"科技园 + 农户"模式的关键是壮大龙头企业规模，实现规模效应，同时做好科技园的长远发展规划，协调农户与企业之间的利益关系，通过签合同的方式更好地保障农民的根本利益。

　　"龙头企业 + 主导农产品"模式。江西的主要农产品是大米，要实现从产粮大省向粮食强省的重大转变，农业产业化是最佳选择。通过探索，江西的优质米的绿色生产走上了产业集群化的发展道路。例如，奉新大米的经验是方向准、起点高和机制灵活。方向准就是在生产绿色优质米的商品粮基地重点培育龙头企业，提高农产品的附加值，并开拓新的农产品市场。起点高是指在龙头企业培育与建设上一定要坚持高技术水平、大规模、创特色名牌产品、强经济实力与带动功能强的原则进行发展。机制灵活是指坚持用现代化企业管理方式来管理农业生产，支持鼓励多形式、多发展层次、多成分的龙头企业。在该模式中，产品加工与流通领域的企业有着龙头的作用，它们通过合同或者股份合作关系等利益机制与种粮农民结成一体化的经济实体，达到风险共担、利益均沾的效果。

　　"龙头企业 + 特色农产品"模式。通过引入全国闻名的农业龙头企业，挖掘本地的特色优势资源，形成"公司＋农户"的经营模式。东乡县的做法是，首先，政府为龙头企业的落户创造有利的环境，一方面出台各种扶持农业龙头企业的政策，另一方面通过招商引资，引进、培植龙头企业。其次，提高自身发展实力，一是在构筑现代农业新格局的同时大力调整传统农业结构，二是推进农村经济组织的创新，围绕主导产业大力提高农民的组织化程度，培育新型农村合作组织。这种模式主要以政府为主要引导力量，以农村经济技术服务实体作为纽带，通过联系广大农户，形成产供销一体化、贸工农一条龙的生产经营体系。

循环生态农业模式。采用该模式的地区一般经济较为落后，自然资源条件较差。特点是运用系统工程的方法、按照循环经济学的原理，以沼气为纽带，把种植与养殖这两个不同的子系统结合在一起，实现物质的循环。例如，"猪-沼-果"模式就是农户在修建沼气池的同时饲养生猪并种植果树，通过果树的产品养猪，猪粪便倒入沼气池使其发酵形成种植果树的肥料，这个过程同时可以产生沼气作为农户日常生活的燃料。各种资源都得到了高效而又合理的利用，而且循环往复。这种模式还可以升级，如使用范围从个人为单位向村为单位转变，将每家自己使用的小沼气池变为全村使用的大沼气池。

（六）安徽高效农业模式

安徽的高效农业模式是以市场需求为导向，充分运用最新的科学技术，合理利用安徽特有的资源，按照各种生产要素的最优组合进行科学生产，集农产品生产、加工、销售为一体，实现高效益、高回报的现代农业发展模式。安徽的高效农业主要有以下几个发展趋势。

产业布局基地化。依据安徽农业的自然资源禀赋，明确高效农业的切入点，制定完善现代高效农业发展、产业布局和特色主导产业发展规划。政府部门通过规划科学引导与价格信号、税收杠杆等方式将各类资源要素向优势产业带区集聚，培育农业龙头企业，加快高效农业规模发展、农业主导产业集中连片发展，打造产业集群。切实加强水、电、路等重大基础设施建设，推进标准化和现代化农业园区建设，实现产业布局的基地化。以高新科技为发力点，充分利用农业科技创新对农业生产的驱动作用，突破资源的软约束，加快高效农业发展。

经济生态一体化。农业经济发展离不开良好的生态环境，发展生态循环农业，按照生态产业进行科学布局，借助生态安徽创建和乡村振兴的契机不断加大生态保护力度，推进循环经济、节约经济和环境友好经济的建设，巩固和发展生态优势，着力保证"连片成面"的循环农业思路的贯彻，在生态环境建设上下功夫。发展休闲观光农业，跳出农业发展农业，以服务业的理念和思路去发展农业，拓宽现代农业的覆盖面，延长现代农业的产业链。

经济模式组织化。为了改变农业产业化和组织化程度不够高、经营模式较为陈旧、创新力度不够的局面，加快了农业"接二连三"步伐，研究农产品的加工和营销技术，以工业反哺农业，以工业改造农业，以商业带动农业，加大对农业的资金投入力度，鼓励私营资本、工商资本、社会资金投资农业。用发展工业的理念、思路发展农业，用发展工业的生产方式改变和提高农业的生产方式。发展多元化市场流通主体，培育涉及农产品流通的物流企业，建设安徽农产品物流平台，不断加强农产品市场拓展工作，积极推进农超、农校对接。

（七）山西节水农业模式

山西的现代农业节水模式可分为四种：山丘地区节水模式、城市郊区节水模式、缺水井灌区节水模式和泉站灌区与流灌区节水模式。

山丘地区节水模式。山西全省的旱地耕地面积占耕地总面积的68%，平地耕地主要分布在土壤贫瘠、沟壑纵横、水土流失严重的山区和黄土丘陵区，这些地区只有很少部分的小型水利设施用于灌溉土地，大部分土地无法得到有效灌溉（薛进杰和许瑞虹，2006）。但同时该地区又有优越的生物资源条件、雨热同期、农业生产可挖掘的潜力大等特点。因此，该模式的发展思路为：以高效利用降水为核心，提高水的利用率，配套的模式为节水种植、集雨节灌和农艺措施相结合的旱作农业节水技术体系。该模式的主要特点是：农田基本建设以坡地改梯田为着力点；着重推广农膜覆盖保湿技术，涵养土壤水分，降低蒸发；在作物的选择上强调节水性，注意调整作物的科学布局。

城市郊区节水模式。由于城市工业与生活用水量大，农业不得不让出部分水量，使得部分郊区的农业用水不足。因此，城市郊区的农业节水目标是以高效利用水资源为中心，改造更新农业用水的配套设施。其模式是农艺节水、管理节水和节水改造相结合的农业节水技术体系。按照该模式的要求，实施对六大自流灌区与四大提水灌区的节水设施改造，并利用井渠结合实现地表水、地下水联合运用，提高灌溉保证率和水资源利用率，推广管道化输水技术和渠道防渗漏化处理技术，最大限度地减少输水过程中的跑、渗、漏水与蒸发等无谓的损失，推进滴灌技术的覆盖率，提升灌水的均匀度。

缺水井灌区节水模式。在山西省的六大盆地集中分布着该省的井灌区。这些井灌区占全省有效灌溉面积的三分之一以上，并且该区土壤肥沃、地形平坦、农业基础设施完备，是山西重要的农副产品生产基地。但该区地下水资源被严重超采，已引起局部地区地面沉陷，对生态环境造成了严重的破坏，同时工业和城市生活用水迅速挤占农业用水，工农业对水的需求矛盾日益尖锐。基于这样的特点，该区农业节水目标是在对地表水充分利用的同时适当发展咸水灌溉，严格控制地下水开采，确立非充分灌溉的原则以期最大限度提高水资源的利用率。现有的模式是地表与地下水资源合理开发与节水农业、非充分灌溉措施相结合，该模式实施的主要技术有以下几个：一是加强地表水、降水、土壤水的高效联合利用，适当利用微咸水或咸水进行灌溉，但要特别慎重，减少地下水开采量，保护生态环境，使其不被持续破坏。二是加强井片管理，科学利用地下水资源，改进机电设备与井型结构，提高使用效率，控制单井最高出水量。三是推行滴灌和膜上灌等地面节水灌溉技术，降低灌水的最高定额。

泉站灌区与流灌区节水模式。泉站灌区与流灌区农业节水目标是以单位方水最大生产效益为原则，利用科研单位与企业的力量，努力实现高科技、高资本的投入。采用先进的灌溉技术与调整种植结构相结合的模式，利用现代最先进的技术建立温室大棚，高产、高效并且优质的规模化、集约化和产业化，集节约水、地、能于一体，发展特色农业与科技农业。

第二节　中国县域经济工业发展的典型模式研究

一、中国县域经济工业发展的典型模式分类

工业驱动型县域是指已基本完成工业化的县域，即在经济结构中，第二产业无论从产值还是就业比重都已占主导地位。农村工业成为县域经济的支柱产业，乡镇工业蓬勃发展。工业驱动型县域经济可以具体分为三种情况：

1）大城市依托型工业化。其主要特征是发挥距大城市较近的区位优势，利用城市科技、人才和产业基础，围绕城市产业延伸配套需求、鲜活农副产品需求发展工业和高效农业；承接大城市的辐射功能，兴建工业园区、开发区，创造良好的投资环境实现工业聚集，同时深化集体企业产权制度改革，鼓励发展个体私营经济。湖北省仙桃市就是借武汉之力壮大县域经济而成为该省唯一的全国百强县市的，它的发展定位是"产业轻结构、经济外向型，当好二传手、融入大武汉"。经过多年的发展，形成了以无纺布产业、机械电子行业、化工产业、食品加工业、纺织服装业为主导的县域经济工业格局。2017 年统计数据显示，仙桃市地区生产总值 718.66 亿元，比上年增长 7.8%；三次产业结构为 12.5∶53.8∶33.7；三次产业对 GDP 增长的贡献率分别为 2.43%、61.20% 和 36.37%；四类市场主体共 74 230 户，其中内资企业 1457 户，私营企业 14 270 户，农民专业合作社 1527 户，个体工商户 56 976 户；工业增加值比上年增长 7.7%，外商及港澳台商投资企业增长 10.1%，股份制企业增加值增长 6.6%，国有控股企业增加值增长 1.1%[①]。

---

① 资料来源：http://tjj.xiantao.gov.cn/ndbg/201806/t20180607_330182.shtml。

　　2）内生型工业化。以温州模式和苏南模式为代表。它们的经济成就根植于传统文化基础和产业基础。苏南通过大力发展乡村集体工业而使县域经济全面发展。这一路径形成的原因在于，以地方政府或集体出面兴办企业能得到社会各方的认可和支持；发挥政权的资源组织力量及信誉，可迅速形成生产力；乡村两级有一定的农业和工业积累，而民间基本上没有资本积累；这些地区传统上农村经济比较发达，具有丰富多样的家庭手工业和传统小工业，具有兴办实业的文化传统。当然，在经济地理位置上，苏南地区邻近上海等大城市，后者在技术、人才、产业方面的带动辐射，也是其成功的重要条件。苏南模式在发展中需要解决政企不分、产权不清、投资主体单一、集体负债率高等问题。温州模式是自下而上，依靠区域内个体、私营经济带动县域经济发展的典型。它实现了两个结合：一是区域内的个体私营家庭工业、专业市场和流通服务业的自主发展，与劳动力走出区域在全国和世界各地进行加工、服务搞外向发展的有机结合。二是工业、流通服务业与小城镇聚集相结合。该模式的主要成因是：人均耕地少，国家投入少，可用资源少，交通条件差的特殊不利条件；传统的经商意识，吃苦创业的精神；敢于突破政治和市场风险的改革胆识；完全的市场化运作与政府的积极规划、合理引导相结合等。这些因素与当时短缺经济的背景、农村最先改革的契机和政策环境相结合，实现了区域经济迅速发展，完成了资本的原始积累。20世纪80年代中后期，针对温州模式存在的企业规模小、家族式经营、科技含量低等问题，政府大力推进股份制和股份合作制改革，促进了该模式的进一步发展。进入新时代，温州进一步提出坚持以开放促改革，通过对接"一带一路"，深度参与国际产能合作，加快了城市国际化步伐，加速打造了新时代民营经济"两个健康"发展先行区。其中，"两个健康"是指促进非公有制经济健康发展和非公有制经济人士健康成长，目标是在温州打造"国内一流的创业创新营商环境"，塑造"引领新时代潮流的企业家精神"，树立"民营经济高质量发展的新标杆"。

　　3）开放型工业化。长三角、珠三角、闽南地区各县（市）是200多个沿海开放县的代表，主要特点是依托三资企业发展带动县域经济全面进步。它们依靠改革开放的优惠政策、便利的海运交通条件、侨胞遍及海外的特殊人缘关系，使"三资"企业迅速发展，成为引进国外新产品、新技术和资金人才的前沿，县域经济也不断繁荣壮大。例如，江苏昆山作为传统农业县，资源匮乏，但利用地理区位优势，以开发区和工业园为招商引资的主要载体，实行中介招商、代理招商、网络招商和股权转让、经营权转让、土地资源使用权出让等多种形式，积极吸引外商和外资，尤其是世界500强企业、高新技术项目和具有明显的龙头带动作用的项目，成功地激活了县域经济。

二、中国县域经济工业发展的典型模式范例

（一）温州模式

温州模式是指在中国的经济体制改革和经济发展进程中通过需求诱致型和大胆超前的局部经济体制改革所形成的一种区域经济社会发展模式。温州模式的核心在于充分尊重和发挥民众的首创精神，将经济体制改革与经济发展有机地融为一体，使改革和发展在区域经济与社会变革中成为一个相互促进的动态变化过程。温州模式的基本内涵包括了两个方面的重要内容：一是温州模式是一种经济社会发展尤其是经济发展的模式；二是温州模式不仅仅是一个经济社会发展模式，同时也是一个经济制度变迁的模式，或者说，经济体制改革的模式。

从温州经济发展过程来看，温州的经济发展首先得益于区域内的人力资源——具有区域特色商业文化传统的各种经营人才。改革开放政策所造就的社会经济发展大环境，使得温州所拥有的人力资源充分发挥出了其潜在的优势。温州人利用其善于捕捉商机和手工业传统的优势，从家庭工业起步，迅速地推进了农村工业化，进行了资本的原始积累，并很快将商业资本转化为产业资本，同时通过建立各种专业市场，带动了农村城市化的发展。

从温州经济体制变迁过程来看，温州"有效率的经济组织"的形成与扩张，同样主要表现在两个方面：一是微观经济主体的多元化，形成了一种个体私营经济迅猛发展，多种所有制经济成分共生共荣的格局；二是以专业市场的蓬勃兴起为特征，形成了覆盖面较广的各类商品市场和生产要素市场，使得市场很快地取代了指令性计划的作用，成为区域经济发展中资源配置的主要方式。据统计，截至 2017 年，全市有 262 万温商在全球创业经商，其中有 50 多万温籍乡亲在世界131 个国家和地区创业，成立了 260 多个侨团；有 200 余万温州人在全国各地经商，在地市级以上城市成立了 245 家温州商会。在温州的经济结构中，民营经济对 GDP 贡献率超过 80%，民营经济的工业增加值占 91.5%，从业人员占 92.9%，税收收入占 82.4%，出口总额占 80%，社会消费品零售总额占 89.5%，固定资产投资占 68.4%①。

综上所述，温州模式是一种典型的利用民营化和市场化来推进工业化和城市化的区域经济社会发展模式。温州模式的主要特点在于，利用在体制外进行改革的先发优势，率先推进了经济的民营化和市场化，同时造成了一种区域性的经济体制的落差，并且借助经济体制落差的"势能"，迅速地推动了工业化和城市化

---

① 资料来源：http://news.66wz.com/system/2018/09/18/105114366.shtml。

的进程,形成了以多种所有制经济和小城镇建设为特色的区域经济发展模式。温州模式对全国经济转型的借鉴价值主要体现为两个方面:一是为中国广大农村地区如何在低资源储备、低技术水平、低区位优势的条件下实现工业化提供了可资借鉴的发展道路;二是为全国各地如何从传统计划经济体制转轨到社会主义市场经济体制提供了样板,温州地方政府的许多制度创新探索最终都被上升为国家层面的法律制度,可以说是引领了全国的经济转型。

(二)珠江模式

1. 珠江模式成就

珠江模式是对改革开放中珠三角一带各种经济发展路径的通称,具体而言,它有 4 个典型代表,即"顺德模式"、"南海模式"、"中山模式"和"东莞模式"。20 世纪 80 年代,顺德、南海、中山、东莞 4 个市县的居民收入、社会生产总值、地区生产总值、工农业生产总值等经济指标,年均增长率均达到或超过20%。其发展速度,不仅高于全国乃至全省同期发展水平,而且超过亚洲"四小龙"六七十年代经济起飞时期的速度,因此,这 4 个县市被海内外誉为广东"四小虎"。2017 年,顺德、南海、中山、东莞分别实现地区生产总值3059.3 亿元、2692.13 亿元、3450.31 亿元、7582.12 亿元,四个地方的总和达到了 16 783.86 亿元,相当于 2017 年黑龙江省的地区生产总值。珠江模式支撑着广东改革开放后的迅速发展,1989 年地区生产总值跃居全国第一,至今已有 30 年,广东 2017 年实现地区生产总值达 89 879.23 亿元,同比增长 7.5%,已达到中上等收入国家水平,省域经济综合竞争力居全国第一。

2. 珠江模式历史原因

珠三角地区有着独特的地理位置和区位优势,是中国著名的侨乡。这里自然资源比较丰富,传统农业比较发达,但工业基础相对薄弱,因此原有的国有、集体企业相对不太发达。在区位方面其最大优势在于地理上与港澳接壤,文化上同属岭南文化系列,具有乡音乡情的亲和力,最重要的是港澳完全属于资本主义体系,具有不同于中国内地的制度框架。同时,两地的经济落差形成特有的资金、技术、管理和人才的市场要素流动。改革开放政策实行以来,中央实行一定程度的倾斜政策,广东、福建等地获得先发的政策优势,所以,珠三角地区的经济发展要先行一步。

岭南文化在中华文化体系中本来属于一种区域边缘文化,很长时间以来,在整个中华体系中就表现出独特的开放性、包容性和商品经济色彩等亚文化色彩。

在敢为人先、开拓进取、兼收并蓄的岭南文化传统下，基于珠三角自身的经济发展水平和既有制度框架，珠江模式既没有抛弃传统优势，也没有拒绝甚至勇于吸纳新的经济成分和制度因素。实践中，乡镇集体经济、国有经济成分、私有经济成分，港、台资企业，三资企业等都能在这一地区得到迅猛发展，从而真正体现出各种经济成分的比较和竞争优势，地方政府也从各种制度的比较和竞争中获得制度创新的源泉。所有这一切，都是在中央政府的关怀、地方政府的用好、用活政策的背景下得以实现的。从而，珠江模式可能的选择路径就包括了政府和市场两大向量。

3. 珠江模式的特征

珠江模式的一个显著特征便是以外源型经济为主导。珠三角选择外源型的发展路径并不是偶然的，而是在综合了各种因素之后的一种必然选择。一方面，改革开放之初，珠三角像中国很多地方一样，工业基础薄弱，没有资金，没有技术，也没有市场，因此不靠外援，只靠闭门造车，是不可能发展起来的；另一方面，20 世纪 80 年代初期，港澳的工业化基本完成，正步入一个转型期，在此期间，它们急于为资本和技术找出路，为产品寻觅更大的市场，因此，地缘和人缘上十分接近的珠三角便自然成为它们的首选目标。

"两头在外，大进大出"，便是 20 世纪 80 年代人们用来形容珠江模式外源型特质的一句流行话语。"两头在外，大进大出"，即指珠三角的企业，无论是最初的"三来一补"企业，还是后来的三资企业，它们的原料、资金和技术大多来自海外，生产出来的产品也大多外销，当地所付出的主要是土地、厂房和大量的廉价劳动力。"两头在外，大进大出"，暗合了港澳和珠三角地区的互补需要，取得的效果相当明显。

珠江模式崛起的原动力既包括民众自发的创业热情，又包括政府不遗余力的扶持，两者基本上是平分秋色。珠三角是借着国家赋予广东"先行一步"的各项优惠政策率先发展起来的。政策和政府在其发展的进程中发挥着极其重要的作用。例如，中央政府对广东实施财政和外贸包干政策，广东灵活具体地运用了这一政策，把财权和外贸权下沉，这就激发了珠三角一带基层政府和民众无比巨大的创业潜力。此外，为吸引外资，当地政府制定了很多机动有效的措施。这些政策包括：优先安排向内地投资的华侨、港澳台同胞眷属就业；华侨、港澳同胞为内地亲人馈赠价值两万元的机械设备，承受人可自营企业，也可以向乡镇企业折价入股；侨属、港澳同胞亲属动员海外亲人向家乡投资的，给予奖励等。广东省委、省政府适时制定了"中间突破、带动两头、形成整体"的战略。这个战略高瞻远瞩，着眼于集群发展、长远发展的目标，促使整个珠三角地区的乡镇企业加强横向经济联合，大大提升了它们的竞争力。

（三）苏南模式

1. 苏南模式各阶段

第一阶段："所有制改革"阶段，时间为 1979 年至 20 世纪 80 年代末。这一时期，苏南以推行家庭联产承包责任制为契机，在社队企业的基础上大力发展乡镇企业，实现由农村社会向工业社会的转变，这便是经典的"苏南模式"。根据费孝通的定义，苏南模式"以发展工业为主，集体经济为主，参与市场调节为主，由县、乡政府直接领导为主"[①]。乡镇企业作为苏南模式的经济主体，其发展呈现燎原之势，其在区域工业经济中的比重不断增加，从 20 世纪 70 年代末的不足 20%，到 20 世纪 80 年代中期的"半壁江山"，再到 20 世纪 90 年代中期的"三分天下有其二"。可见，苏南经济发展的第一阶段，其核心动力在于所有制改革。所有制改革催生下的乡镇企业，以其小而灵活的独特优势，打破了单一计划经济的坚冰，为工业经济注入了新的活力，极大地推动了苏南地区经济总量的增长。1978 年，苏州、无锡和常州三市的乡镇工业总产值为 26.08 亿元，到 1980 年达到 51.88 亿元，年平均增幅高达 41%。以发展集体经济为特征的苏南模式、以引进外资为主的珠江模式与以发展民营资本为主的温州模式一道成为指导全国经济发展理论与实践的重要资源。

第二阶段："引进外资"阶段，时间为 20 世纪 90 年代前后。其时，传统的苏南模式在面对市场化改革和对外扩大开放的浪潮中逐渐显示出其弊端。苏南地区适时做出调整，以全方位的改革和开放为契机，利用毗邻上海的区位优势，依托乡镇工业的生产能力、流通网络和人力资源基础，外贸、外资、对外经济上，合作、合资、独资并举，"各级各类工业园区并进，大力发展外向型经济"。到 1995 年，苏锡常三市外商实际投资额达到 22.19 亿元，其中苏州就达到了 15.09 亿元。苏州到 1999 年累计合同外资达 311.7 亿美元，实际利用外资为 171.1 亿美元。苏南人从"田岸"走向了"口岸"，实现了由内到外的转变，走上了经济国际化的道路。

第三阶段："产权改革"阶段，时间为 20 世纪 90 年代末。原先苏南模式中的乡镇企业的"产权结构是多元的，其中不仅包含私人产权，还包含集体产权，甚至有一部分乡镇政府的产权"（孙秋芬和任克强，2017）。多元化的产权结构从当初对经济发展起促进作用已经转化为对进一步的市场化产生较大阻碍作用。因此，清晰的产权界定以及由此带来的企业改制为特征的产权改革成为这一阶段的标志。经过 1997~1999 年的产权改革，苏南模式由原先的集体经济转变为民营经济，实现了向"新苏南模式"的转型。

[①] 资料来源：http://www.sohu.com/a/235471675_100010234。

　　第四阶段："产业结构转型"阶段，时间为 21 世纪初至党的十八大。进入新世纪，尤其是 2002 年党的十六大以来，苏南按照中央提出的建设全面小康社会目标和科学发展、和谐发展的要求，加快转变经济增长方式，增强自主创新能力，努力从苏南加工、苏南制造走向苏南创造，从量转向质的发展，实现由传统发展向经济社会可持续发展的转变。苏南建设国家自主创新示范区和现代化示范区，通过产业结构升级，发展循环经济和清洁生产，打造"新苏南模式"，逐渐走上一条科技含量高、经济效益好、资源消耗低、环境污染少、人力资源优势得到充分发挥的新型工业化道路。

　　第五阶段：高质量发展阶段，时间为党的十九大召开至今。高质量发展是十九大报告关于发展的鲜明主题，如何推动苏南增强"以我为主"谋划发展的能力，是苏南模式克服自身弊端实现转型升级的重要课题。为改变过去苏南各地自我发展的缺陷，江苏省政府出台了《省政府办公厅关于推进中国制造 2025 苏南城市群试点示范建设的实施意见》（苏政办发〔2017〕44 号），要求按照链式整合、基地支撑、集群带动、协同发展要求，推动产业集群化发展。"开放 + 协同"和区域一体化成为新时代苏南模式的新动力。2017 年苏南国家自主创新示范区研究与实验发展投入占 GDP 比重达到 5.36%，辐射带动苏南地区全社会研发投入占 GDP 比重达 2.82%，以占全国 0.29% 的面积创造了全国 6% 和江苏省 60% 的地区生产总值。

　　2. 苏南模式演变和对比

　　新苏南模式是在苏南模式的基础上演变而来的，但又是对其的创新与超越。新苏南模式的内涵是"以开放为基础的外资、民资和股份制经济充满活力的所有制结构；先进制造业和现代服务业并举的产业结构；规模企业为主体的企业结构；城乡一体协调发展的城乡结构；市场管经济发展，政府管社会发展的调节结构，由此形成经济增长又快又好的发展模式"。新苏南模式相较于苏南模式，是一种质的提升，意味着苏南从一个以传统轻工业为主的地区变成了现代制造业基地，从区域经济相对封闭走向了全方位、高层次、宽领域的开放格局，从粗放型发展道路走向了自主创新、经济与环境相协调的科学发展、和谐发展之路。

第三节　中国县域经济第三产业发展的典型模式研究

一、中国县域经济第三产业发展的模式分类

　　第三产业一般为生产、生活服务，其包括的具体行业广泛，就业容量和潜力很大。随着人们消费水平的普遍提高，第三产业将成为未来县域经济发展的重要领域。第三产业驱动型县域经济不是指服务业在整个县域经济中占绝对大的比重，

而是指通过服务业的发展带动县域经济三大产业全面进步的模式。产业之间存在着有机联系，只要条件允许，服务业的先行发展可以牵动其他产业的发展，具有独特资源的地方甚至可能出现经济奇迹，如专业（批发）市场型、旅游兴县、商贸强县模式、仓储物流等都造就了一批百强县（市）。批发市场带动模式是通过发挥自身优势，在当地形成全省、全国乃至世界范围内的批发市场，由批发市场带动当地相关产业的发展，从而引领县域经济的全面发展，典型代表有浙江义乌、河北辛集和山东寿光等。有丰富旅游资源的县域，具有发展旅游业的巨大优势，可以开发旅游资源带动县域经济的发展。该模式形成的条件主要有：一是自身特色产品的专业化生产有一定的规模和影响力，需要批发市场。例如，浙江义乌拥有 130 多个加工生产各种小商品的专业村、专业乡镇。二是兴办的同类专业市场在全国比较早，一般在 20 世纪 80 年代初期起步，如义乌小商品市场建于 1982年。三是传统的务工经商意识较浓，民营经济活跃。四是政府的积极引导和协调。当然，随着各地批发市场的日益增多和交易方式的不断多样化，产地批发市场的竞争加剧，单一市场的驱动能力不会像早期市场这样强。这种模式面临的主要问题：一是随着专业市场的增多，重复建设和同质化趋势使竞争压力越来越大；二是随着知识经济的不断发展和信息化进程的加快，商品交易的形式和内容正在发生深刻的变化，对传统的专业市场提出了新的挑战。针对上述发展趋势，该模式必须适应经济结构的转型，紧跟商品贸易发展潮流，不断创新商品交易方式，提高信息化、网络化、个性化和现代化程度，以保持专业市场的优势。

二、中国县域经济服务业发展的典型模式范例

（一）全域旅游模式

1. 全域旅游的概念

李金早于 2016 年在全国旅游工作会议中指出要贯彻落实党的十八届五中全会提出的五大发展理念，提出了"全域旅游"这一概念。全域旅游模式不同于以往的"景点旅游"模式，它指的是将一个行政区域发展成为一个旅游景区，又将旅游景区发展成为一个资源优化、空间有序、产品丰富、服务完备的科学旅游体系，这一旅游产业的发展、这一旅游体系的完善又同时带来了区域的经济高速发展，是高效循环的旅游发展模式。

2. 全域旅游对于县域经济发展的重要性

（1）县域经济独特发展态势与旅游产业相契合

县域经济作为具有地域特色的区域经济，以市场为导向，优化资源配置，是

功能完备的综合性经济体系，更是国民经济的重要组成部分，其活动涉及生产、流通、消费、分配各环节，第一、第二、第三产业各部门。但是，县域经济又明显与国民经济不尽相同，国民经济需要着眼全局谋经济发展，而县域经济更注重凸显优势，不在于全面，而要发挥其内在优势，在重点产业上突破，这也是符合县域经济特点的。县域经济虽与市域、省域经济在规模上存在差距，但是小规模更有利于资源的集中配置，打造出更具地方特色、更具区域特色的整体形象。相比乡镇的经济发展，县域经济市场的导向性更为明显，经济发展相对开放，在旅游产业上更能满足游客的消费需求。

（2）全域旅游模式能够很好弥补县域经济发展不足

县域的小规模利于资源的集中调配，但是也带来了优势不足的现状。落后偏远的县域无法在旅游业上构成完整的产业链，其所形成的地域特色也因此分散，无法吸引游客关注。新型的全域旅游发展模式恰好可以弥补这一不足，变废为宝，全域旅游发展模式正适合规模上有一定限制的地域。规模太大的地域，其资源分散，所打造的特色也相对分散，无法提供更优质的服务，也无法带来更广阔的消费领域。因此，在充分开发地理区位、历史文化、风俗人情县域特色的同时，通过积极调动工业、农业发展为旅游业提供更为完善的服务，可以进一步满足消费者需求，逐步打造出完整的产业链。

（3）全域旅游助力县域经济增长

县域作为行政体系中的重要一环，在旅游产业中处于相对独立的一个基层单元。在县域建立相对完整的旅游产业体系代表了我国旅游产业体系的发展水平，一旦县域旅游发展妥当，县域的经济增长就能稳定递增，为县域经济转型发展提供重要条件。

3. 全域旅游模式发展范围

我国全域旅游示范区建设自 2016 年启动以来，先后公布了两批共 500 个"国家全域旅游示范区"名单，其中，海南省作为全域旅游省进行建设。

4. 全域旅游模式范例

在全域旅游发展过程中，越来越多的地区开始围绕着整体区域品牌来塑造全域旅游核心竞争力，并努力通过媒体的传播率来增加全域旅游品牌价值链的连续性与有效性，如"好客山东""多彩贵州""灵秀湖北""清新福建""大美新疆""靓丽内蒙古"等全域品牌的打造，通过转变传统的"单一核心吸引物"的品牌塑造策略，进而形成"全域旅游大名片"的品牌形象。

（1）吉林冰雪产业模式

我国已经成为冰雪旅游大国，正在向冰雪旅游强国迈进。2016～2017 年冰雪季,我国冰雪旅游市场规模达到 1.7 亿人次,冰雪旅游收入约合 2700 亿元,冰雪旅游成为落实习近平总书记"冰天雪地也是金山银山""三亿人参与冰雪运动"指示精神的主要支柱产业。吉林省落实习近平总书记"冰天雪地也是金山银山"指示,通过打造冰雪产业品牌来推动吉林全域旅游发展,2016 年 9 月 7 日发布《关于做大做强冰雪产业的实施意见》,提出发挥旅游在冰雪产业中的支柱作用,打造"深度玩冰、厚度玩雪、暖度温泉、热度民俗"吉林冰雪符号,吸引游客聚集,从而带动冰雪产业加速发展。吉林省政府致力于把吉林建设成为中国冰雪产业大省、冰雪旅游强省和世界级冰雪旅游目的地,这也是吉林全省上下的共识。2017年春节黄金周,上千万人次涌进吉林,在"冰天雪地"中消费 97.01 亿元。"玩雪到吉林"在假日期间得到了集中体现,以滑雪、嬉雪、滑冰为代表的冬季旅游产品持续火爆。通过举办首届中国·吉林国际冰雪旅游产业博览会暨国际旅行商大会,让来自 20 个国家和地区的游客看到了吉林冰雪产业发展的机遇。

吉林还加大宣传力度,在冬季分别到粤港澳、珠三角、长三角及闽南等地区进行推广宣传,通过一系列"冬季,到吉林来玩雪"主题旅游宣传活动的推广,不仅刮起了冰雪旅游的"吉林旋风",而且成功地塑造了冰雪旅游品牌形象。此外,长春冰雪旅游节暨净月潭瓦萨国际滑雪节、吉林国际雾凇冰雪节、查干湖冰雪渔猎文化节、长白山国际冰雪嘉年华等一批冰雪旅游节庆活动的推出,更加形成了内涵丰富、参与性强、消费导向明确的吉林冰雪旅游品牌。2017 年,吉林省接待游客 19 241.33 万人次,比上年增长 16.1%;全年旅游总收入 3507.04 亿元,增长 21.0%。《中国冰雪旅游发展报告(2017 年)》指出,吉林市荣获中国十佳冰雪旅游城市第二名,雾凇冰雪节入选中国十大冰雪节事活动第二名,北大壶、万科松花湖入选中国十大冰雪休闲度假区。

(2)东莞全域旅游模式

广东东莞积极培育发展"十大旅游",发挥"旅游+"的渗透和集成能力,推进业态融合发展,形成会展游、体育游、乡村游、生态游、水乡游、古迹游、文化游、工业游、健康游、休闲游等"十大游"产品体系,推进区域旅游合作范围,旅游的覆盖面已经从深莞惠(深圳、东莞、惠州)三市扩大至深莞惠汕河(深圳、东莞、惠州、汕尾、河源)五市,并构建了五地之间资源共享、优势互补、客源互送、信息互通、共同双赢的协作机制。例如,森林生态旅游,东莞全市建成森林公园和湿地公园各 14 个,年接待游客逾 2000 万人次;在培育发展研学旅行方面,东莞市科学技术博物馆、东莞市旺牛一号都市休闲(亲子)农场、东莞市养生源旅游景区等也获评首批"广东省研学旅游示范基地"。在节庆活动旅游方面,东莞打造了"精彩纷呈"的节庆活动,水乡龙舟节、洪梅花灯节、茶山茶园游会、桥头荷花节、清溪赏花行、道滘美食节、望牛墩七夕文化节等节庆活动影响力逐渐扩大,不仅为游客提供了更多休闲旅游产品,也传承了历史文化,提升了经济效益。2017 年，东莞接待国内游客 3738.18 万人次，增长 10.2%；旅游总收入 488.90 亿元，增长 9.6%。

（二）浦东模式

浦东模式是对现代市场经济体制的探索，具有开放性和区域性特征。开放性是浦东构建国际国内市场经济交流的平台。区域性是指浦东建设市场经济的核心功能区，包括市场体系和现代企业制度等。开放性和区域性是浦东探索中国特色社会主义市场经济体制建设的重要前提。

1. 浦东模式发展各阶段

上海浦东新区位于我国东部沿海与沿江（长江）重点开发轴线交汇处，是长三角、长江流域开发、开放的"龙头"，也是实现把上海建成国际经济、金融、贸易中心之一的重要希望所在。自 1990 年实行浦东开发、开放战略以来，浦东模式不断完善。归纳起来，其形成过程大致可以分为以下四个阶段。

基础开发阶段（1991～1995 年）。在此期间，浦东新区根据基础设施先行的战略思路，投资 210 亿元首批建成了南浦大桥、杨浦大桥、外高桥港区一期、外高桥电厂等十大城市基础设施工程，基本形成了现代化城区的基础框架。与此同时，集中力量建设了陆家嘴、外高桥、金桥、张江四个重点功能小区，使之成为招商引资的热点和城市化快速推进的地区。基础设施投资、房地产投资、工业投资成为这一时期推动浦东经济增长的三大主要动力，浦东城市形态、城市面貌发生了根本性变化。

基础开发与功能开发并举阶段（1996～1999 年）。"九五"期间，投资约 1000 亿元建成了以浦东国际机场、地铁二号线、浦东国际信息港为代表的第二批十大基础设施骨干工程，构筑了浦东现代化交通、通信和道路网络框架。在继续推进金桥等四大功能区建设的同时，重点建设了沿黄浦江的中心城区现代建筑群、景观路线和环境配套设施。与此同时，浦东新区政府开始重视功能开发，首次将金融、贸易、房地产、旅游、高科技产业列为浦东发展重点，大型跨国公司投资快速上升，众多国际金融机构、贸易机构和跨国公司地区总部开始入驻浦东。浦东经济增长从单纯地依靠投资支撑转为投资与产业的双重支撑，城市功能多样化格局开始形成。

功能强化与产业升级阶段（2000～2013 年）。进入 21 世纪之后，各级政府将支持浦东发展的重点转移到提升浦东对外服务辐射能力、推进产业升级之上。为了支持高新技术产业发展，一方面，上海市市长担任张江高科技园区建设领导小组组长，制定并开始实施"聚焦张江"（集全市之力，着力打造世界一流的高科技园区）战略，有力地推动了浦东高新技术产业的发展。另外，2005 年 8 月 10 日，上海市政府为浦东争取到了中央机构编制委员会办公室发文（中央编办复字〔2005〕83 号）同意设立中国人民银行上海总部，为上海浦东金融业的快速发展提供了重要支持。得益于新政策的支持，以金融为核心的现代服务业、以高科技为主导的先进制造业、以自主知识产权为特征的创新创意产业成了浦东经济的新主角，浦东的服务辐射能力、国际影响力也大幅度上升。

全球城市核心区建设阶段（2013 年至今）。党的十八大以来，我国从过去的"以改革促开放"进入了"以开放促改革，以改革促发展"的新阶段，中国（上海）自由贸易试验区的成立为浦东的发展提供了新的机遇。2013 年 9 月 29 日中国（上海）自由贸易试验区正式成立，面积 28.78 平方千米，涵盖上海市外高桥保税区、外高桥保税物流园区、洋山保税港区和上海浦东机场综合保税区等 4 个海关特殊监管区域。2014 年 12 月 28 日全国人民代表大会常务委员会授权国务院扩展自由贸易区域，将面积扩展到 120.72 平方千米。以投资贸易自由化便利化为特征的开放型经济新体制成为浦东新区"全面深化改革"的制度创新目标。随着自贸实验区的全面启动，浦东新区的金融、航运、贸易的核心功能持续提升。

2. 浦东模式的特点

浦东的市场经济体制建设探索，是实现政府和市场功能的有效结合，建设避免一方对另一方过度干扰的现代市场经济体制的过程。

行政推动型的政府开发角色。浦东的开发开放，从开发的目标与功能定位、开发的产业结构安排、重点开发小区的规划到重大项目引进的决策等，都体现了党和政府的意志和要求，体现了强烈的政府推动色彩。浦东开发开放出台了许多支持市场发育的政策措施，如对市场主体企业的政策优惠，包括减免税收、土地优惠出让、改革行政审批制度、清理烦冗的审批事项等，极大地改善了浦东的投资贸易环境。浦东还积极营造良好的投资环境，积极推动资源的集中和集聚，一些重要的要素市场搬迁到浦东等，也都体现了行政推动型的开发开放特征。没有行政的积极干预，发展市场经济所需要的资源集聚以及政策改善是不可能在短期形成的，也不可能形成应有的产业集群优势。

市场诱导型的资源配置机制。自浦东开发开放以来，大批的内外资本特别是跨国资本，源源不断流向浦东，却又不是政府行政命令所能调控的。浦东对内外资本的吸引力，根源在于浦东的市场经济运行机制比较发达，市场行为比较规范，符合国际惯例，是市场经济集聚与辐射功能能够充分发挥的比较理想的地区。浦东开发与建设的规划实施之所以成功，也归功于浦东最初的开发就是按照市场经济的规范，采取了公开招标的方式。例如，陆家嘴金融贸易区的规划与实施，就是万国招标与招商的一个典型。

市场效率和政府调控的有机结合。浦东开发实践的最大长处在于做到了政府意志与市场行为的有机结合。没有国家意志，不可能取得如此巨大的成功。但是，如果单有行政调控，没有市场机制，同样也不能取得成功。浦东开发的成功是政府与市场都在各自领域担当各自角色，充分发挥各自优势形成的综合比较优势的结果。

运用政府调控解决市场失灵。浦东在积极发挥市场经济作用的同时，也通过行政手段解决市场失灵，避免市场竞争的淘汰机制对社会所造成的影响，这是现代市场经济的核心要义。例如，企业改革所导致的人员分流造成的下岗职工、城市拆迁改造造成的失地农民，这些被边缘化的群体对社会形成了较大压力，处理不好将会形成破坏力。浦东的做法是发展经济与社会保障体制建设同时进行，如为失业下岗者服务的"再就业工程"，在大规模土地开发过程中，重视保障农民的基本利益，并使浦东几十万农民在较短时期内找到了新的工作。

尽管浦东在开发开放之初就是"小政府"，但同时也在努力构建一个"大社会"，可以说，没有"小政府"，"大社会"是形成不了的。浦东的做法是，随着政府机构的改革，原由政府负责的不少社会管理与服务的职能，如社会救助、劳动就业、社会帮困等，不断地转移给社会。社区成了人们社会生活与社会体制的基层组织形式，一个相当程度上实现居民自治的组织形式，与传统的街道、里弄组织已有较大差别。现在是科、教、文、卫、体、法六部门进社区，社区内开展了为家庭服务的"细胞工程"，为老年人服务的"银发工程"，为残疾人服务的"扶助工程"，为残缺家庭子女服务的"温馨工程"，为外来民工服务的"阳光工程"等，这些都取得了较好效果，也是构建"大社会"的积极尝试。

3. 浦东模式的价值

浦东模式具有多方面的价值。作为国家战略，其最重要的价值是坚持改革开放以及对中国其他区域的示范和带动作用。

坚持改革开放为第一要务。一是浦东坚持全方位、宽领域、多层次地扩大开放，把对外开放从加工制造领域扩展到金融等服务贸易领域，使外资成为推进上海"四个中心"建设的重要外力。二是坚持把开发与开放、引资与引智、引进来与走出去结合起来，在城市规划设计、要素市场建设、开发区管理营运等方面大胆借鉴国际经验、引进海外智力，不断提高外商投资中的技术、人才含量。在"走出去"方面，一批在浦东创业的企业已经在国际资本市场成功上市。三是坚持在开放中深化改革、以改革促进开放，不断改进政府管理经济的方式方法，努力适应国际通行规则。

坚持自身发展与国家要求相结合。浦东立足国家发展大局，把浦东自身发展与国家层面的改革要求结合起来，在完善我国社会主义市场经济体制中先行先试，为其他区域发展提供示范。一是按照中央确定的方向、任务和部署，勇于革除落后的体制机制障碍，为全国其他地区深化改革、扩大开放提供舞台和经验。二是立足于上海改革发展全局，把国家确定各项重大改革实验试点与上海"四个中心"建设国家战略结合起来，在行政管理体制改革、转变经济增长方式、自主创新体系建设、统筹城乡发展、社会管理体制改革、提高对外开放水平等方面取得新突破，为提高城市国际竞争力提供制度保障。三是着眼全局，着力攻克全国面临的难点和问题，在完善新体制方面积累经验，为全国提供示范和样板。

坚持对其他区域的带动作用。主要体现在对本区域城乡二元结构发展的带动作用、对上海总体发展的带动作用、对长三角的带动作用以及对全国其他区域经济发展的带动作用上。由于浦东的自由贸易实验区的全面启动，长三角的开放速度大大加快了，经济转型也大大提速了，对长三角各地经济建设也有一定的激励作用。在集聚经济发展资源方面，长三角各地区的目标从国内更多地转向了国外；在开发手段上，大多通过建立新区甚至保税区方式，以增量来带动存量盘活；在运行机制上，从注重市场因素、发挥市场能动性向探索市场经济体制转变，同时产生了改革政府职能的动议；在产业布局上，从产业同构的块块经济向产业集群共扼竞争的集群经济转变等。

第四章 西部地区县域经济发展的典型模式研究

第一节 西部地区县域经济农业发展的典型模式研究

一、依托农业产业化推进县域城乡统筹发展模式

农业产业化是在一定的区域或范围内由农业生产经营者的多元主体参加并自由联合的利益共同体，这个共同体通过某种利益纽带，将产、加、销各环节紧密联系起来，在市场上实现其整体的最大经济效益，并使生产者能得到产品加工后增值的平均利润，使产业化的各个组成部分均有利可图、互惠互利、互相促进、利益均沾、风险共担，进而为更高层次上分工协作打下新的基础，以推动产业化形式向高级化发展。西部地区县域经济的发展困境源于自身的区位条件、城镇化水平、人口素质比较低、缺少商业意识，以及外部的政策、资金等。这些问题交织在一起，共同构成了西部地区县域经济落后的原因。

结合这些现实情况，对没有矿产、旅游等自然资源可供大规模开发，但农业发展的自然条件相对较好的多数欠发达县域而言，通过农业产业化模式培育县域经济增长点是切实可行的战略选择。以种植业和食品加工业为主导产业，通过前向和后向联系，把市场销售与农副产品种植、养殖和加工连接起来，通过与农民结成利益共同体，把公司的发展与农民的致富连接起来，把龙头公司的发展壮大与农村城镇化进程连接起来，从而提高农业经济的市场化程度和农村的城镇化水平。

1. 龙头企业是推进农业产业化的一支基本力量

龙头企业通过一定的资本纽带和契约性制度把广大农民组织纳入集团化企业中，实行综合经营，使农民种养的初级原料农作物产品或畜牧产品的生产费用和合理的利润剩余，能够根据市场行情得到合理的补偿，并统筹考虑合理协调农产品深加工和商品经销环节中实现的利润增值在企业与农民间的分配。龙头企业带动基地和农户，把农业的产加销各个环节连接起来，纳入一条龙的产业化经营，企业通过对农户的扶持与服务，将农产品在各个环节实现的增值向农民部分返还，初步改变了单纯由农民承担市场风险的状况，使农业也能像其他产业一样获得社会的平均利润，提高农业的比较效益。从目前的农业产业化的实践来看，同时具

备加工和营销能力的企业作龙头来带动是延长产业链较为理想的形式，龙头企业在农业产业化中发挥着很大的作用，是促进农村产业结构调整的重要力量。

2. 农产品加工企业与农户形成利益共同体，是农业产业化成功的重要保证

目前，我国农业产业化经营的利益分配机制建设十分薄弱，对利益主体缺乏有效的激励约束，其主要表现在企业与农户不能充分协商，往往是企业的意见起主导作用，农民被动接受合约内容，项目不完善，条款设置不合理，分配方法不健全。如果企业和农户没有形成真正的利益共同体，就会削弱企业和农户双方抵御市场风险的能力。因此，在农产品生产、加工和销售之间建立合理的利益分配机制，就成为推进农业产业化经营中的核心问题。垂直一体化经营方式，不仅可以保障企业能够获得稳定的优质原料供给，而且能使农民的利益真正得到保障，实现公司利益与农民利益的"双赢"。

3. 政府的扶持，是农业产业化成功的重要条件

从总体上讲，我国的农业产业化还处于起步阶段，自我发展的能力比较薄弱，在市场竞争中处于不利地位，因此需要政府的支持。各级政府应给予企业政策扶持，一方面积极争取省、市政府，甚至国家机关的政策支持，鼓励大中型企业投资开发农业，如信贷支持、低税收、土地承租优惠等。另一方面，政府在农业开发和农副产品加工项目的立项审批方面给予优先权，并在建设资金和配套条件方面给予一定的优惠政策，支农资金重点支持以产业化经营为导向的农业发展和开发工程，扶持龙头企业的建设和发展。

4. 建立专业化的农产品加工生产基地，是农产品加工业发展的重要屏障

农产品加工质量的优劣、成本的高低，在很大程度上取决于加工原料的品质。因此，企业要建立农产品加工生产基地，实行垂直一体化经营，对整个种植过程进行严格的管理和监控，确定适当的产量标准，改变农户追求产量的传统观念，强调以质取胜。实践证明，建立优质的、专业化的生产基地，有利于稳定农产品的原料供给，提高最终产品的质量，为农产品加工业的发展打下坚实的基础。

二、西部地区县域经济农业发展的典型模式范例

（一）农业产业化模式实行范围

西部地区聚集了一大批对中国食品安全有重要影响的粮棉生产大县、生猪调出大县、油料生产大县、糖料生产大县。这些年，在国家一系列支农惠农强农政策的指引

下，西部地区一大批县按照"统筹配套、突出重点、增加规模、提高效益"的原则，在加快推进农业产业化的同时，实现了县域城乡统筹发展水平的提高。这些市县的典型代表有：四川的彭州市、金堂县、梓潼县、江油市、简阳市、射洪县、仁寿县、蒲江县、大竹县、邛崃市；新疆的库尔勒市、玛纳斯县、鄯善县、库车县、石河子市、奎屯市；重庆的开县、潼南县；云南的楚雄市和贵州的仁怀市等。这些市县县域城乡统筹发展的一般路径是：依托当地及周边地区丰富的农副产品和劳动力资源，以种植业、养殖业或食品加工业为主导产业，通过前向和后向联系，把市场销售与农副产品种植、养殖和加工连接起来，通过与农民结成利益共同体，把公司的发展与农民的致富连接起来，把龙头公司的发展壮大与农村城镇化进程连接起来，从而提高了农业经济的市场化程度，提高了农村的城镇化水平，促进县域经济的城乡统筹发展。

（二）蒲江模式

蒲江县隶属于成都市，县域面积 583 平方千米，人口 28 万。地貌以浅丘为主，耕地面积 2.4 万公顷，森林覆盖率达 52.6%，是国家生态县、国家卫生县城①。蒲江以农业供给侧结构性改革为目标，加快农业产业化和高质量发展。一是强调农业发展的顶层设计。坚持"优质茶叶、水果、生猪三业并举，标准化、规模化、品牌化三化联动，一二三产业融合发展"的现代农业发展思路，围绕建设与国际接轨的有机农业基地目标，编制了《蒲江县有机事业发展规划（2013—2022）》《蒲江农产品品牌发展规划》《蒲江县域品牌战略设计》，强化顶层设计，为蒲江品牌农业发展明确了方向。二是用现代工业理念谋划现代农业发展，"品种领先、品质保障、品牌引领"的"三品"策略，以都市现代农业示范引领区为目标，明确"绿色农业、融合农业、高效农业、品牌农业"的特色。2017 年，四川省的蒲江县 30 万亩健康土壤培育应用示范项目获得农业领域政府和社会资本合作（简称 PPP）第一批试点项目，通过运营全国首支耕地质量提升产业基金改良土壤 25 万亩次。有机认证面积 1.25 万亩，有机产品产值比重达 25%，被列为国家有机食品生产基地示范县（试点）、全国有机肥替代化肥示范县。三是构建多层次、宽领域的新型经营体系，全县产业化龙头企业达 130 余家，其中省级、国家级分别有 10 家、2 家，形成以联想控股佳沃集团、中国食品集团公司、云南传承果业为代表的品牌企业集群。四是推进特色优势农产品加工、物流、贸易等一体化发展，加强农产品销售线上线下监管，建成县级农产品全程质量追溯体系。与德国色瑞斯认证有限公司合作建设中德低碳农业研究中心，接轨国际有机农业标准体系。五是培育完整产业链，依托淘宝、京东、本来生活网等电商平台

---

① 资料来源：http://www.pujiang.gov.cn/pjxzf/c120709/2018-04/17/content_3327d1ac06824ddf9431fc27797aa6d2.shtml。

大力发展电商，搭建农业管理大数据平台推进农业物联网应用，获得全国农业农村信息化示范基地称号。六是促进农业和服务的融合发展，实施"旅游＋农业"发展战略，发展创意农业、体验农业，构建乡村旅游新业态，建设高端茶文化田园综合体，打造"成佳茶乡""橘子红了""猕猴桃小镇"等乡村休闲旅游观光带，拓宽农民增收渠道。举办品牌农业国际研讨会、有机农业论坛等节会，"蒲江雀舌""蒲江猕猴桃""蒲江杂柑"三大区域公用品牌价值287亿元。

第二节 西部地区县域经济工业发展的典型模式研究

西部地区工业化的条件千差万别，区内的经济发展很不平衡，既有发达城市，又有落后的农村，且城市之间的科技实力、人力资源、自然资源等差异较大。因此，结合现状和资源禀赋状况，选择适合西部的新型工业化模式发展县域工业具有重要意义。目前比较流行的观点有"轻工业补课论""继续重工业论""资源转换论""乡镇企业论""点轴工业化理论"，本书认为，西部县域经济可选择的新型工业化模式主要有以下四种。

一、矿产资源开发模式

西部地区矿产资源丰富，如何实现资源优势向县域经济发展的现实优势转化是关键，其基本思路为依托丰富的矿产资源来发展工业经济，使资源优势转化为工业经济优势。

伊川县是靠资源开发最新崛起的典型例子。伊川县矿产资源丰富，已探明的矿种有37种，其中优质原煤18亿吨，铝矾土2亿吨[①]。伊川县依托资源发展工业，提高工业产业的相关度，建立了一条重化工业的产业链，既使工业经济有可靠的资源保证，又培育了县域经济增长点，使得整个产业链实现了规模效应，高效生产。利用资源富集优势，伊川通过煤电铝一体化发展延长产品链条，形成了采煤、发电、电解铝、铝板带及相关配套系列产品，产品链条拉长，产业逐渐形成集聚优势。

依靠科技发展工业经济，由初级产品生产转向高科技含量、高附加值的产品。在市场竞争面前，为应对瞬息万变的市场，需要不断提高技术含量，实现产业的升级，满足不同客户的需求。伊川县重视高技术在传统产业的应用，电解铝、铝板带冷轧都具有较高的技术含量，在市场很有竞争力。通过科技来发展企业，坚持市场为导向，不断开发新产品，不断创造出新的市场。一是在产品开发上，瞄准市场的空当，适时开发满足市场需求的新产品。二是企业根据自己的产品定位，

---

① 资料来源：http://www.yichuan.gov.cn/ycgov/html/1/57/424/458/460/504.html。

采取多种营销策略，重点挤占市场，开辟市场。洛阳龙鼎铝业有限公司（简称龙鼎铝业）所研发的铝材产品已经广泛用于食品包装、电动汽车、轨道交通、航空航天等领域。其中一项国内首创的餐具用定制铝箔，比普通餐具用铝箔更薄更耐用，获得 2017 年度"中国铝箔创新奖"并出口到澳大利亚。三是营造良好的社会环境发展工业经济，实现经济的新跨越。社会环境包括硬环境和软环境。从硬环境角度来看，加强基础设施建设，通过大力发展电力、通信等措施，努力改变交通不便的面貌；从软环境角度来看，转变政府职能，推进"放管服"改革建设服务型政府，大力引进人才，通过软环境的改善，加强与外界的交流，为经济的快速发展提供良好的基础。2017 年伊川县实现地区生产总值 378.1 亿元，增长 8.9%。工业结构持续优化，发展质量明显提高，工业增加值 181.1 亿元，增长 8.3%；高新技术产业增加值 43.0 亿元，增长 15%；龙鼎铝业单零箔出口量全国第一，创汇 1.3 亿美元。与此同时，节能降耗取得成效，万元规模以上工业增加值能耗下降 8.93%。[①]

二、高新技术产业带动模式

西部地区拥有发展高新技术产业的良好条件。一是技术力量雄厚。其中陕西、四川的科技水平居全国前列，特别是西安、兰州、重庆、成都等城市拥有众多的高等院校、科研院所，聚集了众多的科技人才。二是高新技术产业已形成一定规模。20 世纪 80 年代后期在部分城市建立了一批高技术产业开发区和科技园区，推进了高新技术产业的研究和产业化。这种模式的实施机理是通过高新技术企业自身技术创新、组织创新和其产业化，逐步形成以产业为主体的开发带，通过此带的辐射以产业化实现地区的工业化。例如，陕西关中的西安、杨凌、宝鸡、咸阳、渭南高新区通过与高新技术企业的嫁接，促进了陕西工业化的进程，进而带动了陕西经济的发展。四川成都—绵阳开发带也是这种模式，促进了四川工业化水平的整体上升。

高新技术带动模式的思路是：①西部地区要以高新技术开发区、经济开发区为示范基地，建立以新技术、信息技术为主的工业项目，给予这些企业优惠政策，鼓励其发挥示范带动作用，为其他企业树立榜样。②用高新技术、信息技术改造提升传统产业，促进其地区工业化水平的提高。对传统产业纺织、机械、建材、冶金、有色金属等进行大规模的技术改造，加快信息技术的应用。西安、成都等城市要把医药、电子、信息、光电一体化等发展潜力大的行业作为新的增长点加以培育，提高工业化的信息水平，并应用这些技术改造传统产品，提高其产品附加值，增强产品竞争力。③运用新技术进行资源的综合利用。运用新技术，搞好天然气综合利用及后加工、石油炼化及生物制药和中药新剂型等项目。例如，西

---

① 资料来源：http://www.ahmhxc.com/tongjigongbao/11113.html。

宁可利用高新技术加强盐湖资源的综合利用；昆明可利用自己的药物资源优势，建立药物产业化项目，并提高工业化水平。这一模式主要适用于科研院所集中的地区及一些大城市近郊。

三、点轴辐射模式

点轴辐射模式就是以西部大型企业为点，以中心城市为轴，紧紧抓住点与轴，利用其辐射功能促进整个西部工业化的模式。这一模式要求把西部地区的大型骨干企业作为西部工业化的试验点，并与经济发达、科技密集、资本雄厚、人才集中的中心城市相结合，推动信息化带动工业化的步伐。通过点轴结合，以点带面来推动工业化进程。西部地区工业基础较好的有重庆、成都、西安、兰州等城市，如西安的飞机制造基地与输变电设备制造基地、兰州的化工基地、绵阳的电子工业基地、重庆的制造业基地，这些基地的工业化、信息化，可以带动本地区中小企业、中小城市和乡镇企业的工业化发展水平。

实施这一模式的思路为：①以建立现代企业制度为契机，实行多元化投资体制，使优势企业强强合作，利用高新技术、信息技术，改造和提升传统产业和产品。坚持以结构调整为主线，以产品开发制造为龙头，突出发展数控机床、数字化传感器、多媒体电视、程控交换机等一系列新型电子产品，满足用户多样化需求，实现产品更新换代，带动和滋生一批新的产业，增强其工业化的示范效应。②加大政府投入力度，以贴息方式支持企业信息化技改项目，加强技术改造，提高地方经济的技术装备水平，为工业化奠定坚实基础。③规模以上企业在设计、生产管理等关键环节实现信息化，建立起以数字设计、生产、管理为主要内容的制造业信息化工程框架。加快这些城市的工业化、信息化水平，发挥它们的辐射、扩散与带动效应，为点轴模式建立辐射与扩散的场所和载体。

四、外部资本加西部优势资源模式

"外部资本加西部优势资源模式"是一种商业化的工业化模式。西部重工业基础中有很大的资本存量，但如果没有增量资本的投入，结构调整便难以进行，已有的存量资本也难以发挥应有的作用，更不能提高工业化水平。西部地区必须利用外部资本输入来推动工业结构的调整和存量资本的优化组合。这一模式在西部地区已有很多成功的范例。例如，青海省取消有碍全国整体经济发展的条条框框，东西联手，横向联合，把外部资本与本地优势资源相结合，先后建成了全国最大的硅铁生产基地、钾肥基地、石棉基地和西部最大的水电基地，提高了青海的工业化水平。

这一模式的思路是：①西部地区要解放思想，树立"你发财，我发展，你发大财，我大发展"的理念，按照市场规则运作，提高本区的工业化水平。②积极利用外部资本，解决西部工业化进程中资本不足的问题，再通过区域联合，实现优势互补、联合外向，使东中西、西部经济关系形成"互为基地、互为市场、优势互补、联合外向"的优化工业化模式。③优化投资环境，落实各项优惠政策，吸引信息技术的专业人才、外资到西部创业，用更少时间、更低的成本实现与信息相结合的新型工业化。这一模式主要适用于西部资源丰富的地区。

第三节　西部地区县域经济服务业发展的典型模式研究

一、依托边境贸易发展推进县域经济发展模式

（一）县域边境贸易发展模式实行范围

边境贸易型是一种特殊的县域经济发展模式，是以地缘优势和开放的区位优势为基础，以邻国间的优势互补性为基础，以边民互市贸易、边境民间贸易、边境地方贸易、出口加工等外向型产业为先导，合理开发资源，建立多种类型的市场，带动本区域内其他相关产业发展的一种县域经济发展模式。西部地区的广西东兴、云南瑞丽、内蒙古二连浩特、内蒙古满洲里等沿边市、县，实现了边境贸易及出口加工业快速发展，以及县域城乡统筹发展水平的不断提升。国家创造条件，支持西部地区充分发挥地缘优势，积极与周边国家和地区开展高层次、多领域的经济技术合作，拓展优势资源，转换战略的实施空间。制定和实施特殊开放政策，加快重点口岸、边境城市、边境（跨境）经济合作区和重点开发开放试验区建设，探索沿边开放新模式。进入新时代，国家的"一带一路"倡议，沿边开放开发战略深入实施，将为西部地区广大沿边市县的经济社会加快发展和提升城乡统筹水平提供难得良机。

（二）县域边境贸易发展模式要点

西部地区在没有资源的前提下，必须靠外力来推动县域经济的发展，以外力的作用来培育县域经济增长点，边境贸易型就是其中比较好的模式。西部省市与 14个国家或地区相连，陆地边境线长 1.8 万余千米。西部县份大部分为欠发达县域，与临近国家开展边境贸易，则可以把偏远变成前沿，大大减少交易成本，促进产业发展。目前，沿边开放和优惠的外经贸政策，也为西部特色外经贸的发展提供了必要的前提和难得的机遇。随着对外开放的扩大和与周边国家关系的改善，先后开放了西部省会、首府城市和特大城市及沿边城镇，设立了一系列经济技术开发区、高

新技术产业开发区和边境经济合作区,享受沿海开放城市的政策待遇。从中可以看出,西部欠发达地区的一些县域变成开放的前沿,发展对外经贸的条件非常之好。因此,加强边境贸易符合该地区的实际情况,是切实可行的一种开发模式。

边境贸易型是一种特殊的县域经济发展模式,是以地缘优势和资源优势为基础,以边境贸易、出口加工等外向型产业为先导,带动本区域内其他相关产业发展的一种县域经济发展模式。例如,云南和广西边境口岸虽然数量不多,但部分口岸对外开放潜力巨大,与东盟的合作发展势头良好,这些边境口岸不仅作为一种县域经济地域类型,它们发展的作用更体现在作为对外开放的窗口和增长点。在机制方面,边境贸易型是以地缘优势和开放的区位优势为基础的县域经济发展模式。优势的互补性是边境贸易形成的客观基础。因此,应采取优势互补—市场—边境贸易—出口加工业—外向型产业—相关产业的运行机制,即主要利用边贸及相关产业来发展县域经济,以优势互补为切入点,根据国内外市场需求,发展边境贸易、出口加工业,从而促进本区域资源的综合开发利用,带动相关产业的发展,以达到促进其经济发展的目的。在产业结构方面,选用边境贸易型发展县域经济,以城乡经济协调发展、资源的综合利用和可持续发展为指导思想,以邻国间的优势互补为基础,充分发挥和利用边境工业区的地缘优势、资源优势,积极开展以贸易方式为主,以边民互市贸易、边境民间贸易、边境地方贸易为基本形式的边境贸易。同时,合理开发资源,建立多种类型的市场,从而成为所需要商品和服务的综合性产业。在边贸的基础上,重点发展与边境贸易商品相关联的以本区域资源为基础的资源开发和加工工业以及与之相关联的服务业。由此培育县域经济增长点,通过贸易经济繁荣来助推县域经济发展。措施包括加大政策支持力度、转变政府职能、加强基础设施建设等,具体如下。

1. 加大政策支持力度,为边境贸易的发展提供强大的动力

发展西部沿边地区的边境贸易,政策支持是强大动力。由于西部沿边地区发展相对落后,靠自身的"造血"功能促进发展需要很长一段的时间,必须要借助一定的外力。中央政府应加大对西部沿边地区的支持力度,除了把专项资金的使用重点向西部沿边地区倾斜以外,还应为沿边地区发展边境贸易提供更优惠的政策条件,如建立保税区、边境贸易区和增强出口退税力度等。地方政府也应在税收、土地转让和贷款等方面提供一定的优惠条件,鼓励外资和民间资本加强对西部沿边地区的投资。

2. 转换政府职能,为边境贸易提供良好的软环境

政府应该根据市场经济以及经济全球化的要求,逐步变革传统的行政管理体制,进行制度创新和管理体制创新,建设一个有效的、服务型的政府,为边境贸

易提供良好的软环境。政府的工作重点不再是直接管理和干预企业事务，而是培育市场主体、完善市场体系、健全市场规则和维护市场秩序，完成由管理到服务的转化。

3. 加强基础设施建设，为边境贸易提供良好的硬环境

由于自然、历史、政治、经济原因，西部沿边地区城镇和口岸建设发展缓慢，基础设施、生活设施、服务设施比较差，远远不能适应对外开放的需要。因此，必须加强口岸、城镇的建设，包括交通、通信、电、水等基础设施的建设，尽快改变西部沿边地区交通不便、信息不灵的状况，突破基础设施落后造成的对外贸易发展的瓶颈，为沿边地区降低边境贸易成本、方便进出口创造最基础的条件，并且通过基础设施的改善，加强引资力度，引入先进的技术和管理经验，使得边境贸易实现良性循环。

4. 广泛引进各种专业人才，为边境贸易提供强大的支撑力

在国际市场中，贸易竞争归根到底是人才的竞争。西部县域发展边境贸易，培养和吸引各种专业人才非常关键。从目前情况来看，西部县域劳动力整体文化水平较低，文盲、半文盲人口比例较高，严重影响了西部县域经济的进一步发展。因此，西部县域必须把教育放在优先发展的位置，重视基础教育，强化素质教育，加强职业技术培训，为劳动者提供终身学习、培训的机会，逐步形成一支训练有素、技术精湛的劳动大军。要做到以人为本，想办法留住人才，用好人才。要实施人才发展战略，吸收一大批懂外贸业务，熟谙国际金融、国际市场营销、精通世贸规则的专业人才，为西部县域边境贸易的发展提供强大的支撑力。

二、依托特色旅游发展带动县域经济发展模式

（一）特色旅游模式实行范围

西部地区民族众多，地域辽阔、地理环境复杂多样，加上历史悠久，从而孕育了极其丰富的自然旅游资源及人文旅游资源。截至 2018 年，西部地区已经拥有国家级自然保护区 209 个[①]、国家级风景名胜区 80 个[②]、国家级森林公园 300 个[③]。

---

① 资料来源：http://www.360kuai.com/pc/97075cf82dc875058?cota=4&kuai_so=1&tj_url=so_rec&sign=360_57c3bbd1&refer_scene=so_1。

② 资料来源：https://baike.baidu.com/item/%E5%9B%BD%E5%AE%B6%E7%BA%A7%E9%A3%8E%E6%99%AF%E5%90%8D%E8%83%9C%E5%8C%BA/6585129?fr=aladdin。

③ 资料来源：http://www.agrpark.com/news/1266.html。

西部地区涌现出了一批依托旅游业发展，实现县域城乡统筹发展的市县，如四川的西昌市、大英县、峨眉山市、都江堰市、广汉市，云南的大理市、腾冲县、普洱市，贵州的安顺市、播州区，重庆的大足县，陕西的延安市，新疆的特克斯县等。国家对西部地区发展加大支持力度：推进旅游基础设施建设和旅游资源整合，完善旅游服务，开发特色旅游商品，积极发展文化、生态、乡村、休闲度假和红色旅游，打造一批精品旅游线路，形成一批国内著名和国家知名的旅游目的地。特别是，开发了丝绸之路旅游区、香格里拉生态旅游区、长江三峡高峡平湖旅游区、青藏高原特色旅游区、川黔渝旅游区、滇桂民族风情热带风光边境旅游区、黔东南—湘鄂西民族风情与生态旅游区等精品旅游景区和线路。

（二）发展县域特色旅游模式要点

1. 加大基础设施投资，改善环境条件，创造良好的旅游环境

旅游基础设施主要包括交通、饮食、商业、金融、保险、社会安定及生态环境等诸多内容。随着经济的发展，西部地区基础设施建设虽有较大改善，但由于地理位置、自然条件、历史等原因，基础设施较为落后，气候多变、风沙天气增多、"一流景点、二流服务"普遍存在，使旅游的潜在性、扩张性、连带性效益不能发挥出来。

2. 充分发挥县级政府力量，实施"政府主导型"战略

政府在旅游资源的开发和旅游市场的拓展中起着主导作用。对于旅游政策的制定，一些基础设施的建设，政府的参与和投入是关键，政府要制定出有利于旅游业发展的法制法规和政策，保护社会投资力量的积极性，规范和促进旅游市场的良性发展。

3. 弘扬民族文化，走文化旅游的道路

文化旅游是集文化、经济、科技、教育、旅游于一体的大旅游。文化旅游涵盖了民族文化、民俗文化、宗教文化、建筑文化、饮食文化、园林文化、艺术文化旅游等方面，作为一种知识含量很高的旅游产品和服务方式，必将成为知识经济时代追求高品位、高层次旅游方式人们的首要选择。人们吸收了文化旅游产品的丰富内涵，再通过自己的思维加工成更加丰润的形式传承于后人，因此可以满足一代又一代人的旅游需求，进行持续性开发利用。

4. 保护生态环境，走可持续发展之路

西部地区旅游业的可持续发展战略，是以发展为核心的战略，任何时候都要把提高经济效益放在首位，同时，绝不放松提高社会效益与环境效益，使其成为物质文明建设、精神文化建设和生态文明建设的最佳载体。在旅游业的可持续发展中，除了要保护自然资源外，更重要的一点是要保护好文物古迹。生态环境是脆弱的，民族文化环境同样也是脆弱的，倘若开发不当，对民族文化及其环境造成的破坏也极其严重。如果旅游地民俗风情由于异地文化的影响而慢慢被同化，那么其原有吸引力将会减弱甚至消失，这对当地旅游业的发展极为不利。

5. 提高旅游服务的质量

旅游业是服务业的一个重要组成部分，其服务质量的高低直接关系该行业的发展，而影响服务质量的一个重要因素是从业人员的素质。因此，要做好从业人员的职业素质和职业道德培训工作，制订和完善各种责任制，推行旅游业的标准化、规范化、程序化服务。

三、依托劳务经济发展促进县域经济发展模式

劳务经济是指劳动力要素通过提供规模型、技能性和组织化的商品性劳务，并以此获得相应的收入与回报，从而形成劳务关联性产业的经济活动。劳务经济的应运而生使勤劳的农民可以直接用自己的脑力和体力，主动地跨越地域空间，与自己稀缺和匮乏而正好是他人富有的货币资本、技术、管理、信息进行配置，从而交换到自己所需的流动性资金。在农民从事农副产品及其初加工品的场合，农民从投入劳动到获得货币收入的交换过程：投入劳动—生产农副产品—市场交换—获得货币。在农民直接以劳务获得货币收入的场合，其交换过程为：劳务交换—获得货币。显而易见，劳务经济对农民获得货币收入来讲，链条最短，且面临的经济风险最小。他们之中的一些佼佼者会脱颖而出，人力资源转变为人力资本，"打工仔"转变为新的创业者和带领更多农民转换身份的"领头羊"。另外，农民工的劳务收入部分直接转化为农业投入，反哺农业，支撑了农村消费市场的扩展，拉动了农村以改善住房条件为特征的基本建设，促进了交通运输、中介服务、教育培训、餐饮休闲等相关产业的发展。不少农民工在外开阔了眼界，积累了一定资金和技能，很多人愿意返乡创业。四川射洪县以劳务替代资本，以劳务换取技术，大力发展规模性、原料性种养殖业，鼓励外出务工人员返乡领办、创办农产品加工、运输、储蓄等乡镇企业，积极发展非农产业，是县域经济增长点培育比

较成功的例子。2017 年射洪县常年向县外输出农村富余劳动力 35.97 万人，实现劳务收入 51.36 亿元①。从整个四川来看，2012 年转移输出总量为 2414 万人，2016 年增加到 2491 万人，劳务收入从 2012 年的 2389 亿元增加到 2016 年的 3833 亿元，增幅达 60.4%②。截至 2017 年，四川 5 年的时间扶持了 51.9 万名农民工返乡创业，实现总产值 719.6 亿元。

劳务经济模式不是简单的劳务输出，其基本内涵有两点：一是劳务输出是建立外出务工和返乡创业双向流动机制的劳务互动。劳务输出是为了返乡创业，从劳务输出开始，区域环境的再造就为输出劳务返乡埋下了伏笔，打造了民工返乡创业的新平台。二是劳务输出的发展将起到"一人创业带动一批人创业，一人富裕带动一批人致富"的扩大效应，抓好组织化、技能化和专业化的输出劳务，带动群体性就业。劳务输出不仅可以将富余的劳动力从土地上解放出来，从而为农业产业化创造条件，它还有助于解决西部地区工业化进程中的人才与资金匮乏问题，有助于以新的思路来推进城镇化进程，逐步打破城乡二元经济结构。所以，劳务输出型将成为西部地区县域经济增长点培育的重要战略措施。

（一）大力加强培训力度，实现人力资源向人力资本转变

劳务输出型模式要想获得成功，一个基础性工作就是劳务素质的提高，农民工掌握的不仅是一门技术和一些经营管理知识，还应该具有新的思维方式和生活方式，探求自我创业的路子。因此要加强培训力度，使之成为人力资本。首先，要大力实施输出劳务的培训工程，进一步解决农民进入劳务经济领域的观念问题、认识问题。其次，要加大对农村基础教育的投资力度，农村的职业技能教育必须加强针对性，"以销定学"，实行"订单培训"，把"技能培训、法制培训与道德修养培训"结合起来，把培训的"专业化、技能化与多元化"结合起来，按照市场和用工单位的需要来确定培训内容，按照职业技能标准化的要求，对培训合格者发给职业技能资格证书，实行职业技能资格认证制度，以提高培训者的签约率。同时，要积极探索利用网络资源进行远程培训，争取国家的专项培训工程基金，积极开办社区学校，也可以通过鼓励社会力量加大投入，开展对农民工的职业培训，地方政府给予补贴。然后，积极扶持劳务输出龙头企业，有组织地选送经过培训的务工人员外出务工经商。最后，按照"治穷先治愚"的思路，建议扩大扶贫资金的使用范围，允许安排必要的扶贫资金作为农民工的培训资金，以形成"造血机制"。

---

① 资料来源：http://www.shehong.gov.cn/xxgk/tjxx/ndsj/201805/t20180509_151413.html。
② 资料来源：http://www.sc.hrss.gov.cn/zwgk/xwfb/201709/t20170905_63310.html。

（二）创造有利条件，吸引民工返乡创业

吸引农民工回乡创业，应该树立两个新观念：民工致富和本地发展"双赢"的观念；农民工回乡创业同样是资本引进与智力引进的观念。具体措施可以根据当地实际情况进一步创新，主要包括将回乡人员创办的企业纳入扶持范围，享受各类扶持政策，包括政府中小型企业担保积极支持、下岗人员创办个体、私营经济的优惠政策等。各级政府和劳务管理部门应建立健全外出民工人才档案，给予必要的经常性关心与支持，与外出民工建立切实可行的联系渠道和方式，以制度化渠道采纳、反馈其要求和建议。把本地的发展规划、优惠政策和措施、招商引资项目等信息及时传递给外出民工，鼓励、吸引其返乡创业。通过税费减免、金融支持等举措，建立民工返乡创业的激励机制。例如，四川就制定了回乡民工创业"六不限制""五优先"的政策。"六不限制"是不限制发展规模，不限制经营范围，不限制经营方式，不限制注册资金，不限制企业体制，不限制注册地点。"五优先"是优先登记、发证，优先解决土地、场所，优先提供水电、通信和市场设施，优先解决贷款，优先解决子女入学就业。

（三）加强交流合作，树立劳务经济品牌

西部县域要发展劳务经济，应该充分利用已有的优势，树立劳务品牌。加强交流合作，提高劳动力培训的质量和档次，提升劳动力储备的特色和提高劳务经济的组织化程度，这是树立劳务经济品牌的重要举措。首先，要加强交流合作，与全国或省外的劳务机构建立广泛的合作，建立起输出地、输入地劳务结构协同运行的机制，在主要输入地包括沿海以及东部各个发达省份建立劳务经济的窗口机构，聘请专业信息经纪人全权负责和专门推介西部地区县域的新形象，以更好地开拓沿海经济发达地区以及国外的劳务市场。其次，充分利用省内的外派基地资源，大力提升本地外派劳务的素质，塑造本地外派劳务的品质形象。最后，把劳务经济作为招商引资的项目，进行有效的市场化运作。

（四）进行制度创新，促进劳务经济发展

制度创新是劳务输出型模式成功的重要保障。为此，首先，应该将农业富余劳动力向非农产业转移提高到统筹社会经济发展与统筹人和自然和谐发展的高度上来，进一步采取强有力的政策措施和制度安排，消除行政壁垒，打破地区封锁和城市分割，以制度创新来促进农村富余劳动力的有序流动。其次，在本地劳务

输入比较集中的地方建立办事处协助当地做好劳务管理，解决各种具体问题，主要包括帮助民工与用人单位签订用工合同，明确雇主与雇工之间的权利、义务，维护农民工的合法权益，特别是拖欠农民工工资的企业和个人应该加大制约力度，深化城乡居民平等化改革，还农民工以"国民待遇"。只要他们在城市拥有固定住所，并长期在此居住，就都应纳入当地城市社区管理，都应视为当地居民，在履行应尽的义务的同时，应该享有平等择业、同工同酬等相应的权利和待遇，尤其要妥善解决好进城农民工子女的就学问题，建立覆盖包括进城农民在内的社会保障体制，整顿、规范就业中介服务机构及行为，包括职业介绍所、职业技术鉴定机构、社会力量办学机构等，以使其更好地服务劳务经济的发展。建立健全民工救助中心，通过社会募集资金，鼓励律师事务所和法律工作者的"义工"行为，积极为农民工提供维权等法律援助以及死亡、伤残等方面的救助。

四、依托市场经济发展拉动县域经济发展模式

市场导向推动型是指以县域内的自然、社会人文资源以及历史特点为基础，以市场为导向，来发展贸工农、产供销、种养加一体化经营，从而推动县域经济整体发展的一种县域经济系统发展模式。这种模式的最大特点是市场成为县域经济发展的桥梁和纽带，对系统的运行发挥着有效的调节和导向作用，在市场竞争中具有很强的应变力和自我发展能力。市场经济是开放经济，县域经济同样是开放经济。实践证明，虽然缺乏自然资源，但以市场为根本出发点，了解市场的需求和变化，同样能够促进发展。我国的典型例子如浙江义乌的小商品市场，带领了千家万户的老百姓致富。四川省乐山市五通桥西坝镇的五个西瓜专业户，根据市场的需求，成立了西坝西瓜协会，统一经营大家的西瓜生产，这种以个体经济为基础的民间经济组织，在市场具有很强的生命力，它把当地的种瓜专业户组织起来，不改变家庭经营的格局，但统一规划经营规模、统一组织生产、统一提供经营服务，形成了规模化生产。这种以市场为导向的经济模式，灵活多样，有很强的适应能力。西部地区通过市场导向型来培育县域经济增长点，其基本思路如下。

（一）解放思想，破除阻碍市场经济发展的传统观念和习俗

以市场为导向的模式强调意识优先，市场是千变万化的，没有好的观念是不能适应市场的。浙江的义乌、四川的五通桥之所以成功，主要是因为观念的更新，能够紧紧抓住市场的脉搏。西部地区发展的一个重大阻碍是思想观念落后。有些县域考虑的不是如何破除阻碍市场经济发展的传统观念和习俗，如何结合自身的优势谋求发展，而是一味地寻求上级的政策支持，一味地等、靠、要，有事找政

府，而不是找市场，这种做法显然是错误的。因此，西部地区尤其要解放思想，改变落后的观念，真正把"发展是兴国之本，富民之源"落实到思想上，落实到观念上，进一步全面深化改革，依靠市场的力量促进经济的快速发展。

（二）大力发展民营企业，为民营企业的发展创造良好的环境

要充分认识到民营企业是社会主义市场经济的重要组成部分，正确认识其在国民经济中的地位和作用，努力创造一个与社会主义市场经济体制相适应的多种经济成分长期共存、共同发展、平等竞争的社会环境。县域政府的有关部门要切实转变职能，端正态度，真抓实干，努力为民营经济提供良好的外部环境，提供优质服务的同时，要把民营经济的发展纳入县域国民经济、社会经济发展规划以及法律化和规范化的轨道上来，赋予民营经济参与市场竞争的平等地位，统筹兼顾，因地制宜，积极扶持，加强引导，使民营经济成为县域经济发展的一个亮点。

（三）努力营造宽松的投资环境

投资环境对市场导向型发展的县域影响是显著的。不但要营造完善的水、电、路通信等基础设施硬环境，而且要营造宽松的投资软环境。县域政府要无为而治，要采取更开放的政策措施，进一步降低门槛。最大限度地造就企业低成本运作的外部环境的同时，县镇各级政府机关要强化和规范服务功能，加快推行商事制度改革和"一站式"服务，简化审批手续，提高办事效率，要全程提供优质服务，切实帮助企业解决营商环境方面的实际困难，从而促进整个县域的经济发展。

（四）强化行政管理及其执法力度

市场上大多数从业人员是依法经营、勤劳致富的，但是也存在一定的违法经营的行为，如无证经营、偷税漏税、制售假冒伪劣商品、缺斤少两、坑蒙拐骗、哄抬物价、欺行霸市等，这些行为对市场秩序有着严重的影响和危害。因此，各级政府及有关职能部门要切实加强对市场的管理，坚持依法查处制售假冒伪劣商品的行为，坚决清理无证经营，对掺假造假、哄抬物价、欺行霸市、偷税漏税等行为要及时查处，各职能部门应通过正确引导和严格执法，使市场走上法律化和规范化的轨道，从而确保县域经济的健康和持续发展。

第五章　贵州省县域经济发展模式及存在的问题研究

第一节　基于特色农业的县域经济发展模式

加快县域经济发展，是实现农业全面发展、农村繁荣稳定、农民持续增收的重要保障，是建设现代农业、走贵州特色农业现代化道路的重要内容，是贵州经济高质量发展的重要保障。在加快县域经济发展进程中，特色产业发挥着重要的支撑作用。实践证明，特色产业活，县域经济就活，整个经济就活；特色产业强，县域经济就强，整个经济就强。因此，加快特色产业的发展，对于推进县域经济快速健康可持续发展具有重要意义。贵州作为一个农业省份，发展县域经济的根本目标就是优先促进农业繁荣、农民富裕、农村进步。

特色农业是以追求最佳效益即最大的经济效益、最优的生态效益、社会效益和提高产品市场竞争力为目的，依据县域内整体资源优势及特点，突出地域特色，围绕市场需求，坚持以科技为先导，以农村产业链为主，高效配置各种生产要素，以某一特定生产对象或生产目的为目标，形成规模适度、特色突出、效益良好和产品具有较强市场竞争力的非均衡农业生产体系。

一、特色农业在县域经济发展中的作用

特色农业的发展有利于形成县域特色经济，进而更好地促进县域经济的发展和提升。选择和培育特色产业在贵州县域经济发展过程中的作用主要有以下几个方面：一是有利于增强产业的市场竞争能力，提升县域竞争力和综合经济水平。目前贵州大部分县域地区发展不平衡，经济实力薄弱。产业特色决定县域特色，培育特色产业是形成县域特色经济的有力保障，只有加快特色产业的发展，才能够提高市场竞争力。二是有利于优化县域产业结构，促进县域产业结构升级。县域产业结构能够决定县域当前的经济发展水平和发展阶段，产业结构的不同，将会带来经济增长速度的差异，以及经济发展质量的不同。在一定程度上，产业结构的调整和升级的问题就是县域特色产业选择和发展的过程，而特色产业的形成、发展和培育能够更有力地促进县域产业结构的升级和优化，两者是相辅相成的。三是有利于实现区域内各种生产要素的有效配置。特色产

业的发展有利于实现县域内的产业聚集，能够更好地整合和优化各种资源，促进区域内的分工协作。

二、发展特色农业的条件

（一）气候条件

一是多样的自然气候。贵州气候温和，发展特色农业的自然气候环境得天独厚，可分为温热农业气候区、温暖农业气候区、温和农业气候区、温凉农业气候区和高寒农业气候区。二是充沛的水热条件。贵州自然水热资源条件好，全省大部分地区年降水平均相对变率小，光、热、水变化基本同步，构成光、热、水最佳匹配。三是独特的农业地质背景。贵州丰富的地矿元素赋予特色农产品明显的地域性优势，形成了一批范围相对集中、特色鲜明、比较优势突出的特色农产品区域。四是多类型的土壤资源。贵州土壤类型较多，南部和东部主要为红壤，中部地区广泛分布着黄壤，西部以黄棕壤为主，也有少量黄壤。同时，境内还发育石灰土、紫色土、山地灌丛草甸土、沼泽土及水稻土。不同的土壤类型满足不同农作物的生长需要，为多种生物提供了特殊的适宜的土壤环境。

（二）资源禀赋条件

一是绝佳的生态环境。贵州工业化程度较低，农用土地平均单位面积"三废"排放量小，对水资源和土地的污染程度相对较轻，适宜发展高附加值的特色优质农产品。同时作为唯一的"国家公园省"，2017年贵州森林覆盖率提高到57%，环境质量得到进一步改善。二是丰富多样的生物资源。贵州是全国四大中药材产区之一，拥有药用植物资源4419种，拥有饲用植物1800余种，农作物40多种，大宗蔬菜100多种，果树127种，以及编入贵州省畜禽品种志和品种图谱的畜禽品种39个，同时还拥有烤烟、高粱、茶叶、辣椒、油桐、核桃等特色经果，牛、香猪、乌鸡等特色禽畜，生物资源丰富多彩。三是丰富的能源及劳力资源。2017年，贵州全省年产原煤1.2亿吨，年发电量1703亿千瓦时，是西电东送的主要省份；全省现有农业生产水平不能满足劳力就业需要，除相当一部分向城市转移以外，全省农村剩余劳力有300多万人（屈甜利，2015）。

（三）地理标志保护产品

贵州省努力做好地理标志保护产品的申请工作。贵州地理标志保护产品的类别涵盖了酒类、畜禽蛋和水产品、茶叶、粮油、中药材、果蔬、传统食品、民族民间工艺、调味品十大类。获得地理标志保护产品数量排序由多到少依次为遵义市、毕节市、黔南州、黔东南州、安顺市，占全部地理标志的67.6%。截至2017年，贵州省获得地理标志保护产品的总数达到238个，在西部12个省份中排名第6位；使用地理标志的产品有102个品种，占总数的42.86%，有427家企业使用地理标志专用标志①。

三、现有特色农产品开发基本情况

（一）传统优势农产品开发

1. 马铃薯

马铃薯是贵州四大粮食作物之一，贵州是全国马铃薯主产区之一，其种植历史已有300多年。这里气候特别适宜马铃薯的生长，有40多个马铃薯品种种群，并在马铃薯脱毒、育种、扩繁等方面取得技术突破。2014年种植面积突破70万公顷，2016年种植面积达到73.17万公顷，年增长率超过2%，种植面积位居全国第三。马铃薯产量上居夏粮之首，年均增长率接近2.24%，从2012年的179.74万吨增长至2016年的233.3万吨，2016年的年产量占贵州全年粮食总产量的19.6%，全省农民人均纯收入中马铃薯收入达317元。

贵州早熟马铃薯基地建设稳步发展。据统计，2016年，贵州秋冬作马铃薯种植面积15.22万公顷，其中，黔南和黔东南两地的冬作早熟马铃薯种植面积比较大，将近6.67万公顷。早熟马铃薯涉及40多个市、县，基本覆盖了早熟马铃薯生产的主要适宜区。

产业技术体系基本形成，有31个新品种通过了贵州省审定。马铃薯高产优质高效栽培研究与示范推广取得成效，特别是冬作马铃薯生产技术逐步完善，稻草覆盖免耕栽培、聚垄高厢栽培、病虫害综合防治和测土配方施肥等新技术得到大面积应用，获得一批科技成果。马铃薯科技创新、技术推广、产品研发和市场开拓等人才队伍逐步壮大。

良种结构不断改善，脱毒种薯得到大面积推广应用，据统计，2016年全省脱毒种薯普及率达61.17%，'费乌瑞它'、'宣薯2号'和'威芋5号'等优质马铃薯品种的种植面积占比较大，分别占全省马铃薯种植总面积的11.02%、6.75%和6.75%（黄俊明，2017）。

马铃薯主食加工持续推进。随着国家马铃薯主粮化战略的实施和对马铃薯主食加工产品的补贴，贵州耗能高、污染大的淀粉企业生产及其生产规模不断减少，

---

① 资料来源：http://www.xinhuanet.com/fortune/2017-12/01/c_129754725.htm。

而马铃薯米粉、马铃薯面条和马铃薯馒头等主食加工企业的数量和产能不断增加。2016 年贵州现有马铃薯加工企业达到 25 家，较上年增加了 7 家。

2. 烤烟

贵州是全国第二大烤烟生产基地和销售、出口贸易的重点省份之一。烟草种植迄今已有上百年的历史，烤烟、卷烟生产历史悠久，贵州的气候和土壤条件为烟草作物种植提供了良好的天然生态环境，加上后期的科学种植，引进先进设备对烟草进行加工制作，极大地推动了贵州烟草业的发展。烟草业一直是贵州经济最重要的支柱，在省经济发展中发挥着不可替代的重大作用。一方面，烟草制造业的增加值是全省 GDP 的主要来源之一；另一方面，烟草业是贵州工业的重要组成部分，烤烟年产量在全国所占比重维持在 12%～15%，仅次于云南。从烤烟的种植面积上看，近年来有下降的趋势，烤烟种植面积从 2012 年的 23.70 万公顷，减少至 2016 年的 15.58 万公顷，年均减少率达 8.5%。烤烟的年产量也呈下降的趋势，2012～2016 年的年产量分别为 37.31 万吨、41.79 万吨、35.34 万吨、32.93 万吨、27.50 万吨[①]。

3. 油菜

贵州是油菜主产区之一，也是国内优质油菜籽的重要生产基地。油菜是贵州的第四大农作物和最大的油料作物，在全省国民经济和农业产业中占有重要地位。油菜主要分布在遵义、黔南、铜仁、安顺、毕节和黔东南，而六盘水和黔西南相对较少。其中，遵义市油菜在全省种植面积、单产和总产均位列第一。在油菜生产技术上，育苗移栽、优质高产品种、硼肥、配方施肥等是近年来主要采用的高产栽培技术措施。从种植面积来看，2013 年贵州油菜的种植面积突破 50 万公顷，达到 50.67 万公顷，此后几年的种植面积稳定，2016 年达到 53.00 万公顷。从种植产量来看，2013～2016 年油菜的年产量分别为 78.18 万吨、86.69 万吨、89.03 万吨、90.25 万吨，年均增长率 3.65%[②]。

(二) 新兴优势产业开发

1. 畜牧业

畜牧业已经成为农村经济增长的主要动力。贵州作为全国唯一没有平原的省份，在南方草地畜牧业发展的基础上，走上了生态绿色发展之路，利用大量荒山

---

① 资料来源：《贵州统计年鉴（2017）》。
② 资料来源：《贵州统计年鉴（2017）》。

资源，大力实施种草养畜，发展特色草地畜牧业，不断探索出草地畜牧业转型发展的新路子。贵州草地生态畜牧业发展十分迅速，一些农民因此经济收入提高了，生活改善了，走上了脱贫致富的小康路。产品质量安全事件：畜禽标准化规模养殖持续推进，全省已建成国家级、省级畜禽养殖标准化示范场 169 个，其中国家级 74 个，省级 95 个，建成各类种畜禽场 147 个，猪牛羊品改点 1.66 万个。全省已认证无公害畜产品 251 种，认定无公害畜产品产地 960 个，认证畜产品地理标志 7 个。2017 年畜牧业发展势头良好，全省猪牛羊禽肉产量 202.75 万吨，比上年增长 4.0%；禽蛋产量 18.69 万吨，比上年增长 2.1%；生牛奶产量 6.56 万吨，比上年增长 2.7%。全省畜牧业增加值 531.08 亿元，比上年增长 4.4%，增速比上年加快 1.5 个百分点。

2. 茶叶

茶叶品质与海拔、气候、土壤、生态、空气、田间管理等密切相关。"低纬度、高海拔、寡日照"的独特自然环境让贵州成为世界茶树原产中心地带之一和我国适宜产区之一。经过多年的发展，贵州现已经形成主要包括黔西南大叶种早生绿茶和花茶产业带、黔西北高山有机绿茶产业带、黔北锌硒优质绿茶产业带、黔东优质出口绿茶产业带及黔中、黔南高档名优茶产业带。近几年来，茶园面积稳步上升，2012～2016 年的茶园面积分别为 25.15 万公顷、31.32 万公顷、36.93 万公顷、41.89 万公顷、43.98 万公顷，年均增长率 11.83%，茶叶产值也呈逐年增长态势，2012～2016 年的种植产量分别为 7.44 万吨、8.94 万吨、10.71 万吨、11.80 万吨、14.13 万吨，年均增长率达 13.69%。截至 2017 年年底，贵州茶园面积达 717.6 万亩（其中投产面积 525 万亩），产量 32.72 万吨，同比分别增长 3.1%、15.2%；加工企业（合作社）4149 家，同比增长 10.3%；总产值 361.9 亿元，综合产值 567.8 亿元，同比分别增长 20.7%、13%[①]。

3. 中药材

贵州生态环境良好，中药材资源丰富。贵州是全国重要的动植物种源地和四大中药材主产区之一，贵州药材品种 4802 种，在全国品种数量居第二位，成就了"黔地无闲草，夜郎多良药"的美誉，也孕育了品质卓越的天麻、杜仲、半夏、太子参、金钗石斛等种类繁多的中药材资源。2016 年，贵州中药材人工种植及野生保护抚育总面积达到 599.3 万亩，较上年增长 9.6%。其中，草本类 300.8 万亩，木本类 298.5 万亩。总面积上 10 万亩的有刺梨、金（山）银花、杜仲、薏苡、花椒等 12 个品种。中药材人工种植及野生保护抚育总产量 165.7 万

---

① 资料来源：《贵州统计年鉴（2018）》。

吨，较上年减少 8.4%。总产量上万吨的有生姜、薏苡仁、鱼腥草、天麻等 25 个品种。中药材人工种植及野生保护抚育总产值 129.2 亿元，较上年增长 1.6%。总产值超过亿元的有太子参、铁皮石斛、生姜、天麻等 26 个品种，比上年增加 2 个百分点。

截至 2016 年年底，贵州共有 40 种中药材获得国家地理标志产品保护，其中'榕江葛根'、'关岭桔梗'、'遵义杜仲'、'威宁荞麦'、'大方天麻'和'晴隆糯薏仁'等 11 个品种为 2016 年获得国家地理标志产品保护[①]。近年来，贵州充分发挥科技支撑的作用，不断攻克各种药材品种的种植技术，以科技重点项目和专项项目为载体，实施中药材规范化种植技术研究。同时，将中药材种植与扶贫增收相结合。通过不断地发展，筛选出了 20 个重点发展品种和 30 个鼓励发展品种，培育了 42 个中药材种植重点县，因地制宜分区布局，打造了几个大品种几万亩、十几万亩较集中的连片规模种植基地和园区。把中药材列入贵州省十大扶贫产业之一，将其作为贫困地区群众增收致富的富民产业和发展大健康医药产业的重要内容。

2016 年，中药材种植区覆盖人数达到 152.1 万，其中贫困人口超过 43.8 万，种植区农户人均收入超过 3300 元。中药材种植产业已经成为调整农业产业结构和农民增收致富的主要手段。另外，将中药材产业发展与生态保护相结合。退耕还药、荒山种药、野生中药材保护抚育和低效经济林改种药材等方式，既提高了贵州森林覆盖率，又促进了农民增收，实现了绿水青山与金山银山的统一。

4. 水果

贵州地处云贵高原，自然条件优越，气候条件独特，立体气候明显，适宜各种果树生长。水果是贵州的主要经济作物，在农业生产中占有重要的地位，已成为水果主产区农民增收的主要来源。省内从南到北、从东到西都有水果种植，果树资源十分丰富。品种主要有火龙果、猕猴桃、柑橘、苹果、葡萄、梨、桃、李、枇杷、杨梅和石榴等。

从水果品种产量比例来看，贵州水果产量以大宗水果为主，柑橘、梨、苹果、桃、葡萄和李 6 种水果占全省水果总产量的 75% 以上。随着布局优化、新品种和新技术的应用，全省水果品质得到了较大改善。水果老品种种植面积比例有所下降，新品种种植规模逐年扩大，其种类和品种结构得到优化，品质有所提高。各地的名特优果树如岑巩文旦柚、罗甸火龙果、威宁苹果、水城猕猴桃、从江椪柑和沿河空心李等正在以县域规模发展。

---

① 资料来源：http://www.sohu.com/a/163480491_99920760。

随着市场化意识的提高，果品质量大幅度提升，品牌意识日益增强，许多品牌在国内已经有了比较大的知名度，如罗甸火龙果、威宁苹果、水城猕猴桃和沙子空心李等，涌现出"都柳江"牌从江椪柑、"威宁糖心苹果"、"长顺高钙苹果"、"六广河"牌猕猴桃、"黔宏"牌猕猴和"麻江蓝莓"等一批有影响力的精品水果。2016 年全省果园面积 32.42 万公顷。2012～2016 年贵州主要品种水果产量如表 5-1 所示。

表 5-1　2012～2016 年主要品种水果产量　　　　单位：万吨

年份	苹果	梨	柑橘	杨梅	猕猴桃	柿子
2012	2.49	21.72	22.74	3.19	1.76	1.46
2013	3.25	24.09	25.48	3.49	2.21	1.46
2014	4.39	27.31	28.91	5.06	2.5	1.5
2015	5.27	29.24	32.01	4.98	5.25	1.49
2016	5.95	32.09	34.9	5.26	6.89	1.59

资料来源：《贵州统计年鉴（2017）》。

四、发展特色农业的贵州典型县域经济

（一）以种植马铃薯为特色的毕节市县域经济

贵州省毕节市地处黔西北高原山区，海拔高，气候冷凉，非常适宜马铃薯生长发育，毕节现已是全国马铃薯四大主产区之一，是贵州最大的马铃薯产区。

1. 毕节马铃薯产业发展的现状

毕节始终把马铃薯产业作为推进农业供给侧结构性改革、发展山地高效农业、带动脱贫攻坚的重要产业，有效促进了农民增收和产业发展。一是种植面积持续稳定。连续多年稳定在 500 万亩以上，2016 年达 520.48 万亩、产量达 718.3 万吨，占贵州全省的一半左右（桑维亮，2017）。二是良种繁育体系基本形成。2016 年原种生产能力达 2 亿粒左右，建成原种扩繁基地 1.71 万亩、产量 2.52 万吨，建成一级种薯繁殖基地 11.95 万亩、产量 19.46 万吨，二级种薯繁殖基地 79.66 万亩、产量 103.59 万吨。三是脱毒马铃薯推广力度不断加大。种植脱毒种薯 336.79 万亩、占马铃薯播种面积的 64.71%，马铃薯年鲜销量达 186.39 万吨、占总量的 36.10%。四是产业化经营能力加速提升。建成专业批发市场 13 个，年交易能力 16.28 万吨；有马铃薯加工企业 6 家、专业合作社 52 家；7 个产品获得无公害农产品认证，"威宁洋芋"获地理标志认证；成功注册 5 个马铃薯商标，威宁县获"中国南方马铃薯之乡"

称号。五是产业脱贫成效更加显著。2016 年毕节通过马铃薯产业扶持带动贫困村795 个、贫困人口 24.82 万人。威宁县的马铃薯收入就占到了农民人均纯收入的 22%左右。

2. 毕节马铃薯产业发展优势

毕节马铃薯产业能够取得如此的成就，除了与毕节自身独特的优势有关外，还与各级政府的大力支持、不断完善的基础设施及良好的技术支撑有关。主要体现在以下几个方面。

1) 自然气候优势独特，有利于建立马铃薯种薯基地和发展马铃薯加工业。毕节地处黔西北的高寒山区，气候冷凉、光照充足、昼夜温差大，有利于马铃薯生长发育，马铃薯产量高、品质好。同时，毕节市相对高度差值大，立体农业气候特征明显，生态类型多样，有利于形成早、中、晚熟品种配套，夏收和秋收并存的生产格局，鲜薯供应周期长，块茎储藏成本低，有利于发展马铃薯加工。另外，威宁、赫章、纳雍、七星关和大方等县（区）海拔 1600 米以上的凉山和半凉山地区，7 月日均温均在 22℃以下，土壤肥沃、质地松软，马铃薯种性退化慢，是建设脱毒马铃薯良种扩繁基地的优势区域。

2) 政策环境良好，推进马铃薯产业发展。为充分发挥独特的气候优势，毕节大力发展马铃薯产业，国家和各级政府高度重视并且出台了一系列政策措施。农业部将马铃薯产业发展作为西部地区特色农业产业的重要内容，贵州省政府把马铃薯产业作为调整贵州省农业生产结构的重要内容。毕节市作为农业部（现为农业农村部）部长联系点，明确提出了"重点扶持以马铃薯为主的粮食产业"。贵州省委、省政府出台的《关于进一步推进毕节试验区改革发展的若干意见》中提出"支持毕节试验区建成南方重要的种薯生产基地和淀粉加工基地"[①]；同时提出在"十三五"期间把贵州打造成以威宁为主的南方最大种薯供应基地和重要的商品薯生产基地。这些政策措施的共同作用使得毕节马铃薯产业发展具有了良好的发展机遇。

3) 产区环境污染小，有利于发展无公害、绿色和有机马铃薯生产。毕节的马铃薯产区多远离工矿企业，环境污染小。马铃薯产地多为冷凉山区，病虫害发生少，采用绿色防控措施效果好，施用农药极少，有利于无公害、绿色和有机马铃薯基地认证，发展优质马铃薯，增强马铃薯市场竞争力。

4) 交通条件的改善，极大地提升了马铃薯产业发展的区位优势。随着交通基础设施建设的快速推进，毕节市交通网络将更加便捷通畅，目前，321 国道和 326国道贯穿全境，县际公路全部实现油化，通乡油路改造已基本完成，贵毕公路、大方至纳溪高等级公路已与西南出海通道并连，厦蓉高速公路、杭瑞高速公路两

---

① 资料来源：http://rb.bjrb.cn/html/2017-06/17/content_4_1.htm。

条高速公路在毕节交会贯穿，内昆铁路、隆黄铁路已经投入运营，毕节机场已建成通航，成贵高铁正在建设，县县通高速已成现实。便捷的交通，为马铃薯产业发展创造了无限的商机。

5）良好的技术支撑，为推进马铃薯产业发展提供了保障。毕节作为马铃薯的主产区，早在 20 世纪 70 年代就进行了马铃薯新品种选育和马铃薯茎尖脱毒繁育种薯等科研和技术推广。进入 21 世纪以来，农业科研与技术推广部门又与贵州省农业科学院合作，实施了国家科技支撑计划项目"专用马铃薯优质高效生产技术研究与示范"以及贵州省重大农业科技攻关项目"贵州马铃薯产业化关键技术研究与示范"，掌握了马铃薯产业发展的许多关键技术，培养和锻炼了一批技术人才，为毕节马铃薯产业发展提供了良好的技术支撑。

3. 毕节发展马铃薯产业的经济社会效益

贵州毕节是中国南方马铃薯主产区，也是脱贫攻坚的主战场，于 1988 年 6 月由国务院批准建立贵州省毕节地区"开发扶贫、生态建设"试验区。为探索精准扶贫道路，毕节在产业扶贫上推出了"4321 工程"，确定了以马铃薯、经果林、畜牧业等为主的扶贫产业。试验区建立 30 年来，累计减少贫困人口 610.88 万人，贫困发生率从 65.4%下降到 8.89%，实现了人民生活从普遍贫困到基本小康、生态环境从不断恶化到明显改善的"两个跨越"。2016 年，全市共建马铃薯种薯及商品薯扶贫基地 193.68 万亩，扶持带动贫困村 795 个，带动贫困人口 24.82 万人[①]。另外，马铃薯产业收入也是农民收入的重要组成部分，据估算，马铃薯产业收入在威宁县占农民人均纯收入的 20%左右[②]。

当然，毕节马铃薯产业的发展依然存在一些突出问题。一是科技支撑能力不足。主要表现在学科带头人和岗位专家还有待强化培养，马铃薯科技人员比例较低，产业从业人员整体素质还有待进一步加强。二是产品附加值还不高。目前仅有马铃薯加工企业 6 家，年加工鲜薯 27.45 万吨，占毕节马铃薯产量的 7.54%。三是农民组织化程度较低。特别是马铃薯专业合作社发展缓慢，与农民的利益联结不够紧密，产业扶贫带动能力还需进一步加强。

毕节马铃薯产业发展方向。一是加强精深加工体系建设。坚持市场导向，大力推广高淀粉型品种，发展马铃薯加工业，支持企业开展技术改造与扩产升级，促进马铃薯主食化加工业健康发展。二是加强社会化服务体系建设。依托中国农业发展集团有限公司在威宁建立的马铃薯科技服务中心，积极引导培育农民，开展全方位服务。培育一批善经营、懂管理的马铃薯营销户或经

① 资料来源：http://rb.bjrb.cn/html/2017-06/06/content_2_3.htm。

② 资料来源：http://www.sohu.com/a/146551366_610793。

纪人，促进产销衔接，建立健全马铃薯交易批发和购销服务网络，进一步完善市场流通机制。三是注重马铃薯产业发展与旅游扶贫相结合。选择交通方便、发展基础好的地区，打造具有地区特色的马铃薯主题旅游景区，推进马铃薯产业与旅游业融合发展，把马铃薯产品做成旅游商品，提高马铃薯的社会和经济效益。

4. 毕节发展马铃薯产业的启示

启示一，县域经济发展应该基于对自身优劣的客观分析。毕节正是基于对本地气候条件的客观认知，才发展的马铃薯产业，并进而使之发展成毕节的重要支柱产业。

启示二，县域经济发展产业的选择要符合市场需求。马铃薯是中国五大主食之一，是全球第三大重要的粮食作物。其较高的营养价值和药用价值，使得马铃薯市场需求非常大。

启示三，紧紧依托产业政策。充分利用各级政府出台的产业发展政策，形成了政策合力，发挥政策的集成效果，快速推进产业发展。

（二）以畜牧业为特色的县域经济

贵州草地资源十分丰富，仅优良牧草有 260 多种，为发展草业和草地畜牧业奠定了物质基础。作为全国唯一没有平原的省份，贵州走上了生态绿色发展之路，大力实施种草养畜，发展特色草地畜牧业，探索出了草地畜牧业转型发展的新路子。从 1980 年起，贵州省各级草原主管部门和技术推广部门先后摸索出了灼圃、独山和晴隆三种草地畜牧业发展模式，实现了生态、经济、社会效益的"三赢"。

1. 灼圃模式

灼圃，位于贵州省毕节市威宁彝族回族苗族自治县雪山镇，平均海拔 2300米。威宁草地资源丰富，成片草山草坡多，发展畜牧业得天独厚。从 1980 年开始，由农业部、甘肃草原生态研究所牵头，贵州省、市、县畜牧部门参与，在威宁建立了灼圃联户示范牧场，先后实施了国家"六五"至"十二五"草地畜牧重点攻关项目、美国凯尔项目和香港乐施会草地绵羊项目，开创了南方草地畜牧业发展的良好局面。他们遵循的是"科研—示范—推广"一体化的发展道路，以农户家庭牧场为基本单位，以技术辐射型的中心场为核心，形成了一个开放型的经济技术联合体。示范牧场的专业技术人员承担总体策划、吸引资金、技术服务、人才培训、开拓市场，并应对生产实践中面临的新问题和必须解决的关键技术，首先组织科技力量进行联合攻关，然后在示范场进行示范，经过修正、调整和完善后，再将成熟的技术向农民推广。这种模式将喀斯特草地资源开发利用的生产实践，置于技术与管理的支持系统之中，使科研与生产紧密地结合。由于能够及时吸收科研成果，采用先进技术对草地畜牧业生产进行动态跟踪监测和系统调控，从而在草地资源开发利用的同时，达到了经济、生态双赢的目标。

示范牧场通过大量种植多年生黑麦草、白三叶草和紫花苜蓿，建成了万亩高原人工草场、1000 亩种子田；人工草地植被覆盖率比天然草场高 35%，优良牧草占草群的 90%，牧草产量比天然草场高 12 倍，牧草中的粗蛋白比天然草场高 40%。示范场的专业技术人员积极开展高原养畜技术研究，建立了草地绵羊系统指标体系，制定了混播草地最佳豆禾比例，明确了草场载畜量，攻克了高原草地绵羔羊育肥难关。承包户利用优质牧草养起了西门塔尔牛、黑白花牛和黑山羊。灼圃模式在放牧条件下筛选出高产、优质、竞争力强，并有晚秋和早春生长优势，使用年限达 10 年以上的优良牧草 15 种，改良了岩溶山区天然草地；在免耕条件下，利用优质牧草逐步消除了天然杂草；摸索出了高寒地区"绵羊宿营法"，创建了在养羊过程中产前、产中和产后全方位的技术管理规程。在"灼圃模式"所产生的示范、辐射、带动下，雪山镇通过种草养畜项目，使全镇的草地畜牧业发展出现了喜人的势头，取得了较好的经济效益、社会效益和生态效益。2017 年威宁县畜牧业增加值 21.9 亿元，比上年增长 7.0%；猪肉产量 8.03 万吨，比上年增长 6.0%；牛肉产量 0.78 万吨，比上年增长 11.0%；羊肉产量 0.31 万吨，比上年增长 4.0%；禽肉产量 0.22 万吨，比上年增长 6.0%；禽蛋产量 0.66 万吨，比上年增长 2.0%。威宁贫困人口从 2013 年的 30.64 万人下降到 2017 年的 13.44 万人，贫困发生率从 2013 年的 24.1%下降到 2017 年的 9.5%，见图 5-1。

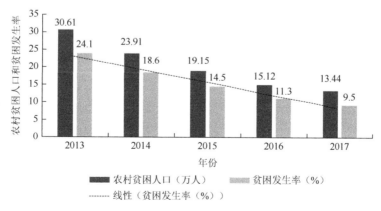

图 5-1 威宁县 2013～2017 年农村脱贫情况

资料来源：威宁彝族回族苗族自治县 2017 年国民经济和社会发展统计公报

2. 独山模式

独山草场位于黔南布依族苗族自治州独山县上司镇，起伏延绵的草场面积达 3 万亩。1983 年，我国政府与新西兰政府签署了在独山县建设贵州牧草种子繁殖场的合作协议，先后引种了新西兰、美国、澳大利亚等国的 60 多个牧草品种，进行引种、驯化、筛选，培育出了多年生的白三叶、黑麦草等 18 个优良品种。截至 2017 年，牧草种子繁殖场建成林下人工草场 18 000 亩，改良草场 5000 亩，刈割草场 4000 亩，多花黑麦草种子田 2000 亩；种植的有黑麦草、红三叶、白三叶、鸭茅等优良牧草，每年可产出 40 吨草种；建成种子清选车间一座，挖青贮窖 2000 立方米，围栏 200 千米；建鲜奶加工车间 2 座，建奶产品检验室 1 个。已建成世界先进草场水平、独具特色的南方多季节多年生人工草场，独山草场成为国内为数不多的全天候放牧场。草场哺育着新西兰柯利黛绵羊 350 只、奶山羊 460 只、荷斯坦奶牛 1300 头、西门塔尔牛 1150 头、香猪 90 头。林下草地还养殖着优质肉鸡、鸭和鹅，走出了一条林下种草、种草养畜、林草结合、林牧共赢的好路子（冯葆昌，2016）。

独山草场与周边 700 多个项目示范户建立了草场奶牛放牧系统，对每户实行"统一管理、统一购料、统一防治、统一放养、统一销售"的"五统一"模式，降低了饲养成本和市场风险，户年人均纯收入增加 2 万元。经过 30 多年的发展，逐步形成了"产、供、销"一条龙的生产方式。每年收购项目示范户的牛奶达 2000 吨，加工成各式鲜奶供应于各大超市、零售店，打造的"贵草"牌奶制品商标已获得"贵州省著名商标"。表 5-2 所反映的是 2012～2017 年全县农林牧渔业增加值，从中可以看出，独山县畜牧业增加值在整个农林牧渔业增加值中占有重要地位，2012～2016 年在农林牧渔中居第二位，畜牧业对独山县农林牧渔业的拉动增长率超过 25%。

表 5-2　2012～2017 年独山县农林牧渔业增加值　　　　单位：万元

年份	农林牧渔业增加值	种植业增加值	林业增加值	畜牧业增加值	渔业增加值	农林牧渔服务业增加值
2012	83 840	53 284	3 145	25 686	1 023	702
2013	96 249	57 642	3 550	33 141	1 150	766
2014	130 566	90 535	4 127	33 427	1 376	1 101
2015	143 988	99 940	5 277	35 712	1 621	1 438
2016	174 342	112 140	8 479	46 230	2 111	5 382
2017	193 383	123 373	11 074	49 033	2 809	7 094

资料来源：独山县 2017 年国民经济和社会发展统计公报

2017 年,独山县畜牧业增加值 49 033 万元,同比增长 6.1%。肉类总产量 17 401 吨,同比增长 6.3%。其中,牛肉产量 2462 吨,同比增长 14.7%；羊肉产量 599 吨,同比增长 12%；禽肉产量 894 吨,同比增长 10.8%；牛奶产量 3294 吨,同比下降 3%；禽蛋产量 641 吨,同比增长 2.6%。

3. 晴隆模式

晴隆县位于贵州省黔西南布依族苗族自治州。2000 年,晴隆县石漠化、潜在石漠化面积达 93.09 万亩,占全县总面积的 70%。山高坡陡,地表破碎,石头裸露,地少土薄,水土流失严重,是我国西部喀斯特地貌石漠化最严重的地区。在这样恶劣的自然条件下,继续发展种植业只会让晴隆县生态环境、宜居环境更加恶劣,而大力发展种草业不仅能起到恢复生态的作用,种草的效益高于种粮,还能增加农民的收入。

2001 年,晴隆县创建了"晴隆模式",实行"中心＋基地＋农户"的经营管理模式,即中心建立人工草场和种畜基地,基地对农户进行示范和技术服务,农户通过农民养畜协会组织起来,接受中心和基地的管理,并通过协议明确各方的义务、责任和权益,形成一个利益共同体,这样既保证了农户的收入,又充分调动了中心技术人员的积极性,形成了一环扣一环的链式管理。

2003 年在晴隆县草地畜牧中心的基础上,以种羊、商品羊的养殖为主要业务的晴隆县草地畜牧业开发有限责任公司成立了,公司资产达 2 亿元,2006 年被省政府评为"贵州省农业产业化经营优秀龙头企业",2009 年被农业部授予晴隆优质肉羊"无公害农产品"证书。养殖企业每年吸收就业岗位 4000 人以上。

晴隆模式联合农户养羊,以草地畜牧业科技扶贫、岩溶地区石漠化综合治理为载体,以波尔山羊、杜泊羊纯种繁殖和优质杂交肉羊生产为突破口,找到了破解岩溶石漠化难题的"金钥匙",辐射带动农户发展草地生态畜牧业,探索出了一条岩溶山区种草养畜、石漠化治理相结合的路子,充分体现了生态修复与农民增收的有机结合。在晴隆县,山地畜牧业已经成为全县的主导产业,已带动 14 个乡（镇）、96 个村、1.68 万户农户 7 万多人参与种草养羊①。全县种植高产优质人工混播草场 52 万亩,种植宽叶雀稗、鸭茅、草竹草、黑麦草、白三叶等牧草,改良草地 25 万,建成雀稗种子田 2000 亩。全县羊存栏 52.8 万只,户均年收入 3 万元以上,2015 年最高的农户收入达到 35.8 万元,累计为农户创收近 4 亿元。2015 年已建成 38 个肉羊基地,2 个育种场,3 个育肥场,3 个胚胎移植中心,1 个肉羊加工厂。表 5-3 反映的是 2012～2017 年晴隆县农林牧渔业增加值,从中可以看出,晴隆县畜牧业增加值逐年上升,畜牧业增加值对整个农林牧渔业增加值的年均拉动增长率在 25% 左右。

① 资料来源：http://www.feedtrade.com.cn/livestock/sheep/20150720/2146790.html。

表 5-3　　2012~2017 年晴隆县农林牧渔业增加值　　　　单位：亿元

年份	农林牧渔业增加值	农业增加值	林业增加值	畜牧业增加值	渔业增加值	农林牧渔服务业增加值
2012	5.75	2.18	0.23	1.4	0.28	0.1
2013	6.79	3.82	0.32	2.07	0.45	0.15
2014	8.56	5.09	0.34	2.48	0.48	0.17
2015	13.87	8.2	0.76	3.68	0.63	0.6
2016	17.3	10.23	0.86	4.75	0.73	0.73
2017	18.99	11.15	1.26	4.92	0.85	0.81

资料来源：晴隆县 2017 年国民经济和社会发展统计公报。

4. 贵州县域草地畜牧业发展模式的启示

畜牧业作为农林牧渔的重要组成部分，农业种植结构应该由传统的粮食和经济作物的二元模式向粮食、经济作物、饲草作物的三元模式转变。科学发展畜牧业，能有效带动县域经济发展，产生较好的生态、经济和社会效益。对于贵州这个典型的喀斯特地形地貌省份，发展畜牧业，进行人工种草，不仅能逐渐减少水土流失面积，保护地方生态环境，还能发展县域经济增加农户收入、带动就业，使农民脱贫致富。从三种典型的畜牧业发展模式中还可以总结出，要想发展好、发展大畜牧业，首先，在养殖方式上应该由过去的千家万户散养的传统方式向规模化、标准化养殖的现代方式转变。其次，饲养方式上更要由过去天然草场的放牧方式向以舍饲为主、舍饲与放牧相结合或完全舍饲的饲养方式转变。

（三）以茶产业为主导的贵州县域经济发展

1. 贵州发展茶产业的有利条件

自然环境。贵州地处云贵高原，平均海拔 1000 米以上，气候温暖湿润，生态状况良好，空气质量优良，良好的气候条件和土壤条件很适合茶叶生长。高海拔地区生长的茶叶病虫害较少，茶园采摘期也比江浙地区长。另外，贵州喀斯特地貌特征与气候特征又对茶树的氨基酸、水浸出物等物质的累积有重要作用，这些因素使贵州茶具有香高味纯、鲜爽耐泡、汤色明亮等特征。

丰富的古茶树资源。贵州高原是茶树的起源中心之一。茶历史悠久，茶树史距今约有 100 万年，茶树栽培历史有 3000 余年。全省拥有大量的野生、半野生茶树类型，在全省发现拥有 100 年以上的古茶树、野生茶树资源的县（市）达 25 个。

浓郁的茶文化底蕴。贵州是一个多民族的省份，有 17 个世居少数民族。千百年来，不同的少数民族孕育了丰富多彩的民族文化。贵州具有悠久的发现茶、生产种植茶、利用茶的历史。黔东南的苗族鼎罐茶，黔西南晴隆、普安的苗族擂茶，铜仁市德江、思南、印江、沿河一带的土家族罐罐茶、土家油茶，还有各地的放信茶、讨茶、吃油茶、姜、打油茶等，民族文化特色极其浓郁。

政策支持。《中共贵州省委　贵州省人民政府关于加快茶产业发展的意见》提出，"把加快茶产业发展作为调整优化农业产业结构、推进农业产业化经营的重点工作，作为发展农村经济、增加农民收入、推进社会主义新农村建设的重要产业，作为落实生态立省战略、实现经济社会生态效益有机统一的重大举措"[①]。2014 年 5 月，贵州省政府出台《贵州省茶产业提升三年行动计划（2014～2016 年）》，提出大力实施黔茶品牌战略，建设全国茶叶强省。2017 年 9 月，贵州省政府出台《贵州省发展茶产业助推脱贫攻坚三年行动方案（2017～2019年）》强调指出，贵州以发展高品质绿茶为方向，全产业链推动茶产业提升转型，把贵州建设成为中国茶叶的原料中心、加工中心，成为山区脱贫攻坚的主导产业[②]。

2. 贵州县域发展茶产业的经济社会效益

虽然经历了 2008 年的特大雪凝灾害、2010 年百年不遇的旱灾、2011 年的持续干旱少雨的自然灾害，以及新形势下面临经济进入新常态、经济下行压力的困境，刚刚起步的贵州茶产业承受了自然与经济的双重打击，但在贵州省各级政府和人民 10 多年的持续共同努力下，茶产业依旧蓬勃发展起来。

茶产业高速发展，新品牌层出不穷，大品牌快速扩张，更多茶企走出贵州，为树立贵州茶行业楷模，提升企业品牌市场竞争力做出了贡献。在这 10 多年里涌现出都匀毛尖、湄潭翠芽、绿宝石、遵义红"三绿一红"重点品牌，凤冈锌硒茶、石阡苔茶、瀑布毛峰、贵定云雾贡茶、梵净山翠峰茶、雷山银球茶等十个在国内外有影响力的公共品牌，成了中国茶产业界的新贵族。

依托大数据发展战略，助推茶产业的转型升级。2016 年 10 月，贵州茶产业官方大数据平台正式启动运行。它由产业云、商贸云、公众云三个子云构成，主要聚焦茶产业发展中的"领导决策盲点、行业管理难点、企业市场痛点、公众消费疑点"四个关键问题，通过数据采集、挖掘、呈现和智慧分析，为贵州茶产业的政策制定和产业引导提供决策辅助。"茶云"汇集贵州 140 万左右的茶农、2300 左右家茶企、1400 左右家茶种植合作社的相关数据，面向茶企、合作社，提供生产、加工、销售

---

① 资料来源：https://wenku.baidu.com/view/8790c744b307e87101f696b6.html。

② 资料来源：http://mini.eastday.com/a/170921151958276.html。

环节信息化服务、跨境贸易一站式服务，上下游企业供应链服务，实现黔茶全产业链的数字化整合；建立起消费者与茶产业区、茶企之间的信用通道。

茶产业成为脱贫攻坚主导产业。2017 年，全省茶产业带动贫困户人口 49.85 万人，脱贫人数 16.11 万人；涉茶人员的年人均收入达到 8840 元，其中涉茶贫困户的人均年收入达到 4855 元，人均年增收 2400 元。茶产业已成为贵州山区促进农村经济发展、助推脱贫攻坚的重要主导产业。

茶产业带动其他产业共同发展。例如，凤冈县在发展凤冈锌硒茶过程中，就实现了产业发达、宜居宜游和乡土文明，可以说，"凤冈锌硒茶，在产业带动发展、小镇特色鲜明、乡村文明进化"方面贡献巨大；瓮安县发展欧标茶，在建中这个乡镇实现了"休闲观光、养生度假、国际友谊"的融合发展，成了"小镇养生养老，茶叶出口创汇，茶香四海五洲"的典范；石阡县发展的茶产业，通过"院士工作站建设"，通过贵州大学、贵州省农业科学院、贵州师范大学等与石阡的校、院、地合作，通过"科技助力"的方式，该县最终实现了人民脱贫致富奔小康的目标。

随着交通条件、物流条件的改善，借力"互联网＋"，与电子商务、创意产业、文化旅游等相融合，茶产业已成为推动贵州县域茶产业转型升级的重要着力点和新的经济增长点。

3. 贵州发展茶产业的典型县域经济——雷山茶产业发展模式

雷山县充分发挥资源优势，大力推动绿色发展，在茶产业方面，积极采取"六个一"的措施，取得较好的效果：建设一片"茶基地"，依托得天独厚的气候、土壤、水质等宜茶优势，稳步增加茶叶种植面积。管理一群"茶园区"，着力实施茶农科技文化素质提升、茶园管护水平提升工程，切实抓好新建茶园、幼龄茶园、低产茶园管理。扶持一批"茶企业"，通过政策引导、资金帮扶等措施，促进茶企入驻、茶厂落地。联动一条"茶产业"，坚持"以旅促茶、茶旅互动"理念，充分利用成熟的景区、景点，加快旅游沿线茶园观光体验园、城镇茶文化一条街建设等；积极开发茶旅游、弘扬茶文化、发展茶经济，带动茶馆、茶店经营及运输、包装等配套业态发展，不断拉长产业链。打造一系列"茶产品"。建立茶叶质量安全检验检测中心，并按《雷公山银球茶标准体系》和《雷公山清明茶标准体系》，严格茶叶质量检查验收；加大对"三品一标"的认证力度，着力提升银球茶、雷公山绿茶、清明茶、脚尧茶等茶系品质。宣传一个"茶品牌"，积极开展茶叶品牌宣传、推介，制作完成《雷山县茶叶》形象片、《苗乡银球茶》歌曲。

雷山县先后荣获"中国茶文化之乡""中华文化名茶"等称号，茶叶已成为当地主导产业之一。2017 年茶园面积达到 16.16 万亩，茶青产量 15 575 吨，茶叶产品产量 3589 吨，实现茶业综合产值 10 亿元。茶企 156 家，其中获企业食品生产许可认证生产茶企 21 家、省级龙头企业 5 家、州级龙头企业 7 家，大大提升了茶叶生产能力、加工水平①。

五、贵州县域发展特色农业存在的问题

（一）农业科技创新能力弱

长期以来贵州农业科技事业发展条件较差，科学技术在农村经济发展中没有充分利用，严重制约了农产品产量质量的提高和农村农业发展。贵州农村对高端新型农作物的成长规律、适应性和防治病虫害研究不到位，推广新型高端农作物困难重重。贵州农村虽然基本上都有农业技术推广服务中心，但是这些乡镇农业技术推广服务机构的工作条件差，经费缺乏，新的农业技术难以普及推广到乡镇。基层农业技术推广站普遍面临着传统技术老化和新兴技术缺乏的问题，因为基层农技人员上升渠道狭窄，农技人员流失严重。贵州农村农业技术人才的缺乏和流失是亟待解决的问题，如果没有农业人才的支持，农业科技发展就会举步维艰，从而严重制约贵州乡村振兴战略的实施和与全国同步建成小康社会目标的实现。农业科技研发与推广体系不完善，贵州的农业科研成果转化率与我国东部省份有较大差距，农业科技进步对农业增长的贡献率远远低于我国东部省份。

（二）农业投入严重不足

党的十八大以来，中央对贵州的转移支付力度持续加大，缓解了贵州一些县市的财政困难。农村整体的交通条件得到了改善，以农业园区为代表的现代农业基础设施得到了较大的改善。随着乡村振兴战略的实施，贵州的农业、农村的生产、生活条件得到了持续的改善。但是由于历史欠账较多，一些基础性和应用性的农业投入都严重不足，工程性缺水面积大，水利设施匮乏。基于"欠发达、欠开发"的特殊省情，贵州经济发展水平不高，投入农业的财政资金有限，社会投资农业的积极性也没有激发出来。通常情况下是由政府投资改善农业生产条件，提高农业综合生产能力，如区域性的中低产田改造投入、大中型水利基建工程投入、农用工业发展投入等。政府投资能有效地引领和撬动社会资本参与发展农业。可是贵州农业资金投入长期低于全国平均水平，政府投资的带动效应和放大效应不明显。当前贵州贫困发生率逐年下降，但是农民的"造血"功能和自主发展能

---

① 资料来源：http://www.leishan.gov.cn/xxgk/xxgkml/xzfxxgkml/ghjh 12049/gmjjhshfzjh/201803/t20180309 2128682.html。

力仍然较弱。虽然银行贷款能为农户和企业补充流动资金，但是受到贷款抵押担保等条件的限制，农民在银行贷款很困难。

（三）现有的人力资源不能适应新时期农业发展的要求

贵州有些农村对外开放相对滞后，层次低，范围窄，力度小，农民的思想观念相对落后。农民受教育程度低，我国第六次人口普查的数据显示，贵州省文盲率远高于全国其他省份，贵州农村人口与城镇人口受教育情况的差距显得突出，城乡之间的教育质量和教育资源差距也在逐渐拉大。贵州农村教育投入水平低，严重制约了农村人口素质的提高，农民中懂现代新型农作物栽培技术的极少，难以满足农村农业现代化发展的需要。贵州农村青壮年外出务工的情况相当普遍，青壮年劳动力外流严重。劳动力流失影响农业技术的推广普及和农产品的后续处理，导致劳动生产率低，进而影响特色农业生产的科学化、集约化和市场化进程。

（四）农业产业化水平低

贵州缺少高水平的农业龙头企业，特色农业产业龙头企业规模不大，主营产品不稳定，没有固定的生产基地，抗御风险能力弱，对产业化经营的带动不强。贵州省级以上的重点龙头企业资产总额和销售收入都远低于东部省份的水平。贵州的农业产业加工企业少，产业链条相当短，严重制约了农业产业化发展。贵州虽然建立了一系列的农业食品产业园，但是上下游产业不配套，市场培育不充分，产业聚集度低，不能产生规模效益。一些企业品牌意识不强，不注重打造农产品的品牌，商标知名度和美誉度不高，缺乏品牌竞争力，难以取得理想的市场份额。

（五）农业产业链条短与价值链延伸乏力

农业产业链贯通农业产前、产中和产后三大领域，包括各种农产品的物流链、信息链、价值链、组织链四大链条，链接产前、生产、加工、流通、消费五大环节。其中，由五大环节构成产业链主链，每个环节又包含若干次级链。同时，组成链条的每个环节都对应农业生产领域不同的功能，实施这些功能的主体包括企业、合作社或农协、专业的社会化服务机构以及农户等。

贵州农业产业链在发展中虽然已开始有所斩获，但是生产方式和组织形式都还普遍延续着自给自足的传统农业形态，生产专业化、服务社会化、经营一体化的程度还较低。

从单个环节来看，除流通环节已初具现代农业的特征外，生产加工环节仍然以单个农户或小型农业企业为主，分散薄弱，规模较小。原有全面经营的生产方式尚未完全打破，功能细化的各种社会化专业服务机构、成熟的现代农业产业链管理企业都尚未形成规模，有效整合的难度较大。从整体上看，目前贵州农业产业链主链的五大环节比较分散，缺乏衔接和约束，行业整体无序化程度较高，从生产到消费整个过程信息和价格传导机制不畅通。这导致农产品质量无法控制。此外，单个农户不能准确把握和判断市场需求，在进入和退出壁垒都很低的情况下，整个农业生产的波动性很大，单个农户或小型农业企业承担着较高的风险，收益不稳定。

第二节　资源型县域经济发展模式

一、资源型县域经济发展模式理论

（一）资源型县域经济发展模式相关概念

县域经济发展路径与模式在很大程度上取决于县域实际，具体来说，它涉及县域的资源状况，以及县域所处经济发展不同阶段等因素。不同的县情因素及其组合，在特定历史时期，便可能产生与之相适应的特定经济发展模式。通常来讲，资源型县域经济发展模式是指依赖资源优势和发挥资源优势来谋求经济社会的发展、创建县域经济竞争优势的发展模式。

县域经济发展是各种因素共同作用的结果，如区位条件、自然资源、基础设施、政府政策、制度安排及社会历史环境等，但自然资源是影响县域经济发展的基础。《辞海》对自然资源的定义为：指天然存在的、具有利用价值的自然物，如土地、矿藏、水利、生物、气候、海洋等资源，是生产的原料来源和布局场所。联合国环境规划署对自然资源的定义为：在一定的时间和技术条件下，能够产生经济价值，提高人类当前和未来福利的自然环境因素的总称。从两个看似不同的定义中仍可以得出自然资源对人类经济社会发展具有重要作用。首先，自然界为人类生存发展提供了必要的物质资料。其次，自然资源的丰裕程度、质量等对产业结构的影响起着基础性作用，进而影响到地区的发展模式。最后，自然资源会影响国家间及各国内部产业的分布。

（二）资源型县域经济发展模式的正向与负向效应

在地域分异规律的作用下，不同地区的自然资源存在明显的差异，区域内部自然资源的分布也不是均质的。随着经济社会的发展，人力资本、制度环境、技术在经济发展中扮演着越来越重要的角色，经济发展对自然资源的依赖度逐渐下降，但任何制造业都依赖于原料、燃料的消耗，采掘、加工工业的区域分工更是摆脱不了资源的束缚。因此，自然资源不仅是物质生产活动的必要投入品，更是经济持续发展的重要基础条件，资源相对丰裕的国家和地区在发展初期通常蕴含着较大的发展潜力。尤其是近代以来的经济发展史表明，自然资源的确对于一国国民财富的初始积累起到了非常关键的作用。而欠发达国家和地区在普遍缺乏资本与技术革新的条件下，出口自然资源和资源密集型产品成了国家和地区获取外汇收入、进行资本积累、发展经济的重要手段。

但自然资源与经济增长之间并不完全呈正向关系，有些国家和地区虽然有着相对丰裕的资源，但却并不是经济发展的有利条件，反而是一种限制。首先，丰裕的自然资源在产权制度不清晰、法律制度不完善、市场规则不健全的情况下，极易诱发寻租腐败行为的产生。其次，资源富集地区的资源开采部门属于资本密集型产业，对劳动力的素质要求不高，而且资源富集地区的政府和居民往往对资源存在过度依赖思想，长此发展，会导致资源型地区疏于人力资本和物质资本的投资，阻碍了技术进步，进而影响该地区的可持续发展。

随着经济的发展，相对于人类需求的无限性，资源的稀缺性和有限性对县域经济发展的影响终将显现，而且对于资源型县域经济发展必将产生更强的制约与限制。为突破这种发展瓶颈，区域经济发展必须从实体资源型县域经济发展模式转向软体资源型经济发展模式。

由此，根据县域经济发展的不同阶段，依赖资源发展起来的县域经济将会呈现出不同的发展规律与特征，并表现出不同类型的资源型县域经济发展模式。

（三）资源型县域经济发展模式阶段

不同县域资源禀赋具有较大差异，且其他基础条件，如人力、交通、制度、政策不同，导致不同县域的经济发展方式不同。另外，同一县域在不同的发展阶段也具有不同的发展特点，即不同县域不同经济发展阶段，基于资源发展的县域经济也体现出明显不同的阶段性，并表现为相应阶段式资源型发展模式。

1. 以本地资源为基础的县域经济发展模式

在工业化初期阶段，县域通常都有资金积累不足、人才储备缺乏、基础设施建设滞后、政策制度环境不完善等情况，这时资源禀赋的地区会基于比较优势的考虑选择以资源型为主导的发展战略。通过利用生产要素的价格比例不同，集中生产本地资源最丰富、具有优势的产品并进行交换，将会使区域的土地、劳动和资本得到充分利用，从而大大提高劳动生产率，降低生产成本，以此可以使县域快速进入工业化的道路和增加社会物质财富。在工业化初期阶段，县域经济通过充分发挥本地实体资源的比较优势，逐渐形成了具有一定竞争力的产业，创建了具有特色的县域经济发展模式。

2. 以外部资源为基础的县域经济发展模式

在工业化中期阶段，县域经济发展原先所依赖的本地实体资源由于开发利用，逐渐变得稀缺，工业化初期阶段赖以发展的资源出现了瓶颈现象。由于发展路径的历史依赖性，县域需要突破本区域的局限性，从更广的区域范围去寻找类似的实体资源。对于县域来说，首先是突破县域行政范围，从国内其他区域寻找类似资源。然而，国内资源也存在有限性，而且面临竞争对手的资源争夺，驱使县域进一步突破国内行政范围，从国际其他国家或地区寻找类似资源，以推进县域经济的持续发展。

随着经济社会的发展，交通设施不断完善，资源的边界限制逐渐被弱化。区域外部资源也可以合适的成本引入区域内部，并成为区域经济发展的重要资源基础。在工业化中期阶段，县域经济通过对外部实体资源的有效配置和利用，能够保持原有资源型产业的继续发展，并使资源型县域经济发展模式得以延续。

3. 以非物质资源为基础的县域经济发展模式

在工业化后期阶段，县域经济发展原先所依赖的实体资源稀缺性更加显现和突出，资源成本不断提高，对县域经济发展构成了更强的制约与限制。县域将寻求实体资源之外的突破口，以维持县域经济的继续增长。县域经济经过前两个阶段的发展，已经建立了稳健的产业发展基础，其中包括与外部市场的联系、产业体系的良好发育、产业发展网络的健全等。为了突破实体资源的限制，县域将从既有产业优势角度挖掘物质资源之外的非物质资源，以推进县域经济的持续发展。

二、贵州县域发展资源型产业的物质条件

（一）矿产资源

贵州矿产资源丰富，矿种多，分布广，门类全，是著名的矿产资源大省，省内优势矿种分布相对集中，且规模较大、质量较好，多分布在交通方便的铁路沿线和水资源丰富的乌江干流附近，开发利用的外部条件相对优越，具有很大的开发潜力。截至 2017 年，全省已发现各类矿产 137 种，占全国 172 种的 79.65%；

查明有资源储量的矿产 89 种，占全国 162 种的 54.94%；有多种保有储量排在全国前列，其中，54 种位居全国总量的前十位，25 种排前五位，18 种排前三位，见表 5-4。全省查明矿产地 3397 处，其中能源矿产 834 处，占产地总数的 25%；金属矿产 1241 处，占 36%；非金属矿产 1322 处，占 39%。

表 5-4　贵州保有资源储量位居全国前五的资源种类

矿产种类	单位	保有资源储量	全国位次	矿产种类	单位	保有资源储量	全国位次
锰矿	万吨	49 616.97	1	铝土矿	亿吨	9.5	3
重晶石	万吨	11 864.6	1	钒矿	万吨	518.39	3
汞矿	万吨	3.05	1	磷矿	亿吨	43.46	3
饰面用灰岩	亿立方米	225 517	1	铸型用砂岩	万吨	1 734	3
玻璃用灰岩	万吨	38.7	1	熔炼水晶	吨	1 110	3
化肥用砂岩	万吨	10 596.7	1	锑矿	万吨	32.17	4
光学水晶	千克	175	1	化工用白云岩	万吨	2417	4
砖瓦用砂岩	万吨	1 774.69	1	煤炭	亿吨	713.51	5
稀土矿	万吨	88.47	1	钛矿	万吨	101.71	5
冶金用砂岩	万吨	8 626.16	2	金刚石	克	755	5
陶瓷用砂岩	万吨	1 042.5	2	砖瓦用页岩	万立方米	4 082.46	5
饰面用辉绿岩	万立方米	455.96	2	砖瓦用黏土	万立方米	1 448.67	5
硫铁矿	亿吨	9.24	2				

资料来源：《贵州统计年鉴（2017）》

贵州优质资源利用情况如下[①]。

煤炭。贵州素有"江南煤海"之称，煤炭资源丰富、储量大，煤种齐全，煤质优良，截至 2017 年，煤炭保有资源储量 713.51 亿吨，占全国保有量的 4.4%，位居全国第五，丰富的煤炭资源为发展火电、实施"西电东送"奠定了坚实的基础，同时为煤化工、实施"煤变油"工程提供了资源条件。

磷矿。截至 2017 年，贵州磷矿保有资源储量 43.46 亿吨，占全国保有量的 16.81%，位居全国第三，是我国重要的磷肥及磷化工生产的原材料基地，开阳、瓮福磷矿是全国大型的开采基地。

铝土矿。截至 2017 年，贵州铝土矿保有资源储量 9.5 亿吨，占全国保有量的 20.12%，次于山西、河南、广西，居全国第三位，矿石质量优良，是我国重要的

① 资料来源：《贵州统计年鉴（2018）》。

铝工业及磨料、磨具生产的原材料基地之一。铝土矿中伴生有可供回收利用的镓矿，资源储量 5.86 万吨，居全国第三位。伴生的锂资源量 16.94 万吨，居全国第四位。

金矿（岩金）。保有资源（金属量）487.97 吨，占全国保有量的 3.70%，居全国第七位，是我国黄金生产基地之一。

锰矿。锰矿保有资源储量，占全国保有量的 41.70%，居全国第一位，是我国三大锰矿集中产区之一，具有资源丰富、分布集中、规模大、外部开发条件好的特点。

重晶石。重晶石保有资源储量占全国保有量的 32.65%，居全国第一位，是我国重晶石生产的重要基地之一，也是最重要的钡盐生产的原材料基地。

（二）能源条件

贵州河流数量较多，长度在 10 千米以上的河流有 984 条。贵州河流的山区性特征明显，大多数的河流上游，河谷开阔，水流平缓，水量小；中游河谷束放相间，水流湍急；下游河谷深切狭窄，水量大，水力资源丰富。水能资源蕴藏量为 1874.5 万千瓦，居全国第六位，其中可开发量达 1683.3 万千瓦，占全国总量的 4.4%，水位落差集中的河段多，开发条件优越。[①]

（三）生物资源

贵州生物种类繁多，全省有野生动物资源 1000 余种，黔金丝猴、黑颈鹤等 14 种被列为国家一级保护动物。2017 年全省森林覆盖率达到 55.3%，各类建设用材和桐油、生漆、楠竹、松香等林产品享誉四方；有 70 种珍稀植物列入国家珍稀濒危保护植物名录，其中银杉、琪桐、秃衫、桫椤等珍稀植物被列为国家一级保护品种。野生经济植物资源中，工业用植物 600 余种，以纤维、鞣料、芳香油、油脂植物资源为主；食用植物 500 余种，以维生素、蛋白质、淀粉、油脂植物为主；可供绿化、美化环境及有观赏价值的园林植物 200 余种；具有抗污能力的环保植物 40 余种[②]。

（四）土地资源

贵州土地资源以山地、丘陵为主，平原较少。山地面积为 108 740 平方千米，占贵州土地总面积的 61.7%，丘陵面积为 54 197 平方千米，占贵州土地总面积的

---

① 资料来源：http://www.weather.com.cn/guizhou/gywm/88201.shtml。

② 资料来源：http://www.weather.com.cn/guizhou/gywm/88201.shtml。

30.8%；山间平坝区面积为 13 230 平方千米，仅占贵州土地总面积的 7.5%。但可用于农业开发的土地资源不多，人均耕地面积远低于全国平均水平，土层厚、肥力高、水利条件好的耕地比重也比较低①。

三、贵州县域发展资源型产业的经济效益

贵州资源种类多，特别是矿产资源与生物资源，但能为县域直接带来较大经济效益的通常都是矿产资源，所以本章描述的贵州资源型县域经济发展模式主要指的是矿产资源型县域经济发展模式。矿产资源作为工业发展的必要品，对县域发展有积极的作用。矿产资源的开发及利用，一是可以缓解地区资源紧张，同时可以扩大地区经济效益，使地区发展加快，带动企业健康发展，增强地区产业的竞争力，为地方带来可观的经济收入。通过开发资源带来的大量经济收入，该地区就可以更快速发展各方面产业，将地区的矿产资源优势转化为经济优势，为地区快速协调发展做贡献。二是可以带动县域交通运输、仓储物流、深加工和服务业发展，为人们提供更多的就业机会。三是矿产资源充足的地区还可以根据自身情况发展进出口贸易，加强与外界合作，对周边地区发展产生连带影响。近年来，全国煤炭、铁矿石、有色金属等几大行业的利润下降、产能过剩，但就贵州而言，采矿业在地区经济中一直处于重要的地位，虽然采矿业产值占全省地区生产总值的比重呈逐年下降趋势，但采矿业实际产值一直维持一个较高的水平。从表 5-5 可以看出，采矿业产值自 2013 年的 740.58 亿元下降至 2016 年的 461.72 亿元，但 2016 年后出现逐渐回升的趋势。

表 5-5　贵州省 2013 ~ 2017 年采矿业产值占全省地区生产总值的比重

年份	采矿业产值/亿元	省地区生产总值/亿元	采矿业总值比重/%
2013	740.58	8 006.79	9.25
2014	604.49	9 251.01	6.53
2015	429.9	10 502.56	4.09
2016	461.72	11 734.43	3.93
2017	532.08	13 540.83	3.93

资料来源：《贵州省国土资源公报（2017）》。

从各市、州矿产资源有效采矿许可证情况来看，获得能源矿产的许可个数最多的地区是毕节市，共 513 个，能源矿产主要是煤矿产，这说明毕节的煤炭

---

① 资料来源：http://www.gz.xinhuanet.com/ztpd/zfzx/contents/gzgk-gd.htm。

资源较其他地区丰富，相应的煤炭开采量也比较大。另外，获得能源矿产的许可个数较多的还有六盘水市、遵义市、黔南州，分别为 272 个、243 个、141 个，见表 5-6。

表 5-6　2016 年贵州省各市、州矿产资源有效采矿许可证情况　　单位：个

地区	能源矿产	黑金属矿产	有色金属矿	贵金属矿产	非金属矿产	总计
贵阳市	68	3	56	0	178	305
六盘水市	272	7	5	2	208	584
遵义市	243	17	39	0	406	705
安顺市	77	1	8	0	197	283
毕节市	513	13	25	0	650	1 201
铜仁市	53	37	21	1	388	500
黔南州	141	13	26	3	493	676
黔东南州	56	8	25	14	323	426
黔西南州	136	4	6	24	277	447

资料来源：《贵州省国土资源公报（2017）》。

从各市、州矿产资源开发利用情况来看，2016 年市、州矿山企业总数达 4152 家，企业个数占据前三的分别是毕节市、遵义市、黔西南州，矿山企业数分别为 927 家、693 家、562 家。2016 年贵州省各市、州带动全省就业 166 105 人，带动就业人数最多的是六盘水市，共带动就业 51 948 人。各市、州矿业总产值较高的地区通常矿产品销售收入也较高，矿业总产值位居前三的市、州依次是六盘水市、毕节市、黔西南州，分别达到产值 1 402 966 万元、1 283 105 万元、742 665 万元。从表 5-7 还可以看出各市、州矿产企业的产值利润率情况，产值利润率是指一定时期的利润总额与总产值之比，它表明单位产值获得的利润，反映产值与利润的关系。

表 5-7　2016 年贵州省各市、州矿产资源开发利用情况

地区	矿山企业数/个	从业人员/人	矿业总产值/万元	矿产品销售收入/万元	利润总额/万元
贵阳市	255	9 093	554 161	453 200	71 045
六盘水市	365	51 948	1 402 966	1 283 162	426 630
遵义市	693	16 856	329 616	293 151	61 856
安顺市	238	7 507	214 200	199 866	71 109

续表

地区	矿山企业数/个	从业人员/人	矿业总产值/万元	矿产品销售收入/万元	利润总额/万元
毕节市	927	42 474	1 283 105	1 213 742	147 852
铜仁市	405	4 004	132 795	83 207	18 103
黔南州	344	18 857	565 055	550 357	59 170
黔东南州	363	3 493	96 223	86 735	18 111
黔西南州	562	11 873	742 665	646 484	123 543

资料来源：《贵州省国土资源公报（2017）》。

安顺市与六盘水市的产值利润率均超过 30%，分别达到 33.19%、30.4%，产值利润率最低的是黔南州，只有 10.47%。产值利润率可以反映企业是否增产增收。如果产值利润率较高，则表明单位产值获得的利润较大，从而反映了企业的综合效率较高。整体来看，毕节市在全省矿产资源开发利用中处于一个较高的水平，遵义市与黔西南州紧随其后，见表 5-7。

贵州资源众多，其中具有较大优势的矿产资源主要有煤、锰、重晶石、铝土等，表 5-8 汇总了 2016 年贵州优势品种开发利用情况。从表中可以看出，煤炭资源在贵州经济中处于重要的位置，矿山企业达到 1000 个以上，吸纳就业 117 670人。从产值利润率来看，锑的产值利润率最高，高达 91%，磷的产值利润率位居第二，超过 30%，煤的产值利润率与这两种相比较低，只有 21.2%。

表 5-8　2016 年贵州省优势矿种开发利用情况

矿种	矿山企业数/个	从业人员/人	矿业总产值/万元	矿产品销售收入/万元	利润总额/万元
锰矿	48	2 134	76 024	42 705	3 434
铝土	86	1 960	89 523	72 921	11 944
锑	5	405	590	590	537.3
金	26	2 609	68 380	60 221	9 106
重晶石	116	1 197	22 494	21 251	5 747
磷	45	3 640	530 234	380 305	114 570
煤	1 001	117 670	3 170 737	3 031 287	643 576

资料来源：《贵州省国土资源公报（2017）》。

四、以资源型产业为主导的贵州典型县域经济

以煤产业为主导的典型——盘州市。盘州市位于贵州六盘水市西南部，是 2017 年国务院批准新设立的一个县级市，由贵州省直辖，六盘水市代管。有着独

特的区位、交通、资源和大企业集中等优势，被誉为"滇黔锁钥"、"川黔要塞"、"金三角"及世界古银杏之乡。境内矿藏资源丰富，煤的储量超过 100 亿吨，种类齐全，煤质优良，为西南诸省之冠。另外金、银、石棉、大理石、冰洲石、煤层气等均有分布。

煤炭是盘州市的经济支柱，每年财政收入约七成直接来自煤炭，三分之一的盘州市人"靠煤炭吃饭"，并有约 10 万人直接或间接从事煤炭生产、加工、运输和经营。过去，在单一的经济发展目标、环境意识淡薄、开发政策不合理、盲目的资源观等因素的共同刺激下，盘州市全市产煤乡镇几乎村村挖煤、处处炼焦，光小煤窑就不低于 2000 对，而"坡坡窑""锅窑""蒙古包"等土法炼焦更是不计其数。这虽然使盘州市的经济得到了高速的增长，但这是以各类煤炭事故高发、环境污染不断加剧、社会矛盾集中爆发为代价的。近年来，通过关停整合提升煤炭"质量"，上大压小延伸产业链条的"一降一升""一断一延"模式，走出了一条具有示范意义的产业升级之路。关停整合多对小煤窑，目前仅有 93 对在生产和建设，这一过程中出现了水城宏盛矿业有限公司、贵州恒鼎煤业有限公司、贵州首黔资源开发有限公司、贵州盘江煤电集团有限责任公司，虽然煤窑数量变少了，但是煤炭产量却不减反增。另外，煤矿的设施、装备、管理以及从业者的素质也实现了大幅提升。

关闭小煤矿后，盘州市努力培育新的经济增长极。盘州将煤变成焦炭、电、化工产品、建材、聚乙烯钢带管材、农产品等。通过"借力使力""无中生有"做强、做深煤炭产业的内涵和外延，使得盘州市跃上了发展的新高度。首先是将科学发展、绿色发展的理念融入了企业的文化，在产业链的延伸和循环经济的布局下，盘南煤电铝一体化循环经济产业基地、首黔煤钢电一体化循环经济产业基地等百亿级的项目快速推进，以及煤矸石发电厂、瓦斯发电等与煤相关的产业的快速发展，加速了盘州市产业转型升级步伐。其次是通过卖掉煤矿的股份，转型投资其他产业，如专门生产各种聚乙烯钢带管材的益康管业有限公司，降低对煤炭资源的依赖，加快了地区产业转型升级，还创造了大量就业。再次是以山地特色农业示范区建设为目标，坚持"产业生态化、生态产业化"的发展思路，促进农业转型升级发展。坚持因地制宜、适地适树、宜林则林、宜封则封的原则，通过种植刺梨、核桃、红梨、软籽石榴、中药材、茶叶等特色农产品来促进经济的发展。2017 年，盘州市实现地区生产总值 578.43 亿元，比上年增长 12.5%。规模以上工业完成产值 643.91 亿元，比上年增长 38.4%，完成增加值 274.11 亿元，比上年增长 12.0%。利润总额 40.17 亿元，比上年增长 164%，其中利润总额超过亿元的企业有 14 家，利润总额超过 5 000 万的企业有 23 家[①]。

---

① 资料来源：https://mp.weixin.qq.com/s?_biz=MzUxNDA1Njk4MQ%3D%3D&idx=2&mid=2247484215&sn=33a0686f3568cbc24702fbb0adf593b7。

五、贵州县域发展资源型产业存在的问题

(一)产业结构单一，产业关联度低

贵州资源型县域经济的发展、产业布局等都主要依托其区域内可开发的资源，因而对资源依赖性较高。从资源型县域提供给社会的产品来看，主要是以资源的采掘和初加工为主，产品结构单一，增长模式粗放，而且在所有制结构中，国有经济比重大，在县域经济中占主导地位，而非国有经济规模普遍较小，发展相对滞后。由于资源型采掘和初加工产业的前后关联度低，产业链较短，覆盖能力差，因此难以对其他产业尤其是第三产业产生有效的推动作用。随着资源采掘规模的进一步扩大以及开采时限的延长，不可再生资源必将走向枯竭，若不及时调整产业结构，资源型县域经济的可持续发展将逐渐失去依托，结构性危机将伴随着资源枯竭而发生。

(二)城市功能区布局松散，基础设施建设滞后

资源型县域城镇的形成和发展与资源的开发利用密切相关，城市的功能区分布服务于资源采掘与加工产业，然而由于不可再生资源的分布往往具有极大的随机性，体现为储存条件和地质开采条件的不确定，城市空间结构严重受制于资源的自然属性，功能区分散缺乏有效的规划。与此同时，功能区布局以及空间结构的松散特点，使得城市的基础设施建设成本显著上升。空间结构的分散不但提高了城镇建设成本，同时也影响着城镇基础设施建设资金的使用效率，而城镇基础设施建设的滞后又反过来阻碍了城镇形成良好的集聚效益和规模效应，因此对周边城镇难以产生足够的吸引和辐射能力。长期来看，资源型县域城镇的区域辐射能力低，导致城镇核心竞争力不高，而资源型县域城镇基础设施严重滞后，又使得与其他城镇交流对接的交易成本增加，进一步制约了城镇的可持续发展。

(三)要素构成单一，社会多样性差

要素的聚集与培育都围绕资源的开发与加工，因此使得要素构成单一，尤其是人力资本要素。由于资源型行业技术进步缓慢，对新兴生产方式和生产工具的采用相对滞后，对人才尤其是多样性人才的吸引力十分有限，随着原有专业人才的老化与流失，职工素质不断下降。因此，人才结构性矛盾日益突出。

（四）生态系统脆弱，可持续发展潜力受限

　　资源型县域在资源开采和初加工过程中将不可避免地产生大量废气、废渣、废水等诸多废弃物，从而造成严重的生态环境问题。资源的开采，地表植被的破坏，造成水土流失严重，自然生态景观受到极大破坏，更为严重的是破坏了生物繁衍和生态平衡，对人类生存造成巨大的威胁。例如，采掘业的过度发展造成采空面积扩大，地表塌陷；水资源遭到严重破坏，使城市地下水、地表水水体多次受到污染；固体废弃物的堆放占用大量土地资源，危及城市地下水、饮用水的水质安全等，这些严重影响了生态可持续发展，加剧了城市生态系统的脆弱性。

（五）社会负担重，转型难度大

　　资源型县域经济大多依赖采掘业，其产业工人的主要特征是就业结构不合理，工人技能单一，存在着一个家庭几代人同在一个工厂或者同一产业工作的情况，他们完全依赖该工厂或者产业而生存。随着县域经济资源的枯竭、采掘业的倒闭，下岗职工持续增多，大量家庭因此失去生活来源，成为影响社会稳定的一大隐患。矿区工人从事的工种对文化程度和技能水平要求较低，大部分从业人员属于简单劳动者，知识结构单一，学习新技能较慢，再就业需要长期的技能培训。资源型县域经济随着该地区资源的枯竭而增长乏力，当地财政捉襟见肘，使得单靠本地财政不仅无法支付下岗职工的基本生活开支，更无法对再就业职工进行相关技能培训。总之，矿区工人的失业与再就业问题是资源型县域经济实现成功转型的一大难题。

第三节　旅游业带动型的县域经济发展模式

　　旅游业是以旅游资源为凭借、旅游设施为条件，向旅游者提供旅行游览服务的行业。旅游资源包括自然风光、历史古迹、革命遗址、民族习俗等；旅游设施包括旅游交通基础设施、旅游点公共设施、旅游住宿餐饮设施、旅游点游乐设施等；旅游服务包括各种劳务和管理行为相结合的服务行为。与其他产业不同，旅游产业不是一个单一产业，而是一个集景点经营、旅行社、旅馆餐饮服务业、交通业、旅游业、娱乐业等多个产业的产业群，具有多样性和分散性的特点。

旅游业的基本特征是非生产性的。因此，旅游业的发展受到整个国民经济发展水平的制约，同时又直接或间接地促进国民经济有关部门的发展，如推动商业、饮食服务业、旅馆业、交通运输业、邮电、园林等的发展，并促使这些部门不断改进和完善各种设施、增加服务项目来提高服务质量。

综上所述，旅游业具有依赖性、综合性、脆弱性、波动性、季节性、带动性等特点。此外，发展旅游业需要大量的资金投入与人力投入，这就决定了旅游业也是资金密集型和劳动密集型产业。

一、贵州县域旅游业的发展条件

（一）资源条件

县域集中了贵州省绝大部分的旅游文化资源，是旅游文化资源的"金矿"。贵州因其复杂的地理环境、丰富的生物资源、悠久的历史、多样性民族文化，县域旅游文化资源具有多样性、丰富性及奇特性等特点。

在地形条件方面，贵州岩溶地貌发育非常典型，喀斯特地貌面积占全省国土总面积的61.9%，境内岩溶分布范围广泛，形态类型齐全，地域分布明显，构成了一种特殊的岩溶生态系统。

在气候条件方面，贵州属亚热带湿润季风气候，气候温暖湿润，气温变化小，冬暖夏凉，气候宜人。通常最冷月（1月）平均气温多在3~6℃，比同纬度其他地区高；最热月（7月）平均气温一般是22~25℃，为典型夏凉地区。

在生物资源方面，贵州省野生动物种类繁多，有黔金丝猴、华南虎、云白颧、黑鹤等14种国家一级保护动物，穿山甲、黑熊、水獭、大灵猫等69种国家二级保护动物；有银杉、珙桐、秃杉、桫椤4种国家一级保护植物，二级保护植物27种，占全国同类植物总数的18.9%，三级保护植物39种，占全国同类植物总数的19.2%；全省有野生植物资源3800余种，其中药用植物资源有3700余种，占全国中草药品种的80%，是全国四大中药材产区之一。

截至2017年，贵州有荔波喀斯特、赤水丹霞、施秉云台3项世界自然遗产和侗族大歌1项非物质文化遗产；有红枫湖、黄果树、龙宫、织金洞等19个国家级风景名胜区；有梵净山、雷公山、草海、赤水桫椤等10个国家级自然保护区；有关岭化石群、兴义、六盘水乌蒙山等9个国家地质公园；有百里杜鹃、竹海、九龙山、凤凰山等21个国家森林公园；有遵义会址、平坝天台山伍龙寺、黔西观音洞遗址、郎德上寨古建筑群等71处全国重点文物保护单位；有遵义、镇远、山屯等7个国家级历史文化名城（镇、村）。全省还有大量待开发的景区景点，这些旅游资源绝大部分也分布在各县市。这些自然与人文资源是贵州具有比较优势的旅游文化产业资源，是贵州跨越式发展和可持续发展的物质基础。

（二）民俗文化条件

贵州是一个多民族共居的省份，全省汉族人口比例低于 65%，少数民族人口占贵州总人口的 35%以上。全省有 3 个民族自治州、11 个民族自治县、253 个民族乡；少数民族自治地区面积 9.78 万平方千米，占全省面积的 55.5%。少数民族中占全省人口比重较大的有苗族、布依族、侗族、土家族、彝族等。千百年来，各民族和睦相处，形成了如今丰富多彩的贵州民族文化资源，如干栏式、吊脚楼、鼓楼、风雨桥、石板房等别具一格的建筑文化；侗族栽树节、彝族火把节、苗族的姊妹节与赶秋坡节等多样的民族节日；苗族芦笙舞、反排木鼓舞、布依族香花舞、水族的花架舞、瑶族打猎舞等各具特色的民族歌舞；以民族刺绣、挑花、编织、银饰、蜡染为特色的民族服饰；侗族"行歌作乐"、瑶族"凿壁谈婚"等奇特风趣内容丰富的婚恋习俗；苗族龙舟竞渡、侗族抢花炮、仡佬族"打蔑鸡蛋"等热烈惊险的体育竞技。

（三）市场条件

随着经济社会的发展及人民生活水平的提高，我国正进入全民旅游和自助旅游的大众旅游新时代，人们享受旅游的方式已经开始从单一景点参观到休闲娱乐转变。另外，现代生活给人的压力越来越大，越来越多的人选择告别喧嚣的城市生活，来景色优美、安静闲适的地方放松心情。一直以来，贵州经济发展缓慢，工业比较落后，相应的生态环境破坏也较少，留下了宝贵的自然旅游资源，这也是贵州发展旅游业相对其他省份的比较优势所在。贵州本身作为一个欠发达落后的地区，在西部地区第一个实现"县县通高速"，省内干支结合、四通八达的公路网络已基本形成，需要利用旅游业引领县域经济转型升级。沪昆高铁、贵广高铁、渝贵高铁的相继开通，拉近了贵州与全国其他地区的距离，也极大地方便了全国各地游客到黔来旅游。在内在与外在条件的综合影响下，贵州的旅游业得以快速发展。

（四）政策条件

贵州旅游业悄然崛起进入"井喷式"增长阶段。贵州由传统的"景点旅游"向"全域旅游"，由"门票经济"向"产业经济"转变。2015 年 11 月，贵州省委十一届六次全会决定实施大扶贫、大数据两大战略行动。2017 年的中国共产党贵州省第十二次代表大会，又提出大生态战略行动，此后大扶贫、大数据、大生态为贵州发展的三大战略行动，三大战略与旅游的融合发展，成为新时代贵州旅游业发展的方向。

大数据与大旅游相结合。贵州旅游资源丰富，但是相对周边省份而言，旅游景区的成熟度、知名度还是比较低的，旅游即时信息也比较欠缺，中间匹配环节缺失也相当严重。鉴于此，"互联网＋"在贵州县域发展旅游业大有作为，"大数据＋大旅游"是县域全域旅游的服务手段和基础，可以带动区域内相关第一、第二、第三产业融合发展、增强服务水平，从原来以景区酒店等旅游服务点的孤立单一服务模式转换为全县域多种资源的旅游服务模式。全域旅游的最终目的是为游客提供更多的服务与体验，带动游客深度消费，从而为县域经济创新发展做贡献。而"大数据＋大旅游"正是立足于建立面向价值生态系统的智慧旅游，利用大数据破除产业发展的藩篱，通过综合分析各类信息，以最优的分配原则实现县域间资源的重新配置与最优配置。

大生态与大旅游相结合。2016 年贵州获批建设国家生态文明试验区，这与贵州县域发展旅游不谋而合。建设生态文明试验区，意味着贵州必须要守住发展和生态两条底线，正确处理发展和生态环境保护的关系。实现大生态与大旅游的有效融合要求通过禁止低水平重复建设景区景点，对重点生态功能区实行游客容量、旅游活动、旅游基础设施建设限制制度，健全生态旅游开发与生态资源保护衔接机制，建立生态旅游资源合作开发机制等措施来形成多层次、多业态的生态旅游产业发展体系，进而实现旅游业的长足发展。旅游业相对于工业具有低能耗、高产出等特点，这也是建设生态文明试验区的一部分。大生态与大旅游相结合，依托良好的生态环境助推旅游业发展，通过旅游发展促进生态环境改善，让旅游发展与生态保护相互促进、各得其所。

大扶贫与大旅游相结合。贵州是全国贫困人口最多、贫困面最大、贫困程度最深的省份。贵州要想在 2020 年与全国同步建成小康社会，必须实现脱贫的永久性，必须形成可持续发展的脱贫模式。旅游扶贫是造血式、有尊严的扶贫，是打赢脱贫攻坚战的重要抓手。引导支持县域采取"旅游＋扶贫"发展的模式，能有效带动周边贫困群众通过兴办农家乐、提供地道食材、经营土特产品等多种方式参与到乡村旅游中，让群众共享旅游发展红利，让贫困户在旅游发展中实现脱贫。

二、发展县域旅游业的效益

（一）经济效益

旅游业具有较强的综合性特点，贵州多个县依托自身得天独厚的自然旅游资源和人文旅游资源，将产业政策向旅游倾斜，明确了旅游业的优势与支柱地位，并将其作为新的经济增长点来加以培育。旅游业在贵州县域经济发展中显示出不可替代的优势。虽然起步较晚，但是经过十多年的持续投入，从全省来看，旅游业各项经济指标逐年增加，2016 年实现旅游总收入 5027.54 亿元，旅游人数 5.31 亿人次，旅行社 364 个。随着全域旅游的大力宣传，以乡村旅游为代表的县域旅游呈现出快速发展的态势，见表 5-9。

表 5-9　2016 年贵州省主要县域接待游客总人数及旅游总收入

县（市）	旅游总人数/万人	同比增长率/%	旅游总收入/亿元	同比增长率/%
兴义市	2087.1	48	168.37	62.5
赤水市	1201	71.4	135.39	80
荔波县	881.28	34.9	77.93	38
织金县	816.48	36.48	71.97	35.11
威宁县	643.94	43.1	65.75	40
清镇市	1 089.77	30.5	62.74	39
雷山县	691.47	34.2	54.88	46.1
镇宁县	386.74	44.1	38.23	45.6
松桃县	452.2	41.9	37.37	56.2
盘州市	494.6	54.8	32.91	77.4
黎平县	328.22	34.3	24.63	47.5
务川县	170.47	37.8	10.72	45.8
榕江县	142.48	41.7	9.14	51

资料来源：各县（市）2016 年国民经济和社会发展统计公报。

从表中可以看出，兴义市、赤水市、荔波县、织金县、威宁县、清镇市、雷山县的旅游总收入均超过了 50 亿元，兴义市和赤水市的旅游收入更是超过了 100 亿元。

（二）良好的综合效益

发展旅游业，可以提升县域地域形象，改善产业构成，增强地域活力，促进经济繁荣，带动农民致富，促进人员、信息的流动。发展旅游产业，不但提升了经济效益，而且综合社会效益良好，对构建和谐社会起着极其重要的作用。

一是旅游扶贫开发成为贵州反贫困战的重要手段，旅游的发展使自然资源缺乏、交通闭塞而导致贫穷的农村寻找到一条新的发展道路。旅游特色村寨、特色乡镇催生了一批旅游经济强县，农民依靠旅游业实现了脱贫致富。二是促进了生态环境的改善。只有生态环境良好，游客才会增加。近年来贵州生态建设取得显著成效。三是促进县域第三产业的快速发展，优化了县域产业和产品结构，增加了就业机会。在景区景点的周围，围绕旅游兴办了一大批商店、旅店、餐馆等，有效地带动了社会就业。旅游资源的开发与产业发展拉动了与旅游相关的宾馆、饭店、交通、购物、娱乐等第三产业的发展壮大。通过发展旅游小城镇、乡村旅游、民俗旅游，实现了发展旅游与保护、开发和传承特色、传统文化相结合，在开发特色旅游商品的过程中有效保护和发展了民族文化。

旅游业的不断扩大，以及生态环境的改善和社会安定程度的提高，必然会带动招商引资工作的快速推进，为县域各项资源得到充分科学而有效的利用提供新的路径，从而推动整个县域经济的快速增长，最终达到社会政治、经济、文化、旅游等各个领域的协调发展，加快城乡统筹发展的步伐。

三、贵州县域旅游业发展存在的问题

贵州旅游业发展至今，纵向比较发展明显，但横向对比，发展水平还不高，与全国旅游先进省份仍有很大差距，县域旅游经济能量还远远没有释放出来，名牌旅游产品还不多，丰富的旅游资源还未能真正转化为产业优势和经济优势。

（一）县域旅游业缺乏科学定位且发展战略规划滞后

目前贵州各地建设旅游大县、旅游强区、旅游名市的呼声较高。县域内是否适合发展旅游业，以及将旅游业置于何种地位应视自身经济社会发展及资源情况而定。许多县域在旅游业发展中只看到本地的资源特色而缺乏横向对比，没有认真分析其在旅游市场上的比较优势，往往盲目地认为自己的资源数量可观、品味上乘，如果过分夸大旅游业的作用，势必导致资金、人力、物力投入结构不合理，影响其他产业的发展。另外，贵州经济发展滞后于全国，旅游业发展起步晚、基础薄，制定全省旅游发展战略规划时间节点滞后于旅游产业发展进度，前期旅游规划整体质量不高，以致规划和发展偏差较大、衔接不当、出现脱节等现象。

（二）旅游资源多但开发粗放低效且产业化水平不高

从前面分析可知，贵州具有发展旅游业非常丰富的资源基础。但旅游资源开发过程中存在规划和建设起点低、资源利用和设施布局不合理、忽视喀斯特地貌的难恢复性、轻视环境污染等问题，仅以眼前利益为目标，粗放式开发和扩张，导致旅游资源的浪费。很多景区限于交通等基础设施、周边环境及产业链，尚处于初级开发状态，只具备少量的商业元素。游客来到这里除了欣赏原始的民情、风俗、美景外，其他消费较少，旅游资源的价值化程度低，旅游产业的综合效益尚待提高。

（三）旅游产品同质化、县域旅游产业同构化现象严重

贵州很多县域虽然具有世界一流的自然风光，但经过多年的开发，观光型旅游产品难免趋于老化，难以满足人们多元化的旅游需求，单一的观光型旅游，相对集中的客源市场，都会成为制约其发展的瓶颈，要做大、做强贵州县域旅游业，亟须注入新的生机或活力，以更有效拓展新的高端市场。

（四）对人文资源的开发明显不足

贵州自然资源丰富，人文景观博大精深。但由于对资源特色与开发方向把握不够，各地在资源开发种类方面，注重自然旅游资源的开发，轻文化涵养，文化植入浅薄，对旅游资源的文化内涵挖掘不够，缺少高品位、大规模、有鲜明特色的综合性旅游产品，导致旅游产品单一，产品体系不完善，民族文化资源和文化旅游产品未摆脱标配式、同质化竞争局面。

（五）缺乏"全域旅游"管理机制

贵州旅游产业存在管理质量不高、经营水平粗放、旅游企业散弱、管理体制滞后、规划化和产业化程度低、区域协调机制不健全等短板。全省旅游资源丰富，但在旅游开发过程中缺乏资金而未得到充分开发，或是在开发中缺乏协调"大区域"共同发展的顶层战略设计理念，以致缺乏"全域旅游"的管理机制。

第六章 贵州省县域经济发展模式的影响因素研究

县域经济作为功能比较完备的综合性经济体系，既是宏观经济和微观经济的结合点，又是城市与乡村的结合点，是各种政策、要素、产业聚集的平台，涉及生产、流通、消费、分配各环节和第一、第二、第三产业各部门。贵州现有 88 个县（市），面积占全省面积的 85% 以上，人口占全省总人口的 65% 以上。县域经济是壮大区域经济实力、提升区域竞争力的重要基础和支撑，要推进贵州经济跨越式发展，必须把壮大县域经济作为重要突破口，以县域经济的发展促进整个经济健康持续发展。

影响县域经济发展模式的因素是多方面的。资金充足、技术先进、人力资本充足、政策有力、基础设施完备将成为县域经济发展的动力，而资金缺乏、技术落后、人力资本不足、政策失误、基础设施欠缺无疑将成为县域经济发展的阻力。本书结合贵州县域经济发展模式现状，主要从环境因素、生产要素因素两个大的方面来分析其对县域经济发展的影响。

第一节 影响贵州县域经济发展模式的环境因素

本书所指的环境因素主要包括自然环境、自然资源、社会文化环境和政策制度等。随着县域经济发展阶段的不同和县域经济发展模式选择的差异，这些环境因素对县域经济发展的影响程度也会发生变化，在某个时期的优势因素在下一个时期或阶段上可能会转变为劣势因素，而曾经的劣势因素也会在某个阶段上升为优势因素，对县域经济的发展发挥主导作用。

一、自然环境与自然资源

自然条件和自然资源是两个广泛使用的地理概念。自然资源是指在自然界中，一切能被人类利用的自然物质要素，包括地壳的矿物岩石、地表形态、土壤覆盖层、海洋资源、水资源、太阳光能、热能、降水，以及生物圈的动植物资源。自然条件，从广义上讲，包括自然资源；从狭义上讲，则是指除自然资源以外的所有影响经济增长的诸多自然因素，如自然地理位置、地质条件、地貌条件、水文条件、气候条件等。自然条件和自然资源对县域经济发展模式的积极影响主要体现于：

第一，自然条件和自然资源是县域经济发展的物质基础。大多县域都有其自然条件和自然资源的存在，某一县域经济的发展离不开自然条件和自然资源，在地域分异规律的作用下，不同地区的自然条件和自然资源也存在明显的差异，区域内部自然资源的分布也不是均质的，这就造成了县域经济发展各自不同的物质基础。自然条件和自然资源是区域生产力的重要组成部分。生产力是人们开发、利用自然的能力，它由劳动力、生产工具、劳动对象和科学技术组成。而自然条件和自然资源则是直接的劳动对象。自然资源丰富的地区，其经济发展往往以资源型产业为指向。尽管随着交通条件与信息技术的进步，县域经济发展对自然资源的依赖度会逐渐下降，但任何制造业都依赖于原料、燃料的消耗，采掘、加工工业的区域分工更是摆脱不了自然资源的束缚。

第二，自然条件和自然资源影响县域经济发展中的劳动生产率。马克思认为，自然条件是影响劳动生产率的两个主要因素之一。指出："如果把不同人的天然特性和他们的生产技能的区别撇开不谈，那么劳动生产力主要取决于劳动的自然条件，如土地的肥沃程度、矿山的丰富程度等，以及劳动的社会力量的日益改进"。为此，马克思得出结论：劳动的不同的自然条件使同一劳动量在不同的国家可以满足不同的需要量。

第三，自然条件和自然资源是县域产业发展的基础，有某种自然资源，就有可能发展起以开发利用该种资源为主的产业部门。因此，自然条件、自然资源还会对县域产业结构产生影响，对县域经济发展模式产生制约作用，主要体现在：首先，县域经济发展如果过度依赖自然资源，可能会导致该地区人民思想观念的落后。在自然资源比较优越的县域，自然资源的开发利用曾对或正对其发展产生巨大的推动作用，但由于长期依赖优越的自然资源条件获取较高的经济利益，有时也会形成依靠自然资源、依靠传统产业、依靠既有市场的思维惯性。受这种落后思维观念的严重影响，县域经济主体常常缺乏主动承受市场风险、技术风险、产业风险的能力，变革既存经济格局的动力明显不足，对产业升级转型的效果顾虑重重，最终导致本区域的落后。其次，资源型县域在地区或国家整体经济体系中常处于不利地位。自然资源丰富的县域往往作为地区或国家的资源基地，在区际贸易体系中处于不利局面，在整个地区或国家经济体系中处于依附地位，经济增长总体上受制于其他区域的发展。

第四，对自然资源的依赖会阻碍县域经济的发展。首先，经济发展固然离不开自然资源，但如果在开发和利用过程中，不注意有效保护，而是滥采滥用，就会造成水土流失、环境污染、气候异常和自然灾害频繁，反过来制约经济的发展。其次，资源产业往往具有成本递增的特点，随着自然资源的深度开发，低成本优势渐趋消失；而且资源产品的差异度低，产品价格波动大。因此，过度依赖自然资源的区域，经济发展往往具有较高的风险。

贵州省县域自然资源分布不均衡，有的县（市）拥有丰富的自然资源，有的自然资源很匮乏，使得自然资源成为贵州县域经济发展模式选择的基础影响因素。贵州很多县域的经济发展也确实是以资源型产业为主导，如瓮安县和福泉市的磷矿业、水城县和织金县的煤产业、松桃县的锰矿业。但自然资源并不是取之不尽、用之不竭的，这些以资源型产业为主导的县域如何正确处理自然资源和经济发展之间的关系是当前亟需研究的重要问题，是该县域能否实现可持续发展的关键所在。当自然资源枯竭或者被新的资源所取代时，便是该县域经济发展模式的衰退或消亡之时。

二、社会文化环境

经济发展与社会化环境相互依存、相互促进。经济发展为推动社会发展和改善人民生活水平提供前提，而社会文化为经济发展提供非经济力量支持，为经济发展提供价值导向，并在很大程度上主导着经济社会发展的方向。社会文化对县域经济发展的作用，最直接和最突出的表现就是文化产业的兴起和发展壮大，以此来推动县域经济的发展。县域社会文化主要包括宗教信仰、习俗、艺术、政治思想、伦理道德等，这些因素都会影响某一县域经济发展模式的选择。例如，苏南模式的形成很大程度上受到来自苏南人民积淀的深厚的集体意识的影响，当地居民兴办集体企业不仅是当地政府的选择，还是苏南人民价值观念和集体观念的结合。温州模式的形成则主要受到温州人民对个人成就的崇尚和重视的影响，由耕地资源稀缺、人地矛盾突出带来的奋斗与创业精神，依靠自己的自主精神，温州开放的观念与市场经济要求相契合，使得创业和竞争成为温州模式最重要的文化特征之一。在岭南文化、港澳台地区文化和西方文化的综合影响下，珠三角地区也形成了利用海外、国外的资金和技术，发展本地经济，开拓外需市场的经济发展方式，进而孕育出了以外向型经济为主的珠江模式。

贵州是一个多民族共居的大省，不同的民族文化结合不同的贵州地理环境，形成了各少数民族丰富而各具特色的文化积淀，使贵州拥有"文化千岛"的美誉。贵州丰富的民族文化各具特色，每个民族都有自己独特的思想观念、宗教信仰、伦理道德等文化特征，特别是那些少数民族人口占比高的县域，民族文化势必会影响该县域的经济发展方式。例如，民族文化对县域经济的影响和作用，最直接的是通过文化旅游经济、文艺演出、文化品出售等形式对地区经济发展产生作用。随着旅游产业的发展和到访游客的增多，贵州少数民族文化的价值和文化的力量越来越被关注和重视。"多彩贵州"系列活动的成功举办，民族民间文化、原生态文化耀人眼目，引发少数民族文化经济发展、文化旅游经济的发展，从而带动少数民族地区县域经济的发展。

在贵州提出大生态发展战略的背景下，文化产业作为无污染的产业恰好获得了发展的机会。贵州少数民族文化丰富多样，但现阶段文化产业开发程度还比较低。把多样的贵州少数民族文化与民族生活地理相结合起来，如大力发展旅游业，必将影响贵州县域经济发展模式的转型发展。

三、基础设施条件

基础设施包括交通、邮电、供水供电、商业服务、科研与技术服务、园林绿化、环境保护、文化教育、卫生事业等方面的市政公用工程设施和公共生活服务设施。增加基础设施投入，一是可以加速基础设施产业本身的结构升级，实现产业的高度化、合理化，同时加速其他产业结构升级，提高其他产业的经济效益。二是可以改善基础设施条件，提高基础设施服务水平，从而达到改善经济活动中的工作环境，降低交易成本，节约交易费用的效果。三是可以提高县域的环境吸引力。为改善生态环境、实现资源共享等目的而建立的公共基础设施，包括交通运输、电信、生态与环境等经济基础设施和医疗卫生、教育、社会福利、文化等基础设施，可以提升县域吸引力，提高美誉度。四是会影响资本投入。较大的基础设施投入能降低交易成本必然会吸引更多的资金，加快当地的经济增长；反之，较少的基础设施建设投入，使得交易成本增加，必然会减少私人资金的投入。贵州基础设施建设当前存在存量过小、基础薄弱、结构不合理、物流成本高、建设成本高等问题，这将在一定程度上制约贵州县域经济的发展。

四、政策环境

政府政策、政府行为、中央与地方政府政策及两者之间的关系，是某一区域经济发展资源配置和规范行为的"看得见的手"，对该区域经济发展模式的形成具有重要影响。

贵州是全国贫困人口最多、贫困面最大、贫困程度最深的欠发达省份，在新划分的 14 个集中连片特困地区中，贵州有 65 个县分布在乌蒙山区、武陵山区和滇桂黔石漠化区三个集中连片特困地区。对于贵州而言，自古都是积贫积弱的地区，特别是一些交通落后、少数民族世居的县域，要跟上时代发展的步伐，要实现全面小康，那就只有精准扶贫，这是实现全面小康这个目标的关键行动。就目前来说，集聚起来的贵州贫困人口，虽然经过多年的发展有了很大的改变，但是资源的贫乏、地区的差异、扶贫模式的不可持续，使得很多县域发展难度很大、返贫现象突出。而精准扶贫，不只是满足人民的物质需要，更是为贫困人口、贫困地区找到可持续发展的思路，从而解决贫困的问题。

对于贵州来说，不同县域有着不同的发展机遇。使各县域融合发展、并驾齐驱，解决贫困人口、贫困地区面临的问题，只有通过采取针对性的措施，按照中央及各级政府的统一部署，加大资金扶持、加大产业扶持、提升经济活力，才能从生态、资源、环境等方面解决民生问题，提升县域经济发展的综合实力。那么，大扶贫战略的实施必然是一个解决贫困问题的好方式。着力培养贫困人口的素质技能和发展思路，做好留守儿童的教育，逐步斩断贫困代际遗传的基因，培养他们自立自强、不断进步的进取精神，这对于贵州县域经济发展有着重要的意义。

贵州实施大扶贫战略对于县域的产业升级，具有明显的意义。例如，长顺县的"七彩农业"、大方县的蔬菜产业、晴隆县的畜牧业、贵阳周边的生态农业，这些典型的产业发展形式，对地方群众来说，都给他们带来了不少致富的门路。与过去"扶了产业、富了大户，却扶不了贫"的现象相比，实施精准扶贫，真正从源头上找到了村民致富的关键环节。真正的扶贫，扶真正的贫，就是需要产业带动，这也会对地方经济的发展起到不可替代的作用。

五、投资环境

投资是推动县域经济发展的直接动力。而投资环境的好坏会直接影响吸引投资的多少，进而影响县域经济的发展。从贵州县域经济的发展水平来看，如果不能营造一个好的投资环境，仅仅依靠内部资金，投资规模会比较小，对经济发展的拉动作用也非常有限，而且会使本地资金外流，严重制约县域经济的发展。好的投资环境可以吸引外来资金，使更多的企业来县投资。一般来讲，资金投向有两个方面：一是用于基础设施建设投资，如建设道路，完善客运货运体系，铺设宽带网络，提高供电、供水和供气的覆盖面，加强保障性住宅建设等。此类投资可以为县域工业化、信息化、城镇化和农业现代化创造必要条件。二是围绕国家和本省产业政策，结合县域实际情况，支持主导产业和行业，促进县域经济发展。

六、制度环境

制度的作用主要在于激励技术创新以及为技术进步提供良好的制度环境。当前，资金、人才、技术、信息等生产要素越来越向大中城市、大中企业集中，而县域经济发展普遍存在缺乏优质生产要素的问题，并且以政府强制性为主导的经济体制变迁过程，决定了人才身份管理制度体系的条块分割、部门壁垒的分割特征，从而使人才流动受到户籍管理、人事管理、社会保险等身份体系管理制度的约束，这在一定程度上会影响县域经济的技术创新，进而影响县域经济的发展。另外在土地方面，城乡二元化的土地管理体制以及对农用地实行的用途管制，使县域经济发展在资源利用上受到根本性制约，同时农业用地流转问题，也使县域经济发展最大的依托资源不能从根本上盘活，直接制约了项目建设和农业产业化规模的发展。

第二节　影响贵州县域经济发展模式的生产要素因素

生产力的发展、生产关系的调整、国家或地区政府对发展经济的重视程度、稳定的区域环境等是影响经济发展的重要因素。影响县域经济发展的要素基础主要有劳动力、资本、科技水平、政策环境、对外开放程度等，本书结合贵州县域实际，认为在中央政策、资金不断向贵州县域倾斜的背景下，影响贵州县域经济发展的因素主要集中在人力资本与科学技术这两个方面。

一、人力资本

现代经济发展的实践表明，不仅人口数量，而且人口质量对一个国家或地区经济发展的速度和水平具有重大影响。贵州人力资源低于全国平均水平是一个不争的事实，而且大部分人才主要集中在贵阳市等地级市，相应的贵州县域人力资源的高度匮乏就会成为其经济发展的重大制约因素。随着知识经济的迅速兴起，知识的生产、扩散、转移和应用已成为知识经济的重要环节，而这些环节都是围绕人力资源这一核心进行的。因此，贵州县域要实现经济发展、摆脱贫困落后，并跟上知识经济的潮流和步伐，就必须积极开发利用本区域的人力资源，加大教育的投资，实现人力资源向人力资本的转变。

人力资本是发达地区经济发展的重要影响因素。狭义的人力资本主要指人的受教育水平与技能，而广义的人力资本还包括人体健康水平。自 20 世纪 60 年代以来，人力资本便成为学术界关注的焦点，而新经济增长理论更是将它置于核心地位。当然，人力资本不仅仅是受教育水平，还包括人的经验、组织与交往能力，它指的是一个国家或地区广义的人口素质。人口素质是人口在质的方面的规定性，又称人口质量，包含思想素质、身体素质和文化素质等。其中，身体素质是由先天遗传、后天营养、保健、医疗卫生条件等因素决定的；文化素质则取决于社会经济制度、历史文化传统、科学教育水平、价值观念取向、物质享受条件和家庭生活环境等。人口素质的提高将会导致产出的增加。从体质上讲，充沛的精力和健壮的身体使劳动者在劳动过程中能增加实际的劳动供给，同时，健康的身体能减少劳动者的生病时间，增加有效劳动时间。从智力方面来讲，首先，劳动者创新能力的提高使得劳动者能从事发明、创造，寻求解决生产过程中所出现问题的思路和方法，从而在劳动者投入不变的情况下增加产出。其次，知识水平的提高，使劳动者可以较快地接受新工艺、新操作方法，适应新技术、新设备，并能将发明和引进的新技术尽快与生产相结合，转化为生产力，从而增加产出。人口素质的提高，将提高劳动生产率，于是会加强劳动对经济增长的推动。假如劳动力投入数量不变，劳动力素质的提高使得经济增长中实际劳动投入增加，就会在节约资本和更多地利用劳动力的情况下获得经济增长。由此可见，劳动力素质在县域经济活动中起着重要作用。

从总体上看，贵州的教育资源与政府的教育投入均远低于全国的平均水平，且是西南地区最低的一个省份。人力资本的形成主要依靠于教育投资，由此导致贵州的人力资本总体水平偏低，并且能有效促进经济增长的技能型人力资本和高层人力资本的比例偏小。

从高学历比重来看，近年来，随着高等学校扩招、职业技术学校兴起，贵州大专以上人口比重逐渐提高，2016 年大专以上学历占贵州总人口的 8.8%，但还是远远低于全国平均水平。结合贵州第三次、第四次、第五次、第六次人口普查的数据来分析贵州县域人力资源的发展情况，1990～2010 年的 20 年间全省接受高等教育的人口比重不断增加，各个县的数据都有所增大，但具体来看还是存在以下问题：

一是各地区大专以上人口比重差距逐渐拉大，各个地区发展不均衡的现象更加严重。1990 年大专以上人口比重最低的水城县只有 0.04%，最高的红花岗区为 5.62%，高出水城县 5.58 个百分点；2000 年最高的云岩区比最低的水城县高 15.38 个百分点；2010 年仍然是水城县最低，云岩区最高，两者相差 24.06 个百分点。

二是各地区高等学历人口所占比重不均衡。大专以上人口所占比重较高的地区主要集中在经济发展相对较好的云岩、南明、花溪、乌当、白云、小河，以及各地市州的行政中心，如钟山区、红花岗区、铜仁市、凯里市、都匀市等地。而大部分县域大专以上人口比重都比较低，主要集中在西部的大方、金沙、织金、纳雍、威宁、赫章，西南部的兴仁、贞丰、望谟、册亨、普安、关岭、紫云，南部的罗甸、惠水、三都，以及东南部的黎平、榕江、从江等地。

从全省文盲率来看，在贵州省的 88 个县中，文盲率虽然有所下降，但是只有少数的十几个地区低于全国平均水平，而且地区差异较大。1990 年贵州文盲率最低的是南明区，文盲率为 9.1%，最高的是六枝特区，文盲率为 68.2%，二者相差59.1 个百分点；2000 年贵州文盲率最低的是云岩区，为 4.93%，最高的是黔西南州望谟县，为 48.34%；虽然 2010 年云岩区已经降到 2.3%，但是望谟县仍然高达24.7%，全省的文盲率也只有少数几个地区降至 5% 以内。

从平均受教育年限来看，人均受教育年限得到质的飞跃，但是各地区受教育年限发展不平衡。受教育年限较高的地区主要集中在中部和北部，分别是云岩区、南明区、白云区、红花岗区和汇川区。而受教育年限最低的地区主要是西部地区的织金、纳雍、威宁、赫章、水城，西南部的晴隆、贞丰、望谟、册亨、罗甸、紫云和黔东南地区的三都、从江等地。

以上分析可知，不管是从高等学历人口比重、文盲率，还是从平均受教育年限来看，贵州县域与地级市比起来都存在巨大的差距，这必将影响贵州县域经济的发展。因此，要实现经济的发展，这些地区将是今后贵州需要加大经济教育投入的地区。

二、科学技术

科学技术是第一生产力，它作为一种特殊的社会生产力，必须经过转化才能成为直接的生产力，即将科学技术物化为新的劳动工具和新的劳动对象；通过学习和教育，提高劳动者的技能和素质是科学转化为直接生产力的根本途径。科学技术的进步对于地区经济增长与人力资本积累具有关键性的作用，反过来一个地区人力资本积累丰富，相应的创新能力也会比较强，科技也会比较先进，进而经济也会比较发达。

贵州之所以长期落后，其原因之一就是科技落后并缺乏行之有效的创新体系。具体来讲，技术变化对某一区域经济增长的影响主要表现在三个方面。首先，技术进步会不断改变劳动手段和劳动对象。一般来说，技术的重大变化主要体现在机器设备等劳动手段的变化上。大机器代替人工劳动，自动化机器代替人工操作机器，这种变化都是技术进步的结果，而且能大大提高产出的水平。技术进步通过改变材料的物理或化学属性导致新材料出现，为人类寻找新的矿产资源提供了手段，从而对劳动对象产生重要影响。其次，技术进步促进劳动力质量的提高。较先进的技术要求劳动者具有较高的素质，要求和迫使劳动者接受更多的教育和不断进行技术培训；技术的现代化往往与分工的深化相联系，因而能使劳动者在专门化的劳动中提高技能；技术进步导致劳动时间的节约，从而为提高劳动者的精神素质和体力创造了条件。最后，技术进步促进产业结构的变化。产业结构的升级是以科技在产业中的密集程度为标志的。第一产业占优势的国家为农业国家，第二产业占优势的国家为工业国家，第三产业占优势的国家为后工业国家。随着科学技术的进步，高技术产业、金融保险业、文化教育业、商业与服务业等第三产业逐渐占据经济发展的主导地位。

科学技术是第一生产力，但人是生产力的决定因素。对科技进步的鼓励和支持，离不开人力资本的投入。人力资本的形成是指获得和增加具有各种技能和经验的人的过程，需要足够的投资才能实现。人力资本投入不足，会引起科学技术乏力，科学技术乏力将直接导致经济增长乏力，进而影响人力资本的积累。因此，人力资本投入与科技进步两者之间存在着相互制约的关系。由于两者之间互为动力，当一方的发展滞后时，这一方就会极大地制约另一方的发展。这在"人力资本投入—科技进步—经济增长—人力资本积累"这一过程中表现得非常突出。因此，科技进步离不开人力资本的投资，必须以人才素质的普遍提高为基础，培养能满足经济社会发展需要的科技人才，同时对科技活动进行更加充分的投入。科学技术的竞争归根到底是科技人力资源的竞争。

一个地区科技活动的强度会直接影响该地区的经济发展。衡量科技投入和科技实力的重要指标，包含专业技术人员、研究与试验发展（research and development，R&D）经费支出、专利申请受理与授权、科技论文等，其中，科学研究与试验发展活动是指在科学技术领域，为增加知识总量以及运用这些知识去创造新的应用而进行的系统的、创造性的活动，包括基础研究、应用研究、试验发展三类活动。表 6-1 是贵州 2013～2016 年的科技活动相关指标。

表 6-1　2013～2016 年贵州省科技活动相关指标

指标	2013 年	2014 年	2015 年	2016 年
科技活动人员（人）	69 101	71 771	75 153	90 604
科研机构数（个）	357	449	482	741
R&D 人员（人）	36 113	38 158	40 516	45 222
R&D 经费支出（万元）	47 850	554 795	623 196	734 006
专利授权数（件）	516	652	1 432	1 583
发表科技论文（篇）	18 629	19 360	20 746	20 710

资料来源：《贵州统计年鉴（2017）》。

从表 6-1 中可以看出，反映贵州科技活动的相关指标每年都呈增大的趋势，表现出良好的发展态势，但总体上还是处于较低的水平。R&D 人员是科技人力资源中最为重要的一支队伍，但是贵州 R&D 人员增长缓慢，这与贵州 R&D 经费支出总额较少，支出额占 GDP 的比重较低有关。表 6-2 是 2013～2016 年贵州与全国 R&D 经费支出情况。

表 6-2　2013～2016 年贵州与全国 R&D 经费支出情况

指标	2013 年	2014 年	2015 年	2016 年
贵州 R&D 经费支出占地区生产总值比重（%）	0.589 6	0.596 6	0.591 3	0.623 2
全国 R&D 经费支出与国内生产总值比重（%）	1.99	2.02	2.06	2.11

资料来源：根据《贵州统计年鉴（2017）》和《中国统计年鉴（2017）》整理所得。

从表 6-2 可以看出,贵州 R&D 经费支出占地区生产总值比重年均维持在 0.6%
左右,而全国年均维持在 2%左右,二者相差了 2.3 倍。可见,贵州的科技投入确
实比较低,这在很大程度上将影响贵州经济的发展,更不用说本身就缺乏科技人
才的各个县域。

第七章　贵州省县域经济发展模式的优化路径研究

第一节　观念导向的路径研究

县域经济发展受到中央的重视。党的十六大明确提出了全面建设小康社会的战略目标，县域经济的发展壮大举足轻重。党的十七大再次强调要壮大县域经济。党的十八大强调有力地推进县域经济社会又好又快发展。党的十九大报告提出乡村振兴战略，县域经济不仅要第一、第二、第三产业融合发展，还要城乡共同发展，要从过去的消耗能源、消耗资源转变为绿色发展。

贵州对县域经济发展高度重视，自 2012 年初专门下发了推进县域经济发展的4 号文件后，全省县域经济发展取得了明显成效。在加快改善县域经济发展条件的同时，一批特色产业发展壮大，县域工业化、城镇化加快推进；一批县市列入省直管县改革试点，县域经济发展活力逐步增强；一批经济强县做大做强，一批扶贫开发重点县减贫摘帽，不少县市后发赶超势头较猛。

尽管贵州县域经济发展基础仍然较为薄弱，发展差距大，发展条件艰难，发展活力不足，综合实力不强，但在当前外部机遇聚合、内部机遇凸显，比较优势明显、后发优势突出，政策红利、改革红利、人口红利集中凸显的有利环境下，县域经济蕴藏着强劲的发展动力，进入发展快车道，提速发展的势头强劲，呈现出加速发展、跨越发展、转型发展的新趋势。随着"县县通高速公路"目标的实现、多规合一的有效实施以及铁路、民航、通信及其他重大基础设施建设的加快推进，县域经济发展的基础支撑能力将明显提升；随着现代农业示范园区的加快建设，县域农业现代化水平将明显提升；随着产业园区的加快建设，县域工业化水平将明显提升；随着特色城镇的加快建设，县域城镇化水平将明显提升；随着简政放权改革的深化和经济发展模式的创新，县域经济发展动力将明显提升；随着经济强县做大做强和各类县域加快发展，县域经济综合实力将明显提升。县域经济加快发展，"同步小康"的保障力明显提升。

一、以新理念营造县域经济发展良好氛围

统一思想，转变传统的经济发展观念，营造县域经济发展的良好环境。解放思想、转变观念是新时代对贵州经济发展提出的迫切要求。每个时代都给当时的

人们以转变思想观念的压力，要求改变那些不适应生产力发展状况和水平的意识、观念和态度。发展才是硬道理，是解决社会主要矛盾的根本途径，是解决中国所有问题的关键。贵州应当结合当前县域经济发展状况，借鉴发达省份的先进经验，尽早出台促进整个县域经济发展的政策措施，为全省县域经济的发展提供宽松的环境。例如，浙江省委、省政府扩大绍兴等 17 个县（市）的经济管理权限，将属于地级市经济管理的权限"空降"至经济强县，涵盖了计划、经贸、外经贸、国土资源、交通、建设等 12 大类扩权事项，几乎囊括了省市两级政府经济管理权限的所有方面，为县域经济的发展提供了较为宽松的政策环境，极大地调动了各县市加快发展经济的积极性。对县域而言，就是要加速建设一个经济发达、社会繁荣的县域，为人民群众生活水平的提高奠定坚实的物质基础。

在新的经济发展形势下，首先，要牢固树立发展是第一要务的意识，增强抓项目、促发展的紧迫感和责任感。认真领会邓小平关于"发展才是硬道理"的科学论断和习近平总书记"我们既要绿水青山，也要金山银山。宁要绿水青山，不要金山银山，而且绿水青山就是金山银山"的讲话精神，总结县域经济社会发展正反两方面的经验和教训，坚定大项目带动大发展的信心，把干部群众的思想和精力集中到抓项目、引项目、建项目上来。其次，要在解放思想大讨论中更新观念，增强对外开放的意识和能力。顺应经济全球化趋势，教育广大干部群众、私营企业主增强合作开放意识，以海纳百川的胸怀，牢固树立外商赚钱我发展、外商发展我繁荣的意识，瞄准国内市场，放眼省外、国际市场，坚持互利共赢、公平交易、公平竞争，用优质的资源、优质的项目、优质的服务招商引资，大力引进优质战略合作伙伴，在扩大对外开放合作中孕育发展潜力，赢得发展先机，借助外来力量推动贵州发展。组织干部到沿海发达地方参观学习、挂职锻炼等，学习借鉴外地的成功经验，努力提升各级领导和广大干部抓项目的能力。

二、以招商引资加快县域经济民营化

进一步优化环境，招商引资，大力发展民营经济。县域经济的主体方向是民营经济，加快发展民营经济，必须大力招商引资，必须有良好的发展环境。要把招商引资、项目建设的任务和要求具体细化到各级各部门，逐步加大项目前期经费投入，不断提高项目配套资金到位率，努力营造"人人议项目、行行出项目、处处上项目"，全社会共同抓项目、全力促发展的良好氛围。在环境建设上，县域由于交通条件的制约，短期内在硬环境方面很难有大的突破。但不能忽视软环境建设。为此，县域发展要把创优软环境作为环境建设的首要任务，下力气、用硬措施改善软环境。要强化人人都是投资环境的观念，努力营造良好的政策环境、市场环境、法治环境、社会环境、信用环境、服务环境和人文环境。坚持依宪治县、依法治县，用法律法规来规范党政机关、企业和公民的行为，切实做到政府依法行政、执法机关依法办事、企业依法经营。特别是党政机关都要增强服务意识，提高办事效率，降低行政成本。继续推行行政审批制度改革，商事制度改革，推行服务公开承诺、办事限时、企业生产"宁静日"、首违不罚等制度。办好行政代办服务中心，完善"一站式"办公、"一条龙"服务。着重治理"三乱"，坚决取消一切不合理收费。对影响环境建设的人和事，要一查到底，公开处理。大力整顿和规范市场经济秩序，严肃查处各种不正当竞争和限制竞争的行为，严厉打击制假售假、坑蒙拐骗等违法犯罪活动，打造"信用县域"，让所有投资者在县域安心、放心创业。

调整"三农"政策，统筹城乡经济社会协调发展。一是深化农村经济体制改革，完善农村土地制度；二是健全农业社会化服务、农产品市场以及对农业发展的支持保护体系；三是深化户籍制度改革，把县域经济"短腿"变长，为转移农村富余劳动力，促进城镇化建设创造条件；四是逐步统一城乡劳动力市场，建立健全农村劳动力的培训机制，帮助农村富余劳动力在城乡之间双向流动就业，引导农村富余劳动力平稳有序转移；五是推进乡镇企业改革和调整，积极拓展农村就业空间。

完善相关配套政策，全方位放开市场准入，全面落实民营经济的"国民待遇"，鼓励和支持民营经济进入农业、工业、旅游、基础设施建设和城市公用事业等一切经营性资源和竞争性行业的开发；鼓励和支持外来民营业主、机关干部职工离岗投资兴业。关心、支持、服务民营企业，帮助他们解决实际困难。加快建立管理人才培训机制，促进行业协会建设，建设一支能够办大厂、干大事、创大业的民营企业家队伍。把招商引资作为突破性发展县域经济的主要措施，对外开放与对内开放并举，引进外资与引进内资并重。坚持主要领导用主要精力抓，其他成员和各部门同心协力抓。坚持引资与引"智"并重，积极引进先进技术、优秀人才、知名品牌和科学的管理经验等。坚持引进资金、技术与输出产品并重，培育骨干出口创汇企业，提高自营出口创汇能力，提高外向度。

三、以政策为引领明确县域经济主攻方向

贵州县域经济发展形势与全国的区别在于不是过快、过热而是过慢、过冷的实际。认真研究国家的产业政策、投资导向，深刻领会中央出台政策的本意，立足贵州突出的区位优势和丰富的煤矿、硫铁矿等自然资源优势，找准发挥贵州优势与国家产业政策的结合点，完善产业发展框架，有的放矢做好项目的争取引进工作，争取多上符合国家产业政策、适应市场需求、具有地方特色的优势项目。

1）立足现有产业基础，推进新型工业化。抓住有利时机，在技术装备改造、

工艺改进创新、产品水平提高和降低成本上下功夫。积极主动与大企业、大集团、科研院所搞好经济技术合作，引进项目、技术、资金和人才，发展资源节约、排放减少、能耗下降的精深加工项目，促进产业提档升级。通过在政策、资金上给予扶持，推进土地适度规模经营，加快发展农副产品加工项目，推进农业标准化种植、基地化生产、规模化经营，提高农业产业化水平，促进农民增收致富。适时引进科技含量和附加值高、市场前景广阔、资源消耗低、环保清洁型的新型工业项目。

2）把服务业作为产业结构优化升级的主要方向，增强第三产业综合实力。发挥区位优势，探索发展旅游业、电子商务、互联网和信息技术、普惠金融服务、农业技术服务和中介服务等行业，以服务业带动经济社会的发展。

3）坚持生态环境保护优先的发展思路。在经济社会发展的同时，抓住贵州国家生态文明先行示范区建设的机遇，树立"绿水青山就是金山银山"理念，做好生态立县战略的全面实施，系统规划城镇污水管网配套、垃圾收集处理、小流域治理、林业生态建设、河道综合治理、农作物废弃物综合利用等工程建设。按照生态产业化、产业生态化的要求，灵活运用生态补偿机制，加快农业产业结构调整的步伐，统筹使用环保、农业、林业、科技等部门的项目和资金，发展有利于环境保护的高科技、生态等新型农业，妥善解决社会要生态环境、农民要经济效益的矛盾。

4）树立以人民为中心的发展理念，统筹推进城乡一体化发展。抓好文教卫生、社会保障等项目建设，发展社会事业，改善民生。围绕加强农业基础、改善农村环境、强化农业科技支撑、提高农业装备水平、完善多元化农业技术推广体系、推进农业产业化发展，加快"四在农家·美丽乡村"建设，全面实施乡村振兴规划，按照"产业兴旺、生态宜居、乡风文明、治理有效、生活富裕"的要求加快新时代新农村建设步伐。

5）探索产城一体化的城镇建设模式。按照"以地建城，以商养城"的建设思路，坚持以规划引项目，以项目促建设，抓重点，攻难点，树亮点，高标准规划、高水平推进县域城镇体系，坚持"房子是用来住的"理念发展房地产，满足群众的住房需求。发挥小城镇在人口集聚、产业集聚、服务集聚的功能和优势，防止出现县城独大而其他乡镇辐射带动力弱的不平衡现象。

第二节　动能导向的路径研究

动能一般分为新旧两种，其是产业发展的动力源泉。动能转换是指培育新动能、改造旧动能。新动能，是指新一轮科技革命和产业变革中形成的经济社会发展新动力、新技术、新产业、新业态、新模式等。旧动能，是指传统动能，它不仅涉及高耗能、高污染的制造业，还更宽泛地覆盖利用传统经营模式经营的第一、第二、第三产业。新旧动能转换的意思是，通过新的科技革命和产业变革中形成经济社会发展新动力、新技术、新产业、新业态、新模式等来转换掉传统以资源和政府为导向的经济发展模式。

"新旧动能"概念从 2015 年提出到 2016 年内涵丰富，再到 2017 年"新旧动能转换"具体工作推进，从演变趋势来看，中央政府已经对中国经济发展阶段有了较为深刻的判断：我国经济正处在新旧动能转换的艰难进程中，即经济社会进入了"新常态"，同时已着手逐步推进经济"新旧动能转换"工作。贵州积极响应国家号召，进行了产业发展新旧动能转换。

我国经济已由高速增长阶段转向高质量发展阶段，正处在转变发展方式、优化经济结构、转换增长动力的攻关期，县域经济面临的形势更复杂。贵州省各县（市）应积极融入《中国制造 2025》，结合县域产业特色和承载能力，用好用活用足国家支持县域经济发展的系列政策，培育特色化、专业化、充满活力的县域经济。一是要创新驱动，引领县域供给侧结构性改革。二是要联动发展，加快推进县域工业融入区域经济圈。三是要数据提速，推动县域工业经济分享大数据红利。四是要投资保障，解决制约县域工业发展资金掣肘。五是要因地制宜，引导县域工业差异化、特色化发展。

一、转变政府职能，提高经济调控能力

我国很多县域地区的产业发展和招商引资特别依赖各种优惠政策和特殊待遇，依赖各种大型企业尤其是国有企业，这就弱化了市场配置资源的基础性作用，导致区域间竞争异化为优惠政策和特殊待遇之间的竞争，产生了很多不平衡和不协调的问题。在完善的市场经济体制下，政府管理的主要任务是纠正市场失灵，不缺位、不错位，同等对待市场经济各种参与主体，形成公平竞争的市场资源配置机制。

政府行为对经济结构有重要影响，在县域经济的发展规划、市场秩序的规范、产业结构的优化、中小企业发展壮大的扶持和基本公共服务的供给等方面都发挥着主导作用。县域政府可以依靠自身的优势，引导经济发展，整合分散的资源，提高资源配置效率。但是，当前很多地方政府为了实现经济的快速发展，倾向于用行政力量直接干预甚至参与市场。

贵州县域经济发展过程中，除了受到一些客观因素影响之外，还受到当地政府县域经济调控能力高低影响，尤其是在当前激烈的市场竞争环境中，各个省市之间的竞争愈演愈烈，必须充分发挥市场经济调控作用，强化工作重点，有目的地提高县域经济水平。提高县域政府经济调控能力，首先，需

要稳定当地劳动就业，优化就业结构，根据实际情况有针对性地提出改善措施，提高当地市场就业率。其次，应提高区域生产条件，营造良好的经济发展环境，结合实际情况，进一步确定调控目标和战略方向，不断扩大内需，优化资源配置。

二、优化产业结构，三产协同融合发展

贵州尽管县域经济整体实力较弱，但是同样有着其他地区难以比拟的优势条件，如丰富的自然资源。贵州有非常丰富的矿产和能源，作为我国著名的能源大省，煤炭和水力资源尤为突出，全省河流径流量高达 1145.2 亿立方米，水能技术开发 19 889.52 兆瓦，占全国 4.9%，具有十分突出的水力资源开发优势。除此之外，贵州的旅游资源为县域经济发展提供了更加可靠的优势条件，经过多年的完善，形成了众多的旅游景点，而这些旅游景点多数分布在贵州的各个县域。

贵州县域经济发展水平的好坏，主要取决于产业结构是否合理，它在一定程度上影响着经济增长质量。由此，应进一步优化产业结构，为县域经济持续增长打下坚实的基础。具体表现在以下几个方面。

（一）优化产业结构，发展特色生态农业

要扎实推进农业供给侧结构性改革，结合国家的"三农"政策，把推进农业供给侧结构性改革与县域经济转型升级结合起来，与农业现代化建设、美丽乡村建设结合起来，与精准扶贫、精准脱贫结合起来，走出一条适合贵州农业发展的新道路。坚持市场导向，以特色农业为主要产业的县域经济发展模式不仅能促使贵州的农产品进入全国市场，提升市场竞争力，还能带动贵州的传统农业向现代农业过渡。为此，贵州促进了农业产业化经营，构建了完善的市场体系，有机整合了市场和生产；推行了特色农业产业化发展，因为贵州自身地理位置因素，多数地区以山地为主，所以能够耕种的面积较少，难以使用大型机械设备作业，耕作效率偏低。传统农业为主导产业的县仍然占了贵州很大一部分，如沿河县、石阡县、江口县、印江县、望谟县、册亨县、从江县、榕江县、黄平县、道真县、赫章县、威宁县等。一般来说，农业部门结构单一，市场化程度低，经济附加值低；生产方式较为落后，生产规模较小。都匀市、湄潭县、凤冈县、余庆县等地充分发挥其气候、生物、生态优势，发展茶叶等特色生态农业；威宁县、大方县充分利用其气候土壤方面的优势，大力发展茶产业、烟叶种植；罗甸县、关岭县等地大力发展蔬菜产业等。走农业产业化的道路，增强农业规模化生产，发挥市场经济主导作用，对于解决贵州贫困问题，开创了一条可行之路。

（二）发挥矿产资源优势，推动县域工业化发展

贵州县域经济持续发展离不开工业支持，应充分发挥贵州县域资源优势，形成特色产业，提高市场竞争力。同时，与发达地区相比，贵州优质的科技资源、人力资本相对缺乏，资金规模小，所以应将这部分资源投入到效益突出、更具发展前景的产业上，优化资源配置，提升资源利用效率。工业带动型，是指以特色工业为主导产业的县域经济发展模式。从目前来看，工业主导型县域经济缺少具有全国影响力的工业企业支撑。工业主导型发展的县域往往具有一定工业基础，其抓住了当地独特的矿产资源或是发展机遇，以带动当地县域经济发展。金沙县、桐梓县、纳雍县、黔西县、织金县、大方县、普定县加快煤炭资源开发和电站建设，发展相关配套产业，促进了当地经济发展。息烽县、贞丰县、松桃县等积极开发磷矿、金矿、锰矿、铅锌矿、重晶石等优质矿产资源，着力发展矿产资源型企业，促进县域经济发展。

（三）开发旅游资源，发展旅游服务业

随着互联网和信息技术的发展，贵州尝试通过发展旅游服务业带动全省经济发展。贵州借助大数据产业，利用当地的自然风光、人文风光，发展智慧旅游业，并带动与旅游业配套的旅游服务业发展。智慧旅游的发展，将贵州秀丽的山川美景、原生态的少数民族文化风情、极具教育意义的红色文化和黄果树大瀑布景区、龙宫景区、荔波大小七孔景区通过互联网传递到世界各地，扩大了知名度，不仅推动了交通运输业、酒店住宿业的发展，还带动了旅游商品加工业的发展。凯里市田园农业观光旅游综合体、贵安生态农业文化旅游产业园等一系列智慧旅游服务区的开发建设顺应了旅游业发展的潮流和趋势，为贵州建设统一的智慧旅游进行了有益的探索。

（四）推进贵州县域城镇化进程

城市化水平高低是衡量一个国家和地区经济发展程度的主要标准，通过城镇吸收和转移农村剩余劳动力，提高了劳动生产率，优化了产业结构，有效解决了当前农村发展过程中存在的矛盾，对贵州县域经济持续发展有十分深远的影响。贵州县域城镇化建设中，应充分依托现有资源条件，通过城镇化效应，带动周边区域经济发展。可以说，没有产业的支撑，城镇必将成为城市发展的附庸。故此，当地政府应高度重视小城镇产业发展，推行多元化投资体制，为城镇化建设提供更多资金支持。

1. 以城市为中心，带动周边地区发展

城市带动型发展模式，主要是依托中心城镇和区域性行政机关所在地的有利条件，通过城市化、工业化的互动与城乡融合发展，实现县域经济从传统农业向现代工业发展模式的转型。例如，贵阳市辖区、遵义市辖区、凯里市、都匀市、兴义市、毕节市、铜仁市等，在大力发展城市经济的同时，协调城乡发展，促进城乡生产要素和资源的优化配置。以城市为依托，大力发展工业，并统筹产业链布局，不断优化投资环境，发展与工业化、城市化进程相适应的第三产业，如物流、金融等现代服务业。

2. 以城郊为纽带，承接中心地区产业

城郊服务型发展模式，主要是指充分利用与大城市空间接近的地理区位优势，在城市经济增长极带动下，主动承接城市经济的产业协作和产业分工的县域经济发展模式。例如，清镇市、修文县、息烽县、开阳县等市县，以城镇化为带动，加强交通基础设施建设，做好区域经济发展中的节点作用；主动承接中心城区经济辐射，做好产业承接，大力发展工业，特别是发展中心城镇配套产业；着力进行城市建设，充分利用中心城市的市场资源，大力发展城市农业、旅游业等产业。

3. 以企业为关键点，充分发挥区域资源优势

企业带动型发展模式，是指该县域具有独特的自然资源、矿产资源和文化资源等优势，以大型企业为依托，大力发展工业主导产业的县域经济发展模式。有的县重点培育大企业，让其率先发展，再带动整体县域经济的发展。例如，仁怀市的中国贵州茅台酒厂（集团）股份有限责任公司，以茅台酒为重点，大力发展以酱香型白酒为重点的支柱型产业。一方面，继续做大做强茅台酒，扩大产能，提升其核心竞争力。另一方面，促进仁怀市整体白酒产业的发展。福泉市的瓮福（集团）有限责任公司、开阳县的贵州开磷控股集团有限责任公司、赤水市的赤天化集团有限责任公司为单位驻地的县域经济发展提供了独特的资源禀赋，以大型工业企业为先导，县域经济得到了快速发展。

（五）协调人地矛盾，县域经济发展与生态环境保护并重

贵州地形地貌以喀斯特为主，加上近年来石漠化现象愈演愈烈，人地矛盾显得较为突出。贵州城市用地方向决定了经济发展进程。围绕项目引进、建设实施过程中的困难和问题，贵州从项目前期工作、土地和资金等重点环节和关键要素入手，破解项目建设中的难题，推进项目建设。

1. 强化项目基础工作

围绕国家政策导向和市场、资源、技术以及可持续发展的要求，研究好项目建设的发展方向、思路、重点和产业布局，积极谋划论证符合国家产业政策、具有地方特色、适应市场需求、竞争力强的项目，重点筛选论证一批对社会事业发展、城市建设、环境保护、经济结构调整有重大促进作用的优势项目，早日纳入国家和省、市项目储备库。加强对项目库的动态管理，及时补充条件成熟、操作性强的项目，淘汰过时的项目，确保一旦有政策机遇或投资意向时，储备项目拿得出、用得上、不断挡。设立项目规划专项资金，探索保护和调动各部门争项目、上项目的制度。

2. 强化项目建设用地保障

综合考虑耕地保护和经济社会发展的需要，坚持城乡协调发展的土地利用规划理念，立足适应经济社会长远发展需要，抓好土地利用规划修编调整工作，科学合理地划分确定林地性质，提高土地利用规划的科学性和前瞻性，发挥好土地利用规划在经济社会发展中的引导和服务作用。重大项目早规划，早列入省级或国家计划盘子，单独争取用地指标或利用上级用地指标搞建设，解决用地指标紧缺问题。严格执行征地补偿政策，依法依规保障好农民的合法利益，改进征地方式，创新用地模式，动员农民以土地入股等形式参与经济建设，提高项目建设供地效率。开展低效用地、闲置土地和可置换土地普查工作，消化利用闲置土地，确保有地优用、有地快用。积极争取用地指标，认真搞好土地收储，加快工业园区建设步伐，推进基础和公建配套设施集中化建设，适度提高项目生产性用地比例，提高建设用地产出率。

3. 多渠道破解项目建设资金不足的难题

争取上级财政资金和启动民间资本相结合、扩大增量与盘活存量相结合、县内挖潜与县外引进相结合。争取中央、省等上级部门在公共基础设施、生态环境保护、改善社会民生等方面的财政投入，引导企业争取国家在农业产业化项目、节能降耗技术改造项目、科技创新项目等方面的贷款贴息、奖补资金等政策支持。努力激活民间资本，探索转让公共项目收费经营权等多种方式积极引导民间资本参股、入股各类城市建设和社会设施项目。督促企业规范管理，诚信经营，增强银行对投资企业的信心和支持力度，推进银企合作，加强中小企业信用担保体系建设，发挥信用担保机构支持民营企业发展的作用，增强企业融资功能。引导龙头企业组建企业集团，建立健全现代企业管理制度，提高企业内部管理水平，推动企业上市融资，利用优质资源、优势企业吸引省外投资者参与开发合作，在更大范围内筹集资金来加快发展。

第三节　体制机制导向的路径研究

一、推进体制机制创新，优化项目建设环境

发展环境的好坏，直接关系资金、技术、人才的流向和资源配置。要大力推进行政管理体制改革，切实把政府经济管理职能转变到优化资源配置和创造良好的发展环境上来。按照中央深化机构和行政体制改革的要求，着力转变职能、理顺关系、优化结构、提高效能，形成权责一致、分工合理、决策科学、执行顺畅、监督有力的行政管理体制，改变以行政手段和直接控制为主的管理方式，打破政府包揽过多的局面，实现政府职能从传统的管理企业、经营资产向运作资本转变，把精力更多地放在为企业提供服务、营造环境上。

以推行行政问责制作为突破口，强化干部的责任意识、服务意识、公仆意识和依法履行职责的法治意识，努力营造优惠透明、兑现落实的政策环境，高效务实、服务周到的政务环境，诚信守法、公平竞争的市场环境，安全舒畅、和谐稳定的社会环境。建立项目服务新体系，构建"一站式""进一次门"的服务体系，用服务的真心和诚心换来外商投资的决心和信心，靠超前服务、主动服务、全面服务打动和推动投资商加快投资建设的进度。及时向社会公布有关产业政策、发展规划、投资重点和市场需求等方面的信息，使民营经济发展获得更准确、更及时的决策支持。

健全项目建设领导机制，协调督促抓好项目、投资主体和工作措施的落实，确保项目建设推进工作领导分工到位，目标责任到人，工作落实到底。完善项目联合会审制度，清理解决行政审批中互为前置条件的问题，对符合相关规定的项目，相关部门要同步审批，限时完成。完善项目建设与干部评价机制，将推进项目建设的水平作为衡量干部能力、检验干部作风的重要标准，坚持在项目建设中锻炼干部，对不会干的要教着干，不敢干的要推着干，不愿干的要换人干。坚持把项目引进数量、投资额度、开工进度和达产达效列入干部实绩考核范围，以项目看实绩，用项目来选干部。完善项目管理的规章制度，加强对政府投资项目预算执行和项目实施的监管，健全重大项目审计和稽查制度，建立重点投资项目有序退出机制，规范项目的运行管理。

二、走新型工业化道路，推动城乡统筹发展

2017 年贵州省遵义市、仁怀市跻身于工业百强县之中。"无工不富"是历史的经验，现实的真理。落后地区与发达地区的最大落差就在于工业落后，欠发达

就欠在工业的发展。因此，贵州必须把发展工业作为县域经济的重中之重来抓，因地制宜充分合理运用贵州的工业资源，并以此带动城镇化、农业产业化，从根本上摆脱县域经济的困境。

（一）利用本地资源优势，发展新型工业企业

第一，通过股份制、联营制或民营化等方式彻底改组县属国有和集体工商企业。第二，抓住"一带一路"发展的历史机遇，根据地方资源优势，开发本地资源。第三，大力支持和促进非公有制特别是民营工业企业的发展，在用地、供电、供水、企业所得税、社会环境保障等方面给予优惠和倾斜。第四，规划搞好生产力布局和工业园区建设。招商引资的重点应是吸引外来资金投资建设工商企业，特别是投资建设制造业和现代物流业，为扩大生产规模、壮大县域经济创造条件。第五，从本地实际出发，建立农产品加工企业。领导应改变观念，把更多的注意力放到抓好建立非公有制，特别是民营性的小型工业企业方面来。通过认真规划、立项认证等环节，坚持每年设立新的工业企业的方式，不断巩固发展，经过一段时间的积累之后，县域经济就会发生根本性的变化。

（二）加快农村城镇建设，促进城乡协调发展

把推进城镇化作为促进城乡经济和区域经济协调发展的重大战略举措来抓，以此统筹城乡经济社会发展。首先，坚持分类指导、分步推进的原则，以城关镇和中心集镇为重点，壮大一批经济强县，提升一批中等发展水平县，帮扶一批经济欠发达县。其次，认真搞好规划，制定优惠政策，多方筹集建设资金，加大基础设施力度，走新区开发与旧城改造互动的路子。最后，鼓励私营个体业主、有条件的农民到小城镇落户，促进农村人口、生产要素向中心集镇流动，优化农村人口、产业和基础设施布局。

（三）调整农业种植结构，走农业产业化道路

首先，加大农业结构调整力度，大力扶持适合山区、农村的工业项目，特别是资源开发利用型、农产品加工型项目，延长农产品产业链，增加农民非农收入。其次，建立农产品加工企业原料基地，促进农户调整种植业结构，发展农村经济中介组织和龙头企业，完善产前、产中、产后社会化服务体系，把千家万户的分散经营与千变万化的大市场连接起来，构建各具特色的产业、产品和名牌，带动广大农民致富。

三、发展地方特色经济，增强县域经济实力

贵州自然资源丰富，县域特色各异，不能千篇一律搞一种模式。一是要从本县（市、区）的实际情况出发，宜工则工，宜商则商，宜旅游则旅游，宜牧则牧，宜种植经济作物就种植经济作物，创造出自己的经济特色就有了市场竞争力。二是根据自己的优势产品，有组织地建立起特色产品生产基地和批发交易市场，形成区域性的特色商品集散地，以此刺激地方产业结构调整，发展优势产业，增加农民收入，增强县域经济的竞争力。修文县组织万头养猪村、盘县组织饲养场集中农户饲养家畜的做法值得借鉴。

四、坚持以人民为中心，实施人力资本战略

一方面，要真正把教育摆在优先发展的战略地位，加大投入力度，提升基础教育水平。在普及九年制义务教育的基础上，力争再用十年左右的时间普及高中教育，全面提高劳动者的科技文化素质。另一方面，要营造人才强县的体制环境。创新人才工作机制，加强人才开发和人才培训，积极引进企业经营管理和专业技术等各类人才。尊重知识，鼓励创新，完善激励制度，培养、吸引和用好各类人才，走以人力资本替代人力资源的经济发展道路。

五、加强区域分工合作，整合县域内外资源

县域经济是以县域为单位进行资源配置的经济，但并不是说县域经济的资源配置只能局限于县域这个狭小的范围之内。市场是没有边界的，市场机制配置资源的范围也没有边界，这就要求我们必须强化区域经济意识。中心城市要充分发挥其辐射作用，其他县市在以县域为单位进行资源配置的过程中，随时都要面对内外两个资源、两个生产要素、两个市场，这既需要立足县域经济，促进内部资源、生产要素和市场的优化配置，又要眼光向外，充分利用县域外部的各种资源、生产要素和市场，促进县域经济的发展。

第四节　县域经济三产融合研究

县域经济产业链的建立、延伸和改造不仅可以有力地推动整个县域经济的发展，还可以带动传统意义上以农业、工业为主业的县域经济结构的演变，使之升

级换代、富有竞争力，还可以催生新兴产业的蓬勃发展。因此，充分延伸传统农业、工业产业链，实施产业链延伸带动战略，可以提高以农业、工业为主的县域经济的专业化水平，优化产业结构，提高经济效益和生态环境效益，实现县域经济的高质量可持续发展。

一、依托产业链延伸促进农业发展

从产业链延伸促进农业支撑型县域经济发展的模型来看，主要通过在纵向上向前延伸和向后延伸，使产业发展的各环节有机地连接在一起，构建起完整的产业发展形态，实现资源的综合利用；在横向上向外围产业拓展，通过产业链的关联作用，把不同的产业有机地组织在一起，形成更为广泛的产业发展空间。在产业链纵向和横向延伸中，要注重促进优势特色产业培育和发展，构建起以优势特色产业为核心的产业集群，提升竞争力。

（一）进行农业产业链的纵向延伸

1. 发挥资源优势，延伸和培育特色产业链

农业驱动型县域经济发展主要不是基于农产品的数量扩张，而是重在市场性农业的发育和建设。其主要特点是农业及其延伸产业的发展成为推动县域经济发展的主体力量，这表现在三个方面：一是面向市场，培育出具有地方特色的名、优、特、新农产品；二是农副产品进入市场前已在县域内初步加工或深加工，提高了农产品的附加值；三是已经有比较成熟的农村市场主体和市场制度。制度创新有助于推进传统农业向现代农业的转化及农业生产科技含量的提高，激励标准化生产、市场化营销和品牌战略的自觉实施，使农业由弱势低效产业转变为强势高效产业。因此，政府要选择本地区最具优势的产业，加大引导和投入力度，聚合各种要素，进行重点培育，尽快把企业群体做大、把产业链做长。例如，山东省寿光蔬菜产业集团有限公司围绕蔬菜生产中的各个环节，完善了集良种繁育、生产种植、加工配送、生物工程、技术推广于一体的产业链条，基本形成了集蔬菜生产资料供应、菜果配送营销、蔬菜加工出口、农技推广培训、科技项目研发五大体系于一身的大型蔬菜产业化集团，对当地经济发展起到了强有力的推动作用。

2. 转变作业方式，实现农业集约化、规模化经营

转变作业方式的关键是要建立土地经营权流转制度，培育农村土地要素市

场，促进土地资源在大范围内流动，同时科学选择农业生产经营模式，实现农业规模化生产。例如，在坚持家庭承包经营基础上，实行土地承包经营权流转、建立农业合作经济组织和行业协会、建立农业利益组织联合体等方式，都有利于农业生产和经营效率的提高。为此，首先要培育和壮大农业产业化的龙头企业，发挥产业的聚集效应。其次，注重科技创新，实现农业产业方式由劳动、资源密集型向知识密集型方向转化，以提高生产效率和市场竞争力。再次，注重培育优势产业和产业基地的建设，发挥产业的规模效应。最后，探索建立和完善农业产业化体系中的利益驱动机制，积极推进契约型合作模式向资产联合型模式转化。

3. 进行农产品深加工和废弃物的循环利用，提升农产品附加值

传统的农产品经初步加工后直接销售，经济效益低，竞争力弱；而经过深加工的农产品，价值得到提升，农民可以获取更大的效益。进行农产品深加工，首先，要扶持、发展和壮大产业链中的一些龙头企业。龙头企业指基础雄厚、辐射面广、带动力强的企业或集团，它具有开拓市场、引导生产、深度加工、提供服务等综合功能。其基础设施完备、资金雄厚、技术研发能力强，在推进农产品深加工的过程中起着主导作用。其次，转化和推广农产品深加工技术，打破产业链延伸的技术瓶颈。

（二）进行农业产业链的横向延伸

1. 加强和完善辅助服务行业的建设

一是积极进行农业科技的研发和推广。首先，农技研发要根据市场要求和区域特点进行。产业链的延伸、增值在很大程度上依赖于技术的突破，而一项技术在实践中被采纳、推广，必须很好地解决与市场的接口问题，因为实验室技术在现实中可能会因为成本过高或效益过低而不受欢迎，在一个区域可行的技术在另一个区域就不一定适用。因此，必须根据区域特点推动先进高效、现实可行的科学技术的研发和创新。其次，创办农业培训班，推动农业科技推广，提升农民科技水平。要加快完善农业科技推广体系，创新农技推广组织形式，积极开展农业科技入户，引导鼓励农业科技人员以技术服务、技术承包、技术入股等形式，直接参与农业产业化经营，加快农业科技成果的推广。再次，完善农业科技创新体系。要建立和完善产学研相结合的新型农业科技研发体系，即以企业为主体，联合相关高等学校、农技科研院所合建研发机构，不断提高精深加工水平和产品档次。最后，在普及现有农业技术的同时，要围绕基地建

设和农产品深加工，建设现代农业生产示范园区，积极引进、示范农业高新技术，提高科技成果转化率。

二是不断推广和普及信息服务。面向农业产业链的信息服务，有助于实现农产品生产和交易的信息化和网络化，降低农户的种植和市场风险，提升效益。在农产品生产前期，帮助农户和企业"网上采集信息，网下发展订单"，通过发展"订单农业"进一步降低分散生产的农户面临的市场风险；在农产品生产中期，各级涉农服务部门把采集到的农业生产实用技术、病虫害防治、市场行情、农产品精深加工及综合利用、保鲜、储运、包装技术指导等信息分类编辑，通过网络发布、电子邮箱或印发宣传资料，及时送进千家万户，为农户生产提供全方位的技术指导和服务；在农产品生产后期进行农产品网上营销，确保农产品销路畅通、供销协调、交易成本降低，使农户获取更多利益。

三是完善融资途径。积极发展农村金融组织，逐步培育功能健全的农村资金市场，为产业链延伸吸引更多的社会资金。

四是完善产业链基础配套设施。硬件基础设施和集群公共服务机构、集群代理机构等共同构成产业链发展的基础结构。硬件基础设施包括为产业链提供硬件支持的全部要素，如道路、水电、通信网络等设施。另外，还要协助建立产品销售市场、展示市场，进行相应的基础设施投资和建设，促进市场的繁荣，应引导外部协作机构进入产业链内部，尤其是产业发展所需的配套企业和机构。

2. 发展多途径的关联产业

一是发展生态旅游观光产业。利用农作物在生长过程中、收获中的可观赏性，结合当地的旅游资源，开发生态观光旅游业。首先，需要对先天性旅游资源进行合理开发，加强配套设施建设，为旅游产业发展提供良好的前提条件。其次，应拓展旅游产业链，促进餐饮、住宿、购物、娱乐等相关产业的发展。再次，应适时拓展旅游功能，将观光旅游、休闲旅游和文化旅游等相结合，满足游客的多样性需求，增强旅游吸引力。最后，应创造良好的旅游环境，如改善景区交通、治安、卫生条件等，为游客创造愉悦的旅游氛围，树立旅游产业品牌，尽力提高游客的满意度和重游率。

二是建立产前、产中农用设施和物资供应市场。农业产业链在横向和纵向上延伸后，播种和农作物生长过程中所需要的全自控的育苗、育种车间及大小样式各异的塑料大棚，可有效带动农用物资加工、设施农业及其他相关产业的发展；并且随着农业特色产业链的形成，一乡一类、一村一品的专业化、规模化生产经营必将代替"小而全"式的小农经营模式，规模化的农业生产更加需要农业机械和物资。因此，建立井然有序、公平交易、提供高质量产品的农资市场，是保障农业产业链有效延伸的必不可少的一环。

3. 转变政府职能创造良好外部环境

政府应扮演引导者、调控者和服务者的角色，为农业产业链的延伸创造良好的外部环境，这需要从以下几个方面入手：第一，做好引导工作。结合实际需求，政府有关部门制定农业产业链延伸规划并具体实施，制定并落实有关政策、法规，为农业产业链延伸提供政策指导和法律依据。第二，做好协调工作。通过协调农业产业在地区之间的产业布局，合理调节地区之间的利益关系；通过协调农业产业单位内部各方之间存在的矛盾，合理调节相互之间的利益关系。第三，做好服务工作。健全信息网络提供信息服务，健全技术咨询和推广机构提供技术服务，通过金融体制改革提供政策性的贷款服务。此外，政府还要搞好基础设施建设、健全市场体系和规范市场秩序等方面的服务，为农业产业链延伸后的协调发展创造良好的外部条件。

二、依托产业链延伸促进工业发展

贵州工业发展势头良好，增速保持在全国前列，新兴产业、特色产业发展迅猛，电子信息制造、大健康新医药、新材料、高端装备制造等产业快速增长。但总体上，贵州产业结构尚未发生根本性转变，传统产业仍然是全省工业的支柱，矿产业占工业比重达 50% 左右，特色新兴产业占工业比重不足 20%，钢铁、冶金、化工等传统行业受宏观经济影响，市场长期低迷，企业生产经营存在较大困难。传统产业供给多、新兴产业供给少，原材料半成品多、精深加工产品少，低端产品多、中高端产品少，工业企业核心竞争力不强，工业产品结构单一、新兴产业规模小，企业创新能力较弱、技术含量偏低，这些是贵州工业企业的普遍问题。规模扩张、粗放发展这条老路难以为继，必须转向以突出发展质量和效益为中心、从供给侧发力的这条新路。产能过剩、利用率低的状况，在很长时间内难以扭转。以钢铁行业为例，受全国性产能严重过剩、市场需求低迷等因素影响，贵州冶金产业产能利用率较低。2015 年，贵州生铁、粗钢、钢材、铁合金等产能利用率分别为 67.8%、70.5%、57.7%、66.3%，都远远低于 75% 的相对合理水平，其中钢材产能利用率低于全国水平 13.6 个百分点。在煤炭、水泥等传统行业，同样存在需求不足、供给过剩的结构性矛盾。

"千企改造"是贵州"解决生产方式粗放、市场主体少、企业成本高、产业低端"等顽固供给端矛盾和"建立新工业体系"的重大工程。2016 年，全省共实施"千企改造"工程企业 1210 户、项目 1532 个，1977 户企业制定转型升级方案，完成技改投资 280 亿元，带动全省技改投资 680 亿元[①]。2017 年，按照"扶优扶

---

① 资料来源：http://www.ddcpc.cn/2017/jr_0616/103621.html。

强扶大"和"扶新扶精扶特"原则,贵州从全省 12 个行业中筛选了 113 户龙头企业和 101 户高成长性企业进行培育,形成"千企改造"工程示范试点和行业领跑者,为产业转型升级提供支撑。

在政策措施方面,在 2016 年出台了《贵州省实施"千企改造"工程促进工业全面转型升级方案》的基础上,2017 年贵州又出台了《贵州省关于支持"千企改造"工程龙头企业和高成长性企业加快发展的相关措施》。根据此"措施",在财政直接奖补、企业多渠道融资、企业技术进步、企业要素保障、企业质量和品牌建设、人才队伍建设、企业发展环境七个方面,"千企改造"龙头企业和高成长性企业会得到若干政策扶持。围绕"调结构、补短板、增效益"、"节能环保与安全改造"、"增品种、提品质、创品牌"和"智能制造与两化融合"4 个专项任务,"千企改造"工程将精准施策技术创新、产品创新、模式创新,争创世界一流,"最低要求也要保证新改造项目在相当一段时间内不落后于同行业企业水平,实现企业脱胎换骨"。

"千企改造"工程为贵州工业吹响了转型升级号角,贵州工业供给侧结构性改革步伐加快、精准度提升。为支持龙头企业和高成长性企业转型,早日实现发展质量提升、发展速度加快,每年将 10 亿元左右的省工业和信息化发展专项资金支持这些企业的发展,实现精准施策。这些资金将重点支持高端装备、精细化工、电子信息制造、新材料、医药、特色食品等产业企业。"政策支撑落到面上、资金支持落到点上",企业可以采用多项目打包申请资金支持,具体支持金额按项目规模区别对待。金融、土地、税费减免等优惠政策含金量也很大。优先支持纳入龙头企业和高成长性企业在境内外上市,支持发行债券、短期融资券、中期票据实现再融资。对龙头企业和高成长性企业的项目,优先进入相关产业基金项目库,并在资金安排上予以重点支持。

加强工业转型升级的用地保障,针对企业重点转型升级项目,地方安排用地指标确有困难的,省里给予适当支持。落实各项税费减免优惠政策,支持企业技术创新投入,对于经认定为高新技术企业的,可按 15%税率征收企业所得税。针对影响企业技改的生产要素保障、企业发展环境等问题,"千企改造"工程专门提出相应政策倾斜,通过出台环保、质检、电力优惠等方面的政策措施,支持、敦促企业转型升级。未来的区域竞争,也是产业链的竞争,龙头企业和高成长性企业技术改造和创新方向,必须瞄准产业链上的短板进行补链和延链,培育产业链竞争优势。例如,瓮福(集团)有限责任公司磷化工升级项目,通过自主研发的湿法磷酸核心技术,将磷与酸反应,制得粗酸,再经过净化工艺,制得工业级、食品级、电子级的磷酸,以此为原料发展对应的磷酸盐产品。对于磷矿伴生的氟、碘、钼、镍、钒、稀土元素,通过有针对性的工艺分别进行回收,发展高附加值的电子级氢氟酸、精碘等功能化学品。补链延链项目将获重点支持,在推动传统产业转型升级的同时,促进新兴产业、高新技术产业集群化规模化发展,形成新的经济增长点。"千企改造"工程要求所有企业都要与大数据信息化结合，探索运用大数据促进贵州企业生产技术更新、商业模式创新和产品供给革新，将实施"互联网＋"行动计划和智能制造试点示范，以数据流引领技术流、物质流、资金流、人才流，全力推动高端企业、先进技术与产业企业有机嫁接，推动实体经济与大数据企业深化合作。

盘州市柏果镇与贵州黔桂发电有限责任公司创建了"产城共建"和"煤—电—化—建"发展模式。"产城共建"是贵州黔桂发电有限责任公司一体化循环经济项目的重要环节，它直接指向当地居民的生存环境改善。此项目由煤炭洗选、发电、煤焦化和产品精深加工、废水废气废渣废热回收等综合利用项目构成，其中有全国炼焦行业领先的焦炉烟气脱硫脱硝装置。这个共投资 120 亿元的技术改造工程，为企业生产环保达标和当地绿色发展开辟了可行路径。成本不菲的技术升级，也让企业生产效率大大提升。经过"煤—电—化—建"改造，贵州黔桂发电有限责任公司产品数量由单一的火力发电增加到 30 多种。2016 年，贵州黔桂发电有限责任公司总产值 51 亿元，上缴税费 1.8 亿元，成为贵州省循环经济健康发展的成功范例。

三、依托产业链延伸促进第三产业发展

（一）县域第三产业发展的原则

虽然新型产业结构演进模式为县域加快第三产业发展奠定了理论基础，但目前经济发展中跨产业融合的趋势愈加明显，第三产业的发展必须建立在整个县域经济发展的基础上，而不能脱离这一基础盲目发展。目前，我国多数地区县域经济与城市经济相比存在着总量偏小、结构单一、发展缓慢的问题。因此，县域第三产业的发展应遵循以下两个具体原则：一方面，发展具有比较优势的第三产业。作为后发区域，县域第三产业发展刚刚起步，无论在发展领域上，还是在发展层次上，都与城市第三产业有较大的差距。另一方面，县域经济在发展过程中形成了自身的特色。因此，当前县域必须集中有限的资源，发展具有自身特色和优势的第三产业，发展复合型第三产业。复合型第三产业，就是把第三产业中两个或两个以上的部门融合，甚至联合第一产业、第二产业中的一些部门而统一发展。例如，现代物流业就是商业、交通业、仓储业以及传统制造业的结合。复合型第三产业是现代第三产业发展的重要方向之一，作为县域第三产业的发展也必须遵循这一规律。同时，县域第三产业可以借鉴先发区域单一型第三产业发展的经验和教训，把第三产业中有紧密联系的若干部门融合发展，加快发展速度，节约发展资源。

（二）县域第三产业发展的具体策略

按照行业分类，第三产业可以分为四个层次：流通部门、生产和生活服务部门、科教文化部门、社会公共服务部门。流通部门包括交通运输业、邮电通信业、商业、餐饮业、物资供销和仓储业。生产和生活服务部门包括金融业、保险业、地质普查业、房地产业、公用事业、居民服务业、旅游业、信息咨询服务业和各类技术服务业。科教文化部门包括教育、文化、广播电视事业、科学研究事业、卫生事业、体育事业和社会服务业等。社会公共服务部门包括国家机关、政党机关、社会团体等。就经济结构而言，前三个层次与工农业相结合构成了经济发展的实体要素，而第四层次只是作为经济发展的辅助要素，因此县域加快第三产业发展就是以前三个层次的发展为中心。目前，县域第三产业无法做到三个层次全面发展，而应集中资源，在每个层次中选择具有比较优势的一两个行业作为发展的重点。结合目前经济发展状况，县域应重点发展以下产业。

1. "涉农"第三产业

农业产业化是县域加快发展的重要支柱之一。农业产业化就是把农户种植业与企业加工业和贸易业相结合，形成完整的农产品生产、加工、贸易体系。就现阶段发展状况而言，农业产业化在多数县域处于起步阶段，究其原因主要是连接农户和企业之间的"涉农"第三产业发育不完全。按照农产品生产流程，"涉农"第三产业可以分为产前服务业、产中服务业和产后服务业三类。产前服务业主要包括农产品信息咨询服务业、良种农资研发业等；产中服务业主要包括农产品生产技术指导；产后服务业主要包括农产品加工贸易服务业。传统的农业服务体系是以部门纵向领导为主的服务网络，包括政府农林水利等部门的技术推广机构和供销合作社等，与计划经济体制相适应，主要是对农产品产中进行一定程度的服务，而对产前及产后服务比较欠缺。因此，现阶段应以市场为导向，重构"涉农"服务体系，让企业以实体的形式进入这一产业，通过有偿服务、自负盈亏保持发展，最终建立包括生产资料供应体系、农村经济信息服务体系、科技服务体系、储藏加工体系、销售服务体系在内的完整"涉农"服务业。

2. 乡村旅游业

乡村旅游业是县域第三产业中一个重要的新兴行业，市场潜在需求巨大，具有良好的发展前景。贵州县域旅游资源非常丰富，旅游景点的70%左右位于乡村地区。近年来，国内外旅游者的消费热点正逐渐由城市转向乡村。发展乡村旅游经济，对乡村资源开发和合理利用有着越来越重要的作用。发展乡村旅游业不仅能够提供更多的就业机会、增加农民收入并促进县域经济繁荣，而且有利于乡村自然资源的合理保护和利用，促进县域经济的可持续发展。

3. 现代物流业

物流业是复合型的第三产业，是传统商业、运输业、仓储业及生活服务业的集合，符合现代第三产业的发展方向。发展县域第三产业，一方面，可以使县域居民尤其是农民享受便利的生活服务设施，提高生活质量；另一方面，其是城市经济向县域梯度转移的重要纽带，是解决城乡二元结构的手段之一。

4. 人力资源服务业

近年来，进城务工的人越来越多，打工收入已成为县域经济的重要来源，但目前许多地方的剩余劳力转移还处于自发和无序的状态。因此，建立和发展县域人力资源服务业是解决目前进城务工人员诸多问题，使其健康有序发展的重要手段。现阶段县域人力资源服务业的发展主要包括三个方面。

1）技能培训。目的在于使进城务工人员掌握基本的劳动技能，符合用人单位的需求。

2）中介咨询。可以使进城务工人员掌握更多的用工信息，更容易地找到工作。

3）农村金融。使进城务工人员的劳务收入更多地回流到农村，让县域积累更多的资金，从而为县域发展提供物质基础。

第八章　贵州省县域经济发展模式创新研究

第一节　县域经济发展模式的观念创新研究

县域作为宏观与微观、工业与农业、城市与农村的结合部，其经济发展和运行的质量、效益，直接关系国民经济的发展速度和社会的长治久安。面对新时代的机遇与挑战，县域经济的发展应树立新的观念，开拓新的思路。

一、树立优先发展第三产业的观念

从以农业、工业为主转向以第三产业为主，工农并重，提升县域经济服务能力，加速现代化进程，使县域经济的发展水平和综合经济实力提高。无农不稳，无工不富，无商不活。从某种意义上讲，没有农村的现代化，就没有中国的现代化。稳定和加强农业的基础地位，一是要坚定地走农业产业化的发展道路；二是要依靠科技。这些都是农业增效、农民增收的前提和基础。农业产业化和集约化经营与发展第三产业的进程是互为前提、相互促进、相互制约的，如农产品的深加工、旅游观光农业的结合体。无论是从经济发展的流程还是经济发展的实践来看，只有把农业与第三产业有机结合起来，贵州县域产业才更加繁荣，制约农业发展的资金不足、人多地少、生产方式落后等主要矛盾才能从根本上得到解决，农业的产业活力才能真正地得到激发，由农业衍生出来的相关产业才能更好地发展。

二、树立优先建设小城镇的观念

生产经营活动的组织从以村为主转向以镇为主，加快小城镇建设与发展步伐，提高城镇化水平，带动县域经济协同发展。在现有条件下，提高县域经济工业化、城镇化和市场化水平的着力点是小城镇的建设与发展。小城镇作为第二、第三产业发展的载体、吸纳和转移农村剩余劳动力的基础，接受大中小城市辐射和产业转移，是传播现代工业文明、市场观念和加强城乡关系的"桥头堡"，其发展的规模、速度和功能的完善与发挥，直接关系县域经济发展的水平和质量。

小城镇的建设与发展，一是要科学规划。抓好规划这个龙头，是充分发挥小城镇集聚、扩散等功能的中心环节，是合理划分第二、第三产业发展空间，提高土地等资源利用率和城镇吸引力、凝聚力的关键。二是要遵循总体规划，保证重点，分类指导，分步实施的原则，集中人力、财力和物力，搞好县域和中心镇的建设与发展，提升、完善其功能，使其发展成为县域经济的发展极，以点带面。三是要把科学管城、开发拓城、实业兴城三者有机结合起来，解决过去重建轻管等问题，按照科学化、规范化、制度化的要求，严格城镇管理，尽快让它们绿起来，洁起来，活起来。四是加快户籍制度、土地流转制度等方面改革的步伐，积极引导和鼓励农民进镇。

三、树立优先激活民营经济的观念

加快改革和制度创新的步伐，建立和健全现代企业制度，向市场经济全面转轨。树立县域经济以民营为主的观念，一是要解放思想，抓住机遇，在保证国有、集体资产保值、增值的前提下，通过改组、联合、兼并、出租、股份制改造、拍卖等形式，改造和重组国有、集体企业，实行投资主体多元化、民营化改造，大力引进民营机制，建立现代企业制度。二是加快改革和制度创新的步伐，大量发展民营企业，并鼓励民营企业积极参与国有、集体企业的改革，千方百计地激活社会资金，大力拓宽生财之道。三是要大力培养和造就一大批民营企业家和优秀管理者，使县域企业更加充满生机与活力。

四、树立优先发展开放经济的观念

县域经济发展应立足本县实际，着眼国际、国内两个市场，发展外向型经济，加强内外联动，强化纵向和横向经济合作。从我国县域经济发展的实践来看，经济发达和较发达地区的县域经济都不同程度地利用了国际资本、国际资源和国际市场的优势。面对经济全球化、知识经济化和产业政策调整等新的形势和任务，县域经济要走上新的台阶，必须开阔视野，树立大开放、大市场、大资源、大发展的意识，利用国际国内两个市场、两种资源，克服县域经济在资金、技术、人才等方面的瓶颈性制约，形成优势互补、扬长避短、协同发展的格局。在现有条件下，县域经济要实现大发展，必须弘扬团结奋斗、真抓实干、勇于开拓、敢于创新的精神，正视困难，狠抓落实。抓落实，一是要靠领导推动，实行招商引资"一把手"工程。二是要靠政策拉动，鼓励企业和个人招商引资。三是要靠服务促动，按照国际惯例，理顺办事程序，简化手续，提高办事效率和服务质量，维护投资者的合法权益。四是要靠外资驱动，促其上规模，上档次。

五、树立优先发展特色产业的观念

做好结构调整与优化这篇大文章，在培养主导产业和发展特色经济上实现新的突破。县域产业结构的调整要跳出过去一味求全的框框。一是要在特色上下工夫，只有这样才能使县域经济充满活力，富有竞争力。二是要根据本地的资源和基础条件以及市场的要求，选择好、培养好支柱产业和主导产业，形成主导产业、配套产业和新兴产业互相依存、协调发展的产业群体。三是要大力推进农业和农村经济结构战略性调整。四是要大力发展第三产业，积极发展建筑业、服务业、运输业等产业，同时，建设和培养一批有辐射力的大宗农产品、工业消费品和生产资料的专业批发市场，鼓励和支持各类民间流通组织的发展，以小城镇为依托，把大工业与乡镇企业、广大农村联结起来，促进生产要素合理流动，优化资源配置，使城镇成为市场的集散地和经济辐射源。

六、树立优先培养引进人才的观念

随着知识经济化和经济全球化进程的不断加快，知识和信息转化为现实生产力的过程日益缩短，知识人才、知识产业、知识管理乃至知识经济，成为必然趋势，市场竞争实质上是人才、科技的竞争。在新的经济发展浪潮中，县域经济要大有作为，实现跳跃式发展，必须培养和引进大批人才，充分发挥科技是第一生产力的作用。一是要千方百计地保证教育投入。二是要大力调整教育结构，大力发展成人教育和职业技术教育，鼓励社会办学，努力提高劳动者的综合素质和劳动技能，为农村剩余劳动力的转移创造条件。三是要鼓励和支持各类有实力的企业和个人创办高新技术企业，发挥其示范和带动作用。四是制定优惠政策，吸引一批德才兼备的人才前来创业，同时，要用好县域科技人才，做到人尽其才，才尽其用。五是建立知识资本机制，把科技人员的贡献与企业的利益分配结合起来，充分调动科技人员的积极性、主动性和创造性。

第二节　县域经济发展模式的制度创新研究

县域经济社会发展是区域协调发展的基石。贵州县域发展虽然已取得长足发展，但总体上县域经济发展底子薄、水平低、结构不合理的问题依然比较突出。因此，为适应县域经济产业融合发展的新趋势，贵州县域经济的发展要在制度上进行创新。

一、完善资本市场体系，为县域发展提供资金支持

经过多年的金融机构改革，我国县域金融体系初步形成了以国有金融机构为主导，以农村信用合作社为辅助的架构，主要具有政策性、商业性和合作金融的职能和特点。但是县域金融对县域经济发展的支持总体不足，县域金融信贷投入结构不合理、金融产品针对性不强、农村信用社融资能力弱等问题突出。因此，必须采取如下措施：一是要建立适合县域发展的金融机构的种类，发展一批服务县域经济发展的政策性或股份制金融机构，提高服务网点的覆盖率。二是要提高信贷管理水平，建立健全贷款风险约束机制、优质信贷资产激励机制、信贷用户信用等级评定机制等信贷管理体系。三是建立多层次资本市场，加快县域证券业和保险业的发展，进一步完善资本市场结构，丰富资本市场产品。四是加大财政对农村信用合作社的支持力度，在税收政策和财政政策方面为农村信用合作社提供优惠政策，强化其农村主力军的作用。五是建立健全以政策主导为主的农业保险体系，成立政策性农业保险公司，建立农业保险基金，鼓励商业性农业保险公司在县域设点。

二、重视知识产权保护，为县域发展提供创新动力

为县域发展提供技术支持增强区域核心竞争力是推进县域经济可持续发展的唯一动力，在"双创"背景下，县域经济的发展越来越需要一批自主创新能力强和拥有核心技术专利的地方企业来推动。一是企业自身要做好知识产权保护工作，建立专门的知识产权管理部门，制定专利、商标等知识产权管理制度，聘请专业知识产权保护法律顾问，保障自身合法权益。二是企业要建立专利和信息查询利用机制，将知识产权战略融合到企业的技术创新和管理工作中，积极吸收和借鉴国内外先进技术，科学预测技术和市场发展趋势，有针对性地进行技术创新，将产权优势转化为企业竞争力，规避侵权风险，为企业在市场竞争中争取主动权。三是支持企业与高等院校、科研院所建立多种形式的技术研发与合作机制，鼓励企事业单位实行知识产权薪酬奖励或技术入股，鼓励企业或个人通过知识产权拍卖、转让、质押等方式实现知识产权的市场转化，推动知识产权的推广与应用。四是加强知识产权执法保护，建立力量充实的知识产权行政执法队伍，严厉打击侵犯知识产权行为，营造良好的创新环境。充分利用行业协会、商会等各种工商组织的内部协调作用，引导企业采取有效措施应对各类知识产权纠纷，化解矛盾。

三、系统推进制度创新，为县域发展释放改革红利

县域经济在城乡统筹中具有举足轻重的地位和作用，发展县域经济是城乡统筹制度创新的重要载体。以当前我国县域经济发展的必要条件和内在功能为依据，发展县域经济可以在财产制度、就业制度、教育体制和社会保障制度等方面推动城乡统筹的制度创新，并最终推动我国城乡关系走向和谐互动。

第一，发展县域经济要求明晰农村土地产权，以推动城乡居民平等财产权利的制度创新。土地是我国农民重要的生产资料和生活来源，但《中华人民共和国土地管理法》明确规定集体所有的土地依照法律属于农民集体所有，由村农业生产合作社等农业集体经济组织或者村民委员会经营、管理。这样，农民个体作为农村土地的名义所有者就与其实际控制者之间形成了一种委托代理关系，加之法律对土地所有权与承包使用权界定比较模糊，往往造成农户在土地处置权上的所有者缺位和在土地转包、征用、流转等环节的权利受到侵害。一定程度上，农村土地产权及经营管理权利存在的重大缺陷，正是市场条件下导致农民对土地长期投入的激励不足、人地矛盾和城乡矛盾更加激化、"三农"问题久治不愈的制度病因。因此，要突破县域经济发展的困境和障碍，就必须在确保农民享有同城市居民平等的财产权利的法律框架下，改革和完善家庭联产承包责任制、明晰土地产权，从而激发农民利用土地进行创业和投资的动力。在大力促进县域经济发展的目标下，以推动农民土地财产权利的法律保障为切入点，并逐步扩大到其他经济、社会、政治、文化领域，使农民作为一个阶层逐步获得具有法律保障的各种公民权利，最终在真正意义上成为与城市居民完全平等的国家公民。

第二，发展县域经济要求创新就业体制，以推动城乡公平就业和要素自由流动的制度创新。公平自由的就业环境和城乡经济要素的充分流动是完善社会主义市场经济的必然要求。在长期城乡分割和计划安排的就业制度下，我国对城乡居民实行有差别的就业环境和条件，而且一般禁止二者之间的自由流动；改革开放以来，在此基础上逐渐发育的劳动力市场也极不完善，存在着非市场的城乡分层和对农村劳动者的广泛就业歧视。同时，在我国传统城乡分割的户籍制度和现有征地管理制度下，一方面，农民进城务工或者定居仍然存在着不少制约，农民及其资源向城市转移受到阻滞；另一方面，大量的农村土地被征用为城市或工业用地，但在此生活的农民并未随之转入城市或享受到应有的就业和财产权利，因而出现了农村劳动力和土地资源向城市的单方面流入。正是这种状况使得广大县域特别是欠发达县域出现了资源流失、收入下降、经济凋敝的严重局面。发展县域经济就必然要求进一步打破传统的以户籍管理为标志的歧视性就业制度，建立起

公平合理、同失地农民就业相联系的征地补偿制度，尽快形成公平自由、同工同酬的城乡劳动力市场，从而在城乡经济资源的市场化自由流动中实现城乡互补和融合。

第三，发展县域经济要求改革教育体制，以推动城乡教育资源公平分配的制度创新。我国现有教育体系重城市、轻农村，重学历教育、轻职业教育和基础教育，重知识体系的完整性、轻实用性和创新性教育。以农村为主的广大县域是最需要人才和教育的地方，但我国公共教育经费相当大的比例投向城市而不是农村，使得我国城乡人均教育资源占比极其悬殊和极不平等。在农村人才培养方面，县域经济发展要求在提高农村人口基本素质的前提下，教育必须要面向农业和农村发展的实际需要，大力开发农村人力资源，增加农村人力资本存量。这就要求在现有教育体制中加大职业教育的分量，同时建立切实有效的农民工培训制度，为农村社会经济的发展提供必不可少的实用型人才。因此，发展县域经济不仅需要改革我国现有的基础教育以县为主的投入方式，还要对整体教育结构和内容提出新的人才培养要求。这种投入方式和结构体系及内容的调整改革，实质上就是根据国家经济社会发展需要和教育发展规律，在城市与农村之间重新公平配置教育资源的过程。显然，根据县域经济发展需要对农村义务教育投入体制、教育结构和课程设置等进行改革，必然会全面推动城乡教育资源公平配给的制度创新。

四、完善人才引进机制，为县域发展提供智力支持

县域经济要适应新常态，实现可持续发展，人才是关键因素。高层次人才的竞争已经成为国际竞争的重点，县域城市在城市影响力、产业配套设施、经济发展实力等方面无法与大中型城市相比较，吸引高层次人才和创新创业人才到县域聚集、生活、工作就显得更加困难。因此，必须重点做好如下工作：一是县级政府部门要真正把人才强县战略作为经济社会发展的核心战略，针对不同类型、不同发展阶段的高层次创新创业人才的需求，在创业扶持、税收优惠、生活待遇、金融支持等方面制定明确政策和相关实施细则，切实解决人才项目发展过程中的重点问题。二是着力营造服务型政府，提升机关工作人员服务意识，提升服务质量和效率，努力创造基础设施完善、社会环境和谐、政府高效廉洁的商务环境。三是要在支柱产业和重点行业建立县域技术服务平台，帮助企业利用社会服务规避技术风险、降低开发成本、缩短研发周期，促进企业技术创新水平提高和创新能力完善。四是建立人才关爱机制，增强人才对落户地的信任感，形成吸引人才和留住人才的良好氛围，大力营造鼓励创新、支持创业和宽容失败的人才发展环境。

五、铸牢生态保护铁笼，为县域发展提供蓝天净土

习近平总书记提出"绿水青山就是金山银山"，为新时期县域经济发展指出了一条更加理性的现代生态经济发展模式，既不是以牺牲生态环境为代价的经济增长模式，也不是以牺牲经济增长为代价的生态保护模式，而是生态经济与县域经济协调发展、均衡发展的生态经济发展模式。一是要在县域发展中充分融入生态文明的理念，县域的发展不仅要抓经济发展硬指标，更要将人民群众的生存环境、生活质量、幸福体验等软指标考虑进去，形成具有县域特色的社会主义生态文明建设氛围。二是县域产业的发展要以绿色、低碳为主，发展无污染、低消耗、资源再利用的绿色生产模式和工艺。三是县域建设要以宜居城镇建设和美丽乡村建设为目标，强化县域规划的先导作用。建制镇要实施标准化的道路交通、卫生设施、城市管网建设，打造宜居宜业城镇。农村积极实施乡村振兴战略，推进山、水、林、田、房综合治理工程，引导农村居民集中居住，建设一批生态文明小康村。

第三节　县域经济发展模式的管理创新研究

一、协调好政府与市场的关系

（一）县级政府与企业、市场分工不清，经济职能界定模糊造成"错位"现象

县级政府在履行经济职能时大部分沿袭改革开放前的计划经济策略，直接控制和干预经济。某些县级政府缺乏服务意识，同时将自身的意志强加在经济运行和经营活动上，结果导致政府、企业和市场之间的分工不清，违背了社会主义市场经济原则，造成市场政府化，经济计划化。该履行职责的不作为，不该履行职责的乱作为。例如，应该由政府做的，市场缺乏监管，社会缺乏管理，公共缺乏服务，治安缺乏治理，环境缺乏建设；不应该由政府做的，招商引资过多介入，甚至干预企业生产经营决策，用行政手段要求企业上某个项目，下指标分任务要求企业生产某种产品；政府直接介入微观经济运行，政企不分、政资不分的问题还没有彻底解决；重审批轻监管、重收费轻服务等问题普遍存在；政府经济行为仍然是会议动员、文件安排、考核检查，出了问题开展专项整治。

（二）县级政府对发展规划缺乏针对性，形式主义严重，造成"缺位"
　　　现象

　　某些县级政府在制定经济规划时缺乏深入的市场调查，没有对经济规划项目进行充分的论证和深入的调查，使这些经济规划指向性差，针对性弱。例如，一些县在对本地区的专有和特色资源的市场了解不够的情况下，盲目跟进项目和开发市场，结果导致辖区内资源的浪费。随着经济的发展，某些县级政府盲目地掀起了一股投资热，但是投资的目的不是发展经济，而是打造"政绩工程"。这些县级政府一是对中央政府及上级地方政府的宏观调控政策执行阳奉阴违，表面应付，没有真正落实到位；二是对政策执行断章取义，各取所需，对本县有利的政策扩大执行，对本县不利的政策故意不执行或变相执行，使宏观经济政策在执行中变得残缺不全。这些不但加重了县级政府财政负担，而且加重了农民的经济负担，造成资源的浪费，同时使政府在对市场经济管理中出现真空和管理不力的问题。

（三）县级政府使用一些强制性的行政手段干预经济造成"越位"现象

　　某些县级政府在该有所作为的地方不作为，不该作为的地方滥作为，这种越位现象主要有：一是政企不分，县级政府插手企业的微观经营管理活动，或者直接投资和经营企业，与民营企业竞争谋利；政府在管理县域经济中只善于依靠行政手段，对于市场失灵出现的欺行霸市、以假乱真等损害经营者和消费者的违法行为缺乏有效的经济手段来维持市场秩序。二是地方保护主义严重，一些县级政府违背价值规律和价格竞争原则，为了维护本辖区内的利益，采用高税收、高价格、高收费等手段限制外地产品进入本地市场，保护本县的落后产业；还有一些县政府直接绕过国家的相关政策和法规，制定对本县有利的优惠经济政策，减免本地的企业税收。这些不正当的竞争政策直接阻碍了县域经济的发展步伐和人民生活的长久治安。

二、厘清政府的基本经济职责

　　县级政府经济职能是指在市场经济发展中，县级政府根据本县的状况，直接运用行政和法律手段引导市场经济，规划社会主义市场经济基本秩序和基本框架，间接运用"无形的手"的经济手段引导市场向正确的轨道前进，弥补市场在经济发展中的失灵和缺陷，保证市场有效有序运行，使地区内的社会资源得到合理配置，从而促进经济发展。

（一）把农业工作放在首位

县级政府作为县域农村经济的推动者，要把发展农业工作摆在首位。农业不仅是整个国民经济的基础，还是县域经济的基础，县级政府应与广大农民群众一起，共同做好农业生产力的解放和新农村建设工作。一是紧紧抓住以发展粮食生产为中心这条主线，不断深入推进和调整农业产业结构，发掘和发展县内的特色农业。二是建立各种完善的农业专项补贴政策，加大对农业的财政支持，认真贯彻"多予少取放活"的方针，加大"多予"，全面贯彻"一免三补"为主的各项惠民政策。三是大力发展订单农业，实施农业产业化经营，靠龙头企业带动农民增收。四是加强农民工的培训，提高农民工素质，扩大劳务经济收入，坚持不懈地加大农村扶贫开发力度，采取综合而广泛的措施开辟农民增收渠道，千方百计增加农民收入。五是更好地解决农村剩余劳动力的出路，并将其转化成当地的竞争优势，使这些劳动力成为当地经济发展的重要力量，同时还需要建立健全基层劳务输出系统，政府应该做好中介服务，避免农民工盲目外出，有序地实现农村剩余劳动力的转移。六是支持高素质的农村劳动力回乡或者外出创业。在农村高素质劳动者中不乏一些具备经营头脑、敢于冒险的人，他们一方面比较了解农民的生活状况和农村的经济状况，另一方面又掌握着现代知识和信息，调动这部分人的积极性对于政府开展县域经济工作非常有益。

（二）改善农村公共服务状况，为经济发展提供必要的基础设施

县级政府一方面要为县域经济发展提供必要和有效的服务，还要为地方经济发展提供优质的基础设施。县域经济发展中，有部分基础建设项目需要大量的资金，并且建设周期长、实施规模庞大，仅仅靠市场的自发调节是远远不够的，所以政府提供必要的基建设施，可以有效地帮助市场达到供需的平衡。为此，要明确政府投入的主体责任，完善县域基础设施建设的工作机制；建立城乡统筹的公共财政体制，完善对县域基础设施建设的长效投入机制；建立农民自愿、民主决策的劳动积累和激励机制；探索建立全社会力量支持县域基础设施建设的参与机制。县级政府要坚持从本地实际出发切实加大对基础设施建设的投入，通过财政、税收和产业政策等政府行为和公共政策手段加快县域基础设施建设。在保证基础设施建设顺利进行的同时，县级政府应当及时建立可以即时交流的公共服务信息平台，提供以经济建设为重心的信息咨询和交流服务，通过这些平台传达政府指导经济的政策和经济投资的热点。这些权威性的信息

交流，可以有效避免市场上一些盲目跟风和投机行为，同时也可以避免政府的盲目决策。

（三）鼓励和引导县区内民营中小企业发展

县级政府在国民经济发展中起着承上启下的作用，既响应上一级政府的号召，同时按照本县的经济情况，不断创造宽松和谐的发展环境，制定经济政策，履行经济职能。县级政府应当以市场组织者和市场秩序维护者的身份通过必要的行政、法律和经济手段来影响经济的发展，使经济发展的轨道能够体现上级机关的意志，同时按照本地的市场规律，沿着正常的轨道进行。鼓励和引导县区内中小企业发展，以放手、放宽的姿态在该干预的领域干预，不该干预的领域不干预，特别是为一些新生的企业提供绿色通道。一是加大招商引资，引进外来的可以帮助本地企业发展、改善当地农民群众生活的先进理念和科技，为县域经济的发展注入新的长久的活力。二是努力建立稳定客观的行政环境，避免主观性的行政行为，制定符合经济发展规律和客观规律的政策，取得企业和群众的信赖，与企业和谐相处。三是建立公平、公正的竞争环境，打破封闭和垄断格局，实现公平竞争，树立正确的市场经济观念，营造健康的市场经济环境。

三、创新政府的经济管理方式

（一）发挥比较优势，大力发展县域特色经济

旅游资源丰富的地区加强旅游设施的基础建设，发展旅游业，科学编制当地县域内的旅游发展规划，指导和推动全县旅游产业健康有序的发展，完善旅游景区建设，打造规范的旅游线路，对能够突出当地特点的特色景点进行包装、推荐和招商，吸引国内知名旅游企业投资和建设，促进县域旅游业与国内的大市场接轨；加快农业产业突出的地区向农业强县发展，改变过去的"村村点火、户户冒烟"的粗放式发展路子；加快农业牧业的科技创新，在原有的农产品基础上，力争新品种的培育；强化农牧业的科技知识推广，提高农产品的产量和质量，积极引导一些科技含量高、市场前景好的农产品加工企业打造本土的农产品知名品牌；建立工业园、经济开发区，同时引导产业、企业、项目向开发区和园区聚集发展，向关联产业链发展，向产业集群方向发展，认识差距，正视困难，面对挑战，不骄不躁。

（二）创建"廉价政府"，促进经济管理的创新

"廉价政府"不仅是社会主义市场经济建设正常进行的保证，还是党在新的历史时期面临的新的挑战。"廉价政府"是马克思主义的一贯主张，也是社会主义政权的重要特征之一。"廉价政府"是指政府的廉洁和政府服务管理的廉价。经济的发展必然造成官员的腐败、贪污和浪费，一些腐败官员的私欲严重影响了经济的发展和社会和谐；同时经济的发展需要大量的人力物力维持，大量的行政人员和机构，造成政府运营成本增加，行政效率降低。因此，政府树立成本意识，实现"廉价政府"对经济的发展是必要的。一是县级政府应努力实现行政机构的最小规模，因为庞大繁冗的机构的存在及其运转既以牺牲效率为代价，又要以巨额经费来维持。二是努力实现行政管理的最小耗费，因为行政管理耗费的多少与行政能力和效率的高低不一定成正比。三是立足于服务，创建服务型政府，把管理经济、管理企业的意识转向服务经济建设、服务于企业。同时，控制和减少行政耗费还有利于控制行政规模的膨胀，应把众多的县级政府专业经济管理部门机构裁减到最低限度，保障经济建设的正常进行。

（三）创建绩效政府，推行信息化管理模式

现代信息技术和网络技术是政府管理经济、提供社会服务、高效办公的重要途径，对于县级政府经济职能转变和创新具有划时代的意义。在传统的政务运行过程中，信件需要人员传送，上级命令通过人员或者板报的形式传达，这些都大大降低了县级政府行政效率，增加了行政运营成本，不利于行政信息的传递和公开。因此，县级政府应当实行无纸化办公，减少行政费用，提高政府绩效。同时建立有效和高效的行政信息系统，准确及时地为群众发布各种行政政策，提供各种资讯服务，提供群众需要了解的各类经济政策和法律法规，努力满足群众对经济发展和政府服务的需求。同时，及时反馈群众对各种经济建设过程中产生的疑问，以及对政府提出的经济政策的不满，以此来增加政府工作的透明度，改善政府和人民群众之间的交流方式和实现资源的共享。这种政务公开的模式激发了群众参与经济建设和公民政治的积极性，有利于经济建设中的社会民主和社会和谐。

（四）实施乡村振兴战略，推动城乡统筹发展

农民是农村文化的主体，是县域经济发展的原动力，在推进新时代"产业兴

旺、生态宜居、乡风文明、治理有效、生活富裕"的乡村振兴战略实施中具有重要的作用。县级政府要不断加大农村文化发展的投入，采用群众语言，用反映事实、准确且富有感染力和说服力的话把乡村振兴的口号宣传到位、政策落实到位，引起群众的共鸣和信赖。县政府应当把各个区域在实践中取得显著成绩、涌现出的一批经济发展先进个人和先进村树立为典型，以报告和演讲的方式宣传到各个地区，带动当地群众的积极性，让群众热情地投入经济建设中去。真正落实农村电视广播普及工作，让每家每户能够了解到本县的经济状况，了解到国家的经济政策，让农民切身感受到党和政府对农村经济的关注。继续推进义务教育方针和政策，重视农民的基础教育和职业培训，对于提高县域经济效益起着重要作用。

（五）完善社会保障制度，促进经济社会和谐发展

经济的发展促成社会的和谐，而社会的和谐能使经济得到更好的发展。县级政府要在领导本县经济发展的同时，建立健全县内社会保障体系，保障农民生活的基本权利，这样才能保障经济建设的顺利进行；要普及养老保障、基本医疗保障和最低生活保障；要为当地农民群众提供就业机会，转移本地区的剩余劳动力；要坚持以按劳分配为主，多种分配方式并存的分配制度，调节收入分配；要努力提高低收入者收入水平，扩大中等收入者比重，有效调节过高收入，取缔非法收入，千方百计增加农民收入；坚持以经济发展就是为了社会和谐，社会和谐促进经济发展的思想来定位政府的经济职能。随着我国县域经济大发展时代的到来，各种有关县域经济发展的讨论也日渐增多，然而完善社会主义市场经济是一个长期、渐进的过程。作为市场经济中重要的组成部分，县级政府的经济职能转变不可能一步到位，在县级政府实行经济职能的同时还存在着诸多问题，如"错位""缺位""越位"等，这些问题很大程度上限制了政府经济职能的发挥。因此，正确定位经济职能，同时遵循市场原则，才能最大化地发挥政府经济职能。在县级政府经济职能的发挥中，只有在政府的正确引导下，发挥比较优势，大力发展县域特色经济，创建效绩政府，推行信息化的经济管理模式，完善市场机制，协调好政府与市场的关系，才能保持县域经济持续健康的发展。

第四节　县域经济发展模式的技术创新研究

贵州发展县域经济应该充分发挥其资源优势，打造资源型县域经济。资源型县域经济，是指以当地不可再生性自然资源开采和加工业（统称资源型产业）为主导产业的经济有机体。天然赋存的优势资源及相应的国家和地方的优惠政策等，

使资源型县域经济迅速形成了以优势资源开采利用为主导产业（资源型产业）的产业体系。但随着资源的不断消耗和改革开放的进一步深入，许多有利因素逐渐减少或消失，甚至会转化为不利因素，动摇了产业结构的基础，致使许多资源型县域经济陷入了矿竭城衰的困境。诸多制约因素成为资源型县域经济的痼疾，严重阻碍了资源型县域经济的进一步发展。创新是一个民族进步的灵魂，是一个国家兴旺发达的不竭动力。资源型县域经济要想改变固有的发展模式，必须要进行产业结构的调整。技术创新是技术与经济和社会的有机结合，能够形成新的集聚要素和生产要素，促进资源型县域经济产业结构的调整，实现资源型县域经济可持续发展。资源型县域经济迫切需要从依赖自然资源的单一产业结构向多元化产业结构转变，尤其是发展高新技术产业或以高新技术来改造传统产业，这首先需要通过技术创新来实现。

一、县域经济可持续发展的技术创新

可持续发展的技术创新是政府、企业和公众采用新的技术手段和相应的管理手段，在合理开发利用资源、保护环境和维持生态平衡的基础上推动经济发展，实现社会—经济—自然系统可持续发展的过程。

可持续发展的技术创新是经济效益、社会效益和生态效益有机统一的动态平衡技术创新。通过市场机制和社会管理机制的结合，使经济效益、社会效益和生态效益有机统一，达到三者之间的动态平衡。

可持续发展的技术创新是具有适用性的技术创新。技术创新的生命在于实现新技术的应用并获取相应的效益，从而推动经济和社会的发展。由于技术的发展和应用具有地域性，一项新技术的应用要取得较好的经济效益、社会效益和生态效益，必须与当地的经济、社会和环境条件相适应，才能达到技术发展与当地社会经济发展的相互促进、共同提高，实现可持续发展。

二、县域企业可持续发展的技术创新

县域企业是可持续技术创新的载体与主体。通过县域企业技术创新，形成生态工业系统，改变传统资源产业、制造业和环保产业的性质和面貌。避免以高投入和高消耗为特征的现代化石油农业带来的弊病，有效地发展农业生产，充分合理地利用自然资源，提高农业生产力，维护生态平衡。

县域企业可持续发展技术创新，既增强了县域企业市场竞争力，又有利于县域环境保护，具有双重意义和价值。一方面，提高了产品的技术含量，促进了县域企业产品竞争力的提高，消除了县域企业面临的绿色市场危机。另一方面，为解决资源短缺，实现资源高效和循环利用，降低污染提供了技术支撑，从根本上解决了县域环境保护问题，促进了县域经济、社会、环境的协调和可持续发展。

县域企业可持续发展技术创新，需要更新观念，并获得政府的支持、引导与管理：增强生态保护和生态责任意识，搞好技术创新工作中的生态技术选择，加强环境管理体系认证、质量体系认证和实施绿色品牌战略，寻求县域企业间合作，建设生态工业园区，加强政府规划和引导。

三、县域产业结构优化的技术创新

资源型县域经济产业结构的形成依赖于优势资源，这也使产业结构具有明显的缺陷，无论资源的开发程度如何，资源型县域经济产业结构都迫切需要优化和调整，而推动其进行优化调整的根本动力就是技术创新，通过技术创新建立接续产业和替代产业。

在我国社会主义市场经济体制已建立的条件下，优化和调整资源型县域经济的产业结构成为我们的目标之一。产业政策已经不是行政命令式的，而应该在尊重市场和产业演进的一般规律的前提下，积极发挥调整、引导的作用，也包括以合适的方式直接介入相关产业。资源型县域经济财力薄弱，调控产业布局或吸引产业入驻的能力很有限，在转型过程中应创造有利于多数产业发展的投资环境，而不应人为地对产业发展进行定型规划。除对地区发展有严重负面影响的产业予以限制之外，其他产业都可以自由发展。

技术创新是促进产业结构优化升级的根本动力，对资源型县域经济而言更为重要。因为资源型县域经济现有的生产要素、生产条件与生产组织都是在资源开发的基础上形成的，资源的枯竭，使资源型县域经济原有的产业基础受到破坏，产业结构调整的难度较大。技术创新能够推动生产要素、生产条件与生产组织的重新组合，从而带动生产手段和生产结果的变化，引发新产业的培育和传统产业结构的提升。例如，发现丰富的煤炭资源后，沛县最早的支柱产业是煤炭开采，随着技术水平的提高，转向煤电产业，但这时的技术含量仍然较低。沛县政府在认识到这一点后，开始注重产业的技术含量，拉大加长产业链，向重化工转化。虽然仍是重工业，但技术创新的程度已经大大提高，产业结构得到优化。未来沛县除了发展重工业外，还要重点发展纺织服装业、机械电子产业、农副产品加工业、塑编产业、高新技术产业等，这些产业与煤炭资源无关，技术创新的力度加强，产业结构的优化调整会达到较好的效果。

就资源型县域经济的产业结构优化而言，主要包括两方面的内容：一是用高新技术提升资源型产业；二是发展高新技术产业。在产业政策的制定中，需要将原有的资源型产业、相关的供给结构与高新技术及其产业化发展结合起来考虑，因地因时地引导主导产业有序发展，实现产业结构的升级。资源型县域经济的产业转型是指通过发展接替产业——包括接续产业和替代产业，摆脱对原来不可再生的耗竭性资源的依赖，由原来以资源型产业为主向非资源型产业为主的转变。发展接续产业是指在原有资源型产业的基础上，向前或向后延伸，拉长产业链，简称"小转型"。发展替代产业是指与发展原有资源型产业没有直接关联的产业，通常也不太可能是新的资源型产业，简称"大转型"。

　　自然资源的不可再生性决定了资源型县域经济所拥有的资源总有枯竭的一天，并蜕变成资源枯竭型县域经济。国内外的实践证明，资源型城镇迟早会遇到产业转型问题。即使是处于兴盛期，也应未雨绸缪，及早积极主动转型，否则等资源枯竭了再被动转型，就会困难大、成本高、时间长、效果差，这方面国内外教训屡见不鲜。这两条基本途径虽有选择上的先后问题，但二者在一定时期却是相辅相成的。一般而言，应该发展接续产业，延伸产业链条，实行"小转型"。具体来说，就是充分利用现有的资源优势，努力提高技术含量，把资源型产业做大做强，做精做好，通过精深加工、扩大贸易，提高产品附加值和资源转化能力，为资源型县域经济产业转型和发展多元化替代产业提供相对充裕的时间和资金，同时还可减轻就业压力，增强替代产业的发展后劲。

　　由于不可再生性资源最终是要枯竭的，因此，资源型县域经济最终还是要在传统资源产业发展的一定时期，实行"大转型"，逐步引进替代产业。资源型县域经济发展替代产业在体制上应注意发挥市场机制作用；在战略上应坚持因地制宜，发挥比较优势；在技术上应坚持科技先行，以科技园区为载体，以科技资源的开发和整合为支撑，以高新技术产业化和利用高新技术改造提升传统产业为手段，培育新的经济增长点和产业整体竞争能力，发展技术含量较高的替代产业，从而使资源型县域经济最终实现可持续发展。总体来说，资源型县域经济的立县之本是资源，一般情况下在短时间内完全抛弃传统资源型产业的做法不符合"循序渐转"原则，也不现实。在"循序渐转"过程中，"小转型"和"大转型"应二者并用，但在不同时期应有所侧重。

　　积极适应国际国内经济发展形势和发展阶段更替的变化，面对新技术革命所带来的挑战。资源型县域经济应以提高工业产品的竞争能力为目的，以市场为导向，以技术创新为手段，以制度创新为动力，以重点企业为重点，大力推进资产重组，改善产业组织结构，加快壮大支柱产业，运用高新技术改造提升传统产业，培育具有市场竞争能力的新产业、新产品等新的经济增长点，构筑新时代的工业新格局。

（一）以提高工业产品的竞争能力为目的，重点培育和扶持优势产业

工业结构调整的最终目的是提高产业竞争能力，即提高工业结构的转换能力，也就是能够不断根据市场需求，调整其生产能力和供给结构。在当前情况下，资源型县域经济工业结构的调整，不应试图在其所有工业部门或在大部分工业领域里建立起竞争优势，而应该以专业化分工理论为指导，寻求有限的产业目标，予以重点培育和重点扶持，设法使目前具有相对竞争优势的产业，逐渐发展壮大，进而在更大的区域中取得绝对支配的地位。也就是说，资源型县域经济要在已经实行专业化生产和已经具有一定规模的产业领域中，建立起更大的竞争优势和竞争实力，从而达到提高县域经济实力，促进县域经济振兴的目的。

（二）加大技术创新力度，推进产业高端化

产业结构高端化主要遵循产业结构演化规律，通过创新，加速产业结构的高端化演进。依托优势资源，资源型县域经济普遍发展起来了具有优势的资源型产业。在供给侧结构性改革的背景下，资源型县域经济将面临更为激烈的市场竞争环境，如果不能较快地提升县域工业的技术水平，就无法确立新的竞争优势，保证县域经济的快速发展。工业结构调整的核心就是产业高端化，而产业高端化的关键就是加快技术创新。为此，要把提高工业重点产业的技术水平和加快工业传统产业的技术改造放在十分突出的位置，通过技术创新，实现产业的升级换代。

（三）依靠制度创新，形成结构调整的新机制

以市场为导向，转变经济体制，为结构调整提供企业内部、市场环境和宏观调控等一整套运行机制，从根本上杜绝结构劣化的体制因素。为此，必须进一步深化企业体制改革，真正建立起现代企业制度，使企业成为市场竞争和社会化协作的主体，进而成为结构调整的主体；进一步完善资本市场、资产交易市场和企业家市场等市场体系，以健全市场机制来促进结构优化；进一步强化政府宏观调控职能，通过制定产业政策，规范市场竞争，引导企业调整结构。

（四）组建企业集团，扩大企业规模与发展中小企业并举，优化产业组
　　　　织结构

资源型县域经济在产业组织结构方面存在的突出问题是，工业产业发展缺

乏大企业的带动，企业规模偏小。政府的一切行政行为必须接受社会公众和司法的监督等。县域经济大多是以资源开发利用为主的经济，生态持续就显得极为重要，因此必须改变单纯追求经济增长，忽视生态环境保护的传统发展方式，切实保证整个生命保障系统的完整性，维护生物多样化，保护人类赖以生存的空气、淡水、海洋、土地、森林等自然资源，以可持续的方式使用可再生资源，使人类的发展保持在地球承载能力之内。县域中的企业多为中小企业。县域经济的发展表现为县域中小企业的发展。县域中小企业是技术的载体，也是技术创新的主体。县域中小企业可持续发展的技术创新不仅使县域经济可持续发展，还可使县域中小企业形成生态工业系统，以及改变由资源产业、制造业和环保产业组成的国家技术体系的性质和面貌，使其呈现出可持续发展的特征。例如，在可持续发展的技术创新支撑下，使县域中小企业通过互换副产品或"废弃物"形成诸如"制糖—酒精—造纸—复合肥""粮食生产—加工—养殖—农肥"等生态工业园区或工业共生体系；或用清洁的可再生能源技术和新型材料农业技术改造资源产业，从源头来构筑新型的可持续发展的技术创新体系。

县域中小企业实施可持续发展的技术创新是改善农业生态环境的基础。农业可持续发展的基础是丰富的资源和良好的生态环境。但是到 19 世纪 40 年代以后，发达国家结束了几千年的传统农业而进入了以机械化、水利化、化学化和电气化为标志的石油农业时期。这种以高输入和大量消耗能源（机械、化肥、农药）为特征的现代化石油农业，尽管在提高农业生产率方面发挥了积极作用，但同时也带来了越来越多的问题。它加剧了世界能源危机，导致自然资源的缺乏、环境污染和生态平衡失调等一系列问题，使得石油农业在经过一段时间的迅速发展之后，走入了困境，面临着严峻的挑战。农业边际效用递减问题在当代已经演变成了农业生态危机。

面对以上问题，人们不得不重新选择自己的农业道路。实践证明，县域中小企业通过技术创新全力转向可持续发展的道路不但可以避免农业带来的弊病，而且可以有效地发展农业生产，充分合理地利用自然资源，提高农业生产力，维护自然界的生态平衡。近年来，在世界范围内，可持续发展的农业的研究、实验和推广，无论是发达国家还是发展中国家都已经形成一种普遍性的国家农业运动，已成为当代世界农业发展的历史潮流与必然趋势。县域中小企业实施可持续发展的技术创新是县域中小企业市场竞争和县域环境保护的共同需要，它能很好地解决县域中小企业生存发展和环境保护的矛盾问题，既增强县域中小企业市场竞争力，又利于县域环境保护，具有双重的意义和价值。可持续发展的技术创新将极大地促进县域中小企业产品竞争力的提高，消解县域中小企业面临的绿色市场危机。通常，县域中小企业必须根据市场或用户需要的变化，不断推出消费者满意的产品，这样才能在竞争中立于不败之地。当今市场变化的重要趋势之一就是绿色消费的兴起。

四、县域中小企业的技术创新

县域中小企业可持续发展的技术创新，需要观念更新、措施得力，还需要政府的支持、引导和管理，可从以下几方面入手。

（一）增强县域中小企业技术创新中的生态保护和生态责任意识

技术创新对于县域中小企业生存和发展的意义和价值已得到产业界的普遍认同，但环境因素在产品竞争中的作用并非所有县域中小企业决策者都有清醒的认识，如在农业生产中使用生物农药比例还不大。当然有的是因为缺乏环保知识，但更多的却是缺乏环保责任意识。

（二）搞好技术创新工作中的生态技术选择工作

县域中小企业可持续发展的技术创新包括产品设计技术和制造可持续发展的技术创新两个方面。产品设计可持续发展的技术创新即要对产品进行生态设计和技术选择，具体表现为要系统地考虑原材料选择的生态性、产品加工工艺的生态性、产品使用过程的生态性等。制造可持续发展的技术创新则集中体现在生产设备和生产工艺的生态技术选择上，即选择、开发和应用高效、节能、清洁的生产设备和工艺，以减少污染物排放。县域中小企业应根据自身的技术优势和特点，确定县域中小企业技术创新策略。总之，县域中小企业应将清洁环保的高新技术运用于产品设计和生产过程，迅速提升县域中小企业技术的生态化水平，使产品获得强劲的生态竞争力。

（三）主动寻求县域中小企业合作关系，建设生态工业园区或工业共生体系

实践证明，生态工业园区或工业共生体系是地方经济中经济效益和环境效益双赢的地方产业发展模式。一个县域的不同中小企业以资源化技术为基础，通过互换副产品，不仅从整体上减少了废物产生量和处理费用，还会产生经济效益，克服县域中小企业因单枪匹马处理废弃物而抬高成本的局限性，形成经济发展和环境保护的良性循环。

第五节　县域经济发展模式的运行机制创新研究

创新和特色是目前促进县域经济高快发展的两大主题。县域经济发展必须以习近平新时代中国特色社会主义思想为指导，把增加农民收入作为一切工作的出发点和落脚点，紧紧扭住经济中心不动摇，牢牢把握发展主题不放松，以结构调整为主线，积极推进经济增长方式的转变；以增加财力、提高综合经济实力为核心，不断推进县域经济的高质量发展和跨越式发展。

一、县域经济运行机制创新的基本要求

由于各县情况、资源差异不同，产业结构及其特征不一样，因此，各地选择发展县域经济的模式也不一样，这就成了区别不同县域经济发展模式的一个重要标志。

贵州各地在选择发展模式时，要根据本地的优势资源和特点，以市场需求为导向，因地制宜地发展特色经济，突出经营方式和发展模式的创新，突出市场主体的培植核心，形成具有一定特色的自身发展模式。对已形成特色的地区要继续把特色产业做强做大，形成县域经济的特色板块。

贵州要充分利用园区的功能作用，依托园区促进同类企业的地理集中，加快县域产业集聚，形成园区集聚模式。

贵州各地要充分利用独特的区位优势，积极参与城市生产力布局分工，大力发展与城市现代经济相匹配的现代制造业和相关产业，走产业互动模式之路。

贵州各县域经济的发展应坚持"因地制宜、扬长避短、循序渐进"的方针，任何一种发展模式都不是完美无缺的，都是有一个不断发展、完善的过程。也正是由于各县经济发展具有不平衡性，县域经济发展模式不可能只有一种，各县都有可能根据自身地区优势和资源优势，结合实际环境，形成具有本县特色的发展模式。

二、县域经济发展模式创新的着力点

（一）县域经济发展模式特色化

在目前贵州各县域缺乏资金、人才，技术相对落后的情况下，要发展县域经济，就必须重视和发挥自身的比较优势。具体到贵州县域经济上，就是科学分析各县域已有的资源和产业，定位县域经济发展的优势产业，重点开发发挥自身比较优势的特色产业。

（二）县域经济发展模式工业化

2010 年起，贵州省委省政府实施工业强省战略。党的十八大以来，贵州提出了大生态、大健康、大数据发展战略，从这一思路出发，响应全省发展战略思路，发展贵州县域经济应当也要把工业发展摆在突出地位，把发展工业作为县域经济主体来对待，大力推进工业发展，尽快形成以工业发展带动大生态、大健康和大数据产业发展的局面。

（三）县域经济发展模式集群化

一直以来，产业集群是区域经济增长的主要推动力。形成产业集群的具体措施是通过在县域内产业协作和分工，尤其是专业化的协作与分工，让分工不同但是或多或少有关联的产业，尤其是有密切关联的产业集群，促进贵州各县域形成产业集群的特色发展道路。

县域经济发展模式的动力机制创新源具体如下。

一是产业结构调整、优化与升级。农业调整，要按照"区域调特、规模调大、品种调优、效益调高"的思路，以国内外市场需求为导向，大力推进农业产业化经营，抓龙头带农，抓科技兴农，抓基地扶农，抓市场活农，促进传统农业的优化升级，提高农业的整体效益。工业调整，要加快机制转换和体制创新，要以技术改造、产品创新为突破口，立足本地主导产业，抓大扶强。第三产业要以市场建设为重点，加快发展交通运输、邮电通信、金融保险业，以及信息咨询、中介服务等新兴产业，构筑以城市为中心的区域购物中心、乡镇级的商业服务中心和自然村的三级服务体系。

二是民营经济作为县域经济发展的根本出路。从县域经济发展的走势看，民营经济产权清晰、主体明确、机制灵活，越来越显示出旺盛的生命力、很强的吸引力和极大的竞争力。因此，要想加快发展县域经济，就必须走出一条挖掘民智、吸引民资、依靠民力、做活民营经济的发展之路。针对当前民营经济发展的实际情况，在组织引导上，特别需要按照"抓大促小带中间"的思路和方法，促进民营经济的整体提升和群体拓展。"抓大"就是督促和引导规模企业，通过建立现代企业制度，实施强强联合，以龙头优势辐射带动民营经济整体水平的迅速提升。"促小"就是通过采取典型引路、示范带动、结对联谊、政策扶持等措施，鼓励支持更多的农户介入务工经商，壮大民营经济群体规模，扩大富裕面。"带中间"就是通过龙头企业带动小业户群体的发展，促进中小企业在现有基础上增强技术创新能力，发挥优势，扬长避短，在某一产品、某一环节上做优做强，提高市场竞争能力。

三是开发培育特色产业。从区域竞争的态势看,特色就是财力,特色就是潜力,特色就是竞争力,特色就是生命力。经济发达县(市)的实践也证明,发展特色经济是成功之道。特色是品牌、是市场、是竞争力,要想加快发展县域经济,就必须更好地适应形势,放大优势,培植强势,做亮特色经济。特色经济多是"块状""集群"型经济,实行区域化布局、专业化生产,人们称之"一县一业""一乡一产""一村一品",带有鲜明的比较优势和区域特色。因此,发展县域特色经济一定要走出全面抓、抓全面的常规思维,坚持有所为、有所不为的原则,结合本地资源状况、交通区位、产业结构、科技水平等综合因素,在全球、全国经济发展新格局中,打造自己的特色,扩张自己的优势,建立自己经济发展的"坐标系",大力培植"人无我有、人有我优、人优我特"的市场亮点,开辟适合自己发展的新路子。

四是打造特色小镇,建设新型城镇。从城乡发展的格局看,经济腾飞的龙头在城市、在集镇。从我国的实践看,沿海发达县市,近十几年来小城镇发展很快,形成了一个个密集的城镇群,不但促进了城乡一体化发展,而且带动了当地经济的快速发展,增强了县域经济的竞争实力。因此,要想加快发展县域经济,就必须更好地提升人气,提增财气,提高品位,做强城镇经济。要坚持"高起点规划、高质量建设、高标准管理、高效益经营"的原则,积极推进以县城为核心的城镇建设,坚持软件硬抓,硬件精抓,优化城市环境,不断提升城镇形象,引导生产要素尽快向城区集聚和重组,为第二、第三产业的快速发展拓展空间、创造条件。

五是开发发展潜力大的项目。从经济发展的动力看,只有坚持不懈地抓投入、上项目、引资金,才能增强经济发展后劲。当前,县域经济发展能力和综合实力的竞争越来越集中地体现为项目的竞争,谁拥有高科技含量、高市场容量、高产品质量的项目,谁就能在今后的竞争中占据主动。要想靠有限的资金投入换取较高的经济效益,就必须立足自身实际,以市场为先导,选准投入方向,避免低层次盲目重复建设。在项目建设上,政府应着力在以下几方面强化引导:引导现有企业通过联合等方式,尽最大能力增加投入、扩大生产规模,培育龙头企业;引导企业坚定不移地走新型工业化道路,把强化科技创新,加快设备更新,加速产品研发作为投入重点;千方百计激活民间力量,聚集有限的资金,集中发展科技含量高、市场空间大的优势项目;引导规模企业不断健全和完善经营管理制度,强化诚信意识,以良好的形象取得金融机构对中小企业的更大支持。

六是塑造县域经济发展新环境。从县域经济的竞争基础来看,环境出生产力,环境出竞争力。我国加入世界贸易组织后,县域经济已直接面对"国际竞争国内化,国内市场国际化"的新形势,区域间争夺资源、争夺市场、争夺效益的竞争更加激烈,如何在竞争中把握机遇,通过自身发展立于不败之地,经济发展环境的优劣成为关键因素。只有着力按照市场经济的要求，创新服务思路，拓宽服务领域，创造宽松的宏观社会环境、平等竞争的体制环境、加快发展的政策环境和高效快捷的服务环境，才能形成"磁场效应"，赢得发展主动权，实现经济跨越式发展。优化环境要通过积极创建"服务型"政府，切实从"管理企业、管理百姓"向"服务企业、服务民众"转变，最大限度地实现行政提速、审批畅通和办事高效；在服务领域上，要从满足企业和民众的实际需求出发，由单一搞审批办手续向搞好产业指导、信息咨询和市场体系的健全完善等方面拓展；要不断健全政府部门行政效能评估监督制度，从源头治理，从机制入手，坚决清除一切不利于环境发展的障碍。

三、县域经济发展模式创新的途径

（一）创新技术结构

科学技术是第一生产力，只有科学技术才能够帮助贵州各县域在竞争激烈的市场环境下占下一席之地。科技力量不仅可以运用在调整优化县域的产业结构中，也是发展具有当地特色产业的必备条件。提高贵州县域的科学技术水平，主要途径就是引进先进的生产技术。先进的生产技术应当和当地自身条件相吻合，即要求有利于掌握和消化吸收，并最终落实在为县域经济发展服务上。贵州各县域也不能忽视相关技术人才的培养，因此，能够留住人才的政策环境和就业环境必不可少，最终目标是创造适合县域经济发展的科技体系，让科技在发展和壮大县域经济的过程中发挥最大效用。

（二）创新产业结构

一是进一步优化三次产业结构。通过加快工业和第三产业发展，使第二、第三产业比重不断提升，反衬出第一产业比重的不断下降。二是优化各产业内部结构。在稳定粮食生产的前提下，不断加大蔬菜、水果的发展，提高经济作物（主要是烟草、茶叶）所占比重。要加快适合贵州省情，技术含量较高的化工业、加工制造业的发展，并重视旅游、物流等现代服务业的同步发展。三是加快特色产业的发展。贵州各县市发展县域经济的途径应当是首先发展特色产业，并通过发展特色产业来带动其他产业的发展，从而带动整个县域经济的发展。具体来说，各县市首先应分析自身县域经济发展的优势与劣势，明确符合自身条件的特色产业。通过不断培育、创新特色优势，最终使县域经济特色化、特色经济产业化、产业发展规模化。

（三）创新所有制结构

在我国，公有制是经济的主体，但对于县域经济而言，应当强调的是让多种所有制共同发展，尤其是在民营经济已经成为贵州县域经济主要成分的情况下。贵州发展县域经济，必须要向社会资本开放尽可能多的领域，至于企业的控股比例如何分配不应过分强调，只要社会资本参与，能发展贵州的县域经济，政府就应该不与民争利。

第九章　贵州省县域经济发展模式制度设计依据研究

第一节　县域经济发展模式的环境保护制度设计依据

一、经济发展与生态文明制度创新

经济发展水平是指一个国家经济发展的规模、速度和所达到的水平。一个国家或地区经济发展的水平，可以从其规模（存量）和速度（增量）两个方面来进行测量。生态文明制度与经济发展直接相关，二者是相互促进、相辅相成的关系。一般意义上来讲，经济发展是生态文明制度创新的经济基础，经济发展水平决定生态文明制度，也就是说，有什么样的经济发展水平就要求有什么样的生态文明制度，经济发展水平是生态文明制度存在的客观基础，也是生态文明制度产生和发展的动力。通过考察世界发展史可以发现，不同的社会有不同的生态文明制度，每一个社会都有和它相适应的生态文明制度，封建社会有封建社会的生态文明制度，资本主义社会有资本主义社会的生态文明制度，社会主义社会有社会主义生态文明制度。生态文明制度由低到高、由简单到复杂的不断演化和发展过程，是经济发展水平由低到高不断演化发展的结果。生态文明制度要不断适应经济发展的需要，同时生态文明制度的产生又为经济不断发展提供所需要的制度条件，从这个角度讲，经济发展的过程也正是生态文明制度创新和发展的过程，生态文明制度的不断创新为经济发展所需要的制度前提和条件。当前我国正处于社会主义的初级阶段，社会主义初级阶段同样有它所需要的生态文明制度，这种生态文明制度并不完善，因此，我国必须要加快经济发展，只有经济发展了才能推动社会不断向前发展，生态文明制度才能够有创新所需要的物质基础，经济发展才能够成为有本之末、有源之水，才能为生态文明制度的创新提供源源不尽的经济动力，这就需要我们必须大力发展生产力、提高经济发展水平，这样才能够提供适应生态文明制度创新所需要的经济基础。提高经济发展水平，必须要加快生产力合理布局、提高经济全面统筹发展的力度、加速生产能力的绿化和升级。

（一）加快生产力合理布局

生产力布局是指在一定范围内（国家、地区、城市）生产力系统的空间分布与组合,它是一个多层次、多侧面、纵横交织的综合系统,具有地域性、全局性、长远性和继承性等特点。生产力布局的合理与否直接影响生产力系统的整体功能和发展,影响经济资源配置的宏观效益,影响一个国家或地区各种战略目标的实现。实现经济持续健康发展,加快生产力合理布局,是国家宏观调控的重要内容。当前我国在创新、协调、绿色、开放、共享五大发展理念的指导下,调整生产力布局,逐渐形成适应当前社会主义现代化建设需要的五级发展战略,如开放沿海城市、开发浦东地区、开发环渤海地区、振兴东北、中部崛起。而当前我国的这种生产力布局还处在初期发展阶段,尚未得到充分的落实和实施,因此,要加快经济的发展,必须加快生产力的合理布局,提高效益。

首先,要提高经济效益。加强生产力合理布局,提高经济效益,必须要合理调节生产性建设基本投资和非生产性建设投资的比例。有时生产性建设基本投资比例和非生产性建设投资比例会失衡,为了追求经济利润的增长,往往社会发展中生产基本投资比例要相对高一些,而非生产性建设投资比例会相对低一些,如果非生产性基本建设投资比例较低,会使人们正常生活必备的基础设施供应不足,所以要适当增加非生产性建设投资比例。另外,应当逐渐增加一些城镇的公共设施等非生产性的投资比例,并在生产性的基本建设投资内部加大对环保设施的投资比例。保证优质的环境,有助于提高整个国民经济的效益。提高经济效益必须有合理的生产力布局,加快生产力合理布局的前提是提高经济效益。

其次,要提高环境效益。最大限度地满足人民日益增长的物质文化生活需要是我国这样一个社会主义国家的生产目的。一般来说,它主要包括人们生存所需要的衣、食、住、行及提高自身发展所需要的各种文化教育和享受艺术成果等,以及营造舒适的生活与劳动环境需要。合理的生产力布局应当既能保护环境资源,又能促进经济发展布局。例如,从能源结构来看,我国拥有较为丰富的煤炭储量和水资源,其中石油的储量比较少,因此我国火力发电、水力发电成为发展的重要方向。煤在燃烧时都会对周围的空气造成不同程度的污染,如许多城市居民生活中所用的小煤炉和乡镇企业的小锅炉污染问题严重,给周围的环境造成很大的污染。为此,要进行合理的生产力布局必须首先要保护环境,要尽量节能减排,减少二氧化碳的排放量,还要多利用太阳能、风能、潮汐能等。为此,合理的生产力布局还要有利于提高环境效益。

最后,要提高社会效益。国民经济由各部门组成,各部门之间都有不可分割的联系。它们在物质利益上既有统一的方面,又有互相矛盾的方面。如果各部门都从自身利益出发,以邻为壑,这样微观上的得利必将带来宏观上的损失,其形成的结果便是整个社会的浪费。因此,合理的生产力布局必须考虑社会效益的提高。例如,为了减少对周围环境的污染,为了提高资源能源的综合利用率,可采取一种特殊的形式进行设厂布点,可称之为"企业群组"布局,这种布局的特点是能高效地为综合利用资源能源创造有益的条件。其中，主要是对回收排放的污染物提炼有价值的产品。"企业群组"布局，又称"工业联合体"布局，是指互相有密切联系的工厂应尽可能地在相邻近的地方联合配置，便于相互利用生产中的副产品和排泄物，如煤矿—坑口电站—建材厂；有色冶炼厂—硫酸厂；化工厂—钢铁厂—自来水厂；还有以农产品加工为基础的农工联合企业等。像这样建厂布点的方式，能够有效提高资源能源的综合利用率，节约治理的费用，有利于环境的保护。总之，有利于提高经济效益、环境效益、社会效益的生产力布局才是合理的。只有合理的生产力布局才能对环境保护产生良性的经济影响。

（二）提高经济全面统筹发展的力度

全面统筹包括统筹城乡发展、统筹区域发展、统筹经济社会发展、统筹人与自然和谐发展、统筹国内发展和对外开放发展的新要求。在全面建设小康社会、推进社会主义现代化建设的进程中，我们必须坚持"五个统筹"，牢固树立全面发展思想，不断促进经济更加发展，民主更加健全，科技更加进步，文化更加繁荣，社会更加和谐，人民生活更加殷实。这些内容虽然早已存在，但是许多内容还未落实，因此，要加快经济的发展，不仅要考虑生产力的合理布局，实现经济全面统筹发展的力度，还必须要考虑适应经济发展各项统筹的协调发展。

一是要合理统筹收入分配结构，提高居民收入在国民收入分配中的比重；二是要统筹城乡协调发展，注意协调城乡二元结构，防止城乡差距过大，如协调城乡的公共服务投入比例，协调城乡的教育投入比例等；三是要统筹经济社会协调发展，加快改善民生为重点的社会建设，促进社会的公平和正义，协调经济发展引发的社会矛盾；四是要统筹投资结构，统筹协调投资结构比例，应将更多的投资投向科技创新、绿色民生等领域；五是要全方位开发多种优势资源，统筹区域协调发展。经济发展的不平衡必然导致区域发展的不平衡。应根据各个区域的实际情况，充分发挥各个区域优势，合理调整区域整体布局。例如，可根据各个区域的发展情况确定各类型区域发展方向定位，引导产业相对集聚发展，发展特色产业、旅游产业及外向型产业，要充分发挥优势，大力发展生态农业、有机农业和旅游业，使这些生态产业成为区域内实现跨越式发展的支柱产业。

（三）加速生产能力的绿化和升级

生产能力是指在计划期内，企业参与生产的全部固定资产，在既定的组织技术条件下，所能生产的最大产品数量，或者能够处理的原材料数量。加速生产能力的绿化和升级：一是要促进生产技术发展提高生产能力。生产是随技术的发展变化而变化的，企业必须根据生产技术发展的变化，适时调整生产能力。二是创新技术设备提高生产能力。同一种设备会产生不同产品的生产率的差异，这是指在加工装配型企业里相同的设备在加工不同产品时，由于加工工艺要求不同，生产能力随产品不同而有差别，因此要加速技术创新及设备更新，提高生产能力。三是要加强学习效应提高生产能力。在一些服务性企业和以手工劳动为主的工业企业里，生产率与劳动者的经验及学习有关，劳动者熟练程度的逐渐增加，单位产品的时间消耗会逐渐下降，生产能力也将不断提高。因此，只有不断加强劳动者的学习效果，才能提高劳动者的生产效率，才能加速生产能力的提高。

二、经济新常态与生态文明制度创新

2014 年底的中央经济工作会明确指出，认识新常态，适应新常态，引领新常态，是当前和今后一个时期我国经济发展的大逻辑。而改革，恰恰是引领经济新常态的最有力抓手。深化经济新常态下的改革要树立新常态的科学发展理念，坚持新常态下供给侧结构性改革及新常态下国有企业改革。

（一）树立新常态下的科学发展理念

树立新常态下的科学发展理念首先必须要转变思想观念。思想是行动的先导，有什么样的思想就有什么样的行动。第一，要树立以人为本的发展理念。生态文明建设的核心是人和自然的和谐相处，只有处理好人和自然的和谐关系才能实现人的全面发展，实现人与自然和谐的现代化。第二，要树立创新发展理念。生态文明建设需要技术创新、制度创新，所以要坚持提高自主创新能力，增强经济驱动力和国家竞争力。第三，树立可持续发展的理念。可持续发展的理念是一种既满足当代人的需求，又不对后代人满足其需求的能力构成危害的发展理念。当前应该切实转变思想观念，抛弃急功近利，唯 GDP（gross domestic product，国内生产总值）论英雄的陈旧观念，牢固树立科学发展、可持续发展的理念。必须进一步解放思想，按照科学发展观的要求，坚持环保优先，生态立省立市立区，改变一切束缚生态文明发展的做法。第四，加快转变经济发展方式的理念。改变过去粗放式的、依靠能源资源消耗增加经济总量增长的理念，树立高效节约、结构合理、自主创新、绿色环保的发展理念，以及以尽可能少的资源投入和污染排放实现经济增长的理念。

（二）新常态下供给侧结构性改革

习近平总书记强调："推进供给侧结构性改革，要从生产端入手，重点是促进产能过剩有效化解，促进产业优化重组，降低企业成本，发展战略性新兴产业和现代服务业，增加公共产品和服务供给，提高供给结构对需求变化的适应性和灵活性"。投资、消费与出口"三驾马车"一直以来都是拉动经济增长的重要措施，而这"三驾马车"其实都属于"需求"一端。与之相应的"供给"端，则主要指有效利用生产要素。供给侧改革侧重点在"供给"一端，其目的在于通过采取各种措施以达到解放生产力和提高竞争力，进而促进整体经济结构优化升级并获得进一步的发展的目的。落实到具体行为，就是将市场上现存的比如僵尸企业、落后产能等有碍经济发展的因素进行清理和淘汰，并且在新兴或高科技领域探求新的经济发展方向，创造出新的经济增长点。"去产能、去库存、去杠杆、降成本、补短板"为供给侧改革的五大任务。

对供给侧进行结构性的调整，引导和创造出更多的需求。新供给创造新需求。提供有效供给。其一，化解产能过剩矛盾。加快企业优化重组，提高行业整体效率；借助"一带一路"建设，积极开辟中亚、非洲等新的需求市场，甚至将工厂迁至这些地区，从而加快过剩产能的外输力度。消化房地产库存有利于带动相关产业的发展，激发经济的整体活力。其二，优化产业结构。扩大服务业的类型，特别是新兴产业和生活类服务业，在整体产业结构中服务业的比重加大，从而产业结构不断优化，促进不同产业之间的协调发展；对传统产业进行技术改造和优化升级，淘汰低效和无效企业，并加大过剩产能的外输力度；培育战略性新兴产业，大力扶植新供给产业的发展，增强优质供给能力。其三，增强有效供给。需要政府深度放宽市场准入标准，打破行政性的行业垄断，加快城乡之间土地、资金、人员等要素的流动，使市场对资源的优化配置作用得到充分发挥。同时，加快淘汰落后产能的步伐，尽快实现企业和资本的优化重组，进而推动产业转型升级，提升供给的效率和质量。另外，要在制度和管理等方面进行变革，建构起有利于创新的市场环境，增加新供给、创造新需求。

（三）新常态下国有企业改革

国有企业是我国特色社会主义市场经济和中国特色社会主义制度的经济根基和砥柱，是中国经济乃至世界经济的重要组成部分。身为中国经济主体的国有企业，将是供给侧改革落地并产生经济驱动力的重中之重。国有企业是国家建设和发展史上浓墨重彩的篇章，是我国国民经济的支柱，是推进生态文明现代化的重要力量。我国的国有企业在改革中取得了令人瞩目的成绩，也存在着不容忽视的问题。新常态下的国企改革，关乎整个中国经济的未来发展。新常态下的国有企业改革应该加快国有企业创新步伐、加强国有企业产业结构升级、创新国有企业绩效管理。

首先，加快国有企业创新步伐。习近平总书记多次强调指出科技是国家强盛之基，创新是民族进步之魂。科技创新是提高社会生产力和综合国力的战略支撑。企业是绿色技术创新的主体，是实现创新驱动发展战略的主体。其中，国有企业是生力军。过去靠粗放型的发展方式带来经济的高速发展，未来必须靠不断的创新发展。现如今，国有企业若想在激烈的市场竞争中立足和发展，必须充分发挥其创新生力军的作用，而创新能够促进国有企业在市场中成为核心竞争力；而核心竞争力的提高使企业在国际市场中地位举足轻重，从而为获取更多经济资源创造了条件。

其次，加强国有企业绿色产业结构升级。在经济新常态下，对国有企业的传统产业提出了新的要求，传统耗能高的产业已经不适应当今生态文明建设发展的需要，这就要求必须适应时代的发展要求，优化升级绿色产业结构，特别是要重点考虑进行企业兼并和重组，以及生产相对集中等。目前，我国大部分行业都有着共同的一些特征：规模经济效益显著，产品结构并不十分合理，企业小而分散，社会化、专业化水平不高，从而出现一些重复建设、产能过剩、竞争性不强等突出问题。在经济新常态下，为了使这些问题得到更好的解决，必须倡导大力推进我国绿色产业结构改革。针对一些产能过剩的产业，通过企业兼并重组，果断淘汰落后产能，推动提质增效升级，促进绿色产业持续健康发展。

最后，创新国有企业绩效管理。在经济新常态下，国有企业应该从下几个方面做好绩效管理：一是企业要明确绩效管理的定位。国有企业要进行人力资源体系重构，就必须站在战略和变革的角度进行重构，并告别行政人事的专业职能定位。加强绩效与战略的联动性，绩效管理要从以官本位为核心的职务价值本位向客户价值为核心的能力转变，要真正成为企业战略的参谋和业务的驱动力。二是完善企业的绩效管理体系。国有企业要从体系上进行规划、设计、构建有效的绩效管理模式，必须有效实施完整的绩效闭环管理，建立有效明晰的绩效指标体系，并且要不断与时俱进，实时动态调整企业战略和经营发展情况，如制定绩效计划、开展绩效培训、实施绩效考评及确定绩效回报等。三是营造绩效管理的组织氛围。绩效管理的组织氛围也是绩效管理中不可缺少的重要环节。国有企业必须重视并自觉营造良好的绩效管理的组织氛围和绩效文化机制，最终才能真正发挥绩效管理的整体效能，如领导更为重视、全员参与、转变绩效评价导向、建立健全监督机制和纠错机制、维护绩效管理的客观公正性等的绩效管理氛围。

第二节　县域经济发展模式的文化环境制度设计依据

县域文化环境包括县域内部文化环境以及县域外部文化环境。建设好县域文化环境首先要从改善文化环境入手，初步完善县域文化的建设。然后在良好的县域文化之下，制定可行的县域文化战略，包括不可或缺的人才队伍的建设、提升能力的学习型组织的建设以及提高自主能力前提下的自主研发能力的建设。最后，必须要建立一定的制度保障机制。

一、县域内部文化环境的营造

县域缺乏崇尚和激励文化的氛围是不可能吸引、留住有激情的人才的。县域文化建设首先从营造良好县域内部文化环境开始。营造县域内部文化环境从以下几个方面进行。

其一，提高全体居民的地区意识。一个国家、一个地区意识的强弱、能力的高低，从根本上决定着"迎战"的成败。一个地区的精神和意识是由领导者团队具体承担的，他们是县域文化建设的倡导者和带头人，在县域文化建设中唱主角。领导是引导和影响集体或组织，在一定条件下实现目标的行动过程，所以在文化建设过程中，领导者团队就应该充分发挥其领导功能和作用，重视文化建设。在县域内部形成尊重知识、尊重人才、重视学习的环境。在整个社会营造一种兼容开放、灵活变通、求真务实的社会认同感。

其二，解放思想。我国县域经济创新能力差，其中一个重要的原因就是思想不够解放。所以，首先要解放思想，开阔眼界，放大心胸，勇于并敢于挖掘人们的思想和能力。

其三，培养地区精神。创造性的思维和实践，与人的精神动力密切相关，创新精神就是强调人的创新行为的精神动力。精神一方面是人自身价值观的体现，另一方面在于文化环境的推动。人们价值观不同，对待同一种事物产生的行为也有所不同。可以在县域建立一种价值观去影响县域居民，使其价值观和县域一致，随着居民知识的增长和经验的积累，价值观逐步确立。价值观一旦确立便具有相对的稳定性，形成了一定的价值取向和行为定势，不易改变，形成崇尚、宽容失败、支持冒险、友好竞争的风气。

其四，建立激励机制。风险，特别是经济风险，将直接影响居民的生活和工作，所以由于惧怕风险，普通人往往会回避。为了提高地区意识、提高自主能力，政府需要建立一定的激励机制来激发全体居民的需求和渴望。例如，设立一系列奖项，以名誉、晋升以及奖金等方式重奖主体。有突出贡献的青年人才，在职称上给予破格，在使用上予以破例，以培养青年人才的拼搏精神，从而达到激励的目的。

二、县域外部文化环境的营造

发展文化，培育精神，要营造有利于地区发展的社会文化氛围。如果说创造财富的主体是人民群众，营造环境的主体则是党和政府。改善和优化发展环境，是重大的经济问题，更是严肃的政治问题。结合我国具体实际来说，在县域文化建设中政府的作用尤为重要。由于我国大部分县缺乏文化建设的理论知识和实践经验，在文化发展的各个阶段均需要政府的引导和参与。美国学者盖布勒认为政府应该是掌舵而不是划桨，政府应该是其催化作用的政府。政府应该把竞争机制注入服务中，建立竞争型政府。政府改变照章办事的组织形式，建立有使命感的政府，满足顾客的需要，而不是满足官僚政治的需要，是预防不是治疗，做有预见性的政府。一般来讲，政府的文化政策应做好以下几个方面的工作。

首先，做好本地区总体规划，突出特点，发挥优势，加快区域体系建设，着力提升区域的各方面能力。

其次，深化文化体制改革。文化体制改革是文化事业发展和推进自主的动力，根据我国当前文化体制改革的实际情况，各地应积极稳妥地推进文化中介服务体系的建设，加大文化人才的奖励制度，增加投入，为县域发展创造良好的物质文化环境，加强文化立法执法工作，以及关注知识产权保护问题等。

最后，工作方式要向以人为中心上转变。在人才问题上，要横下一条心参与争夺人才的竞争，全力创造一个留得住人才、有利于人才成长的环境，树立以人为本、以人为中心的思想。中国人口众多，但人力资源却很缺乏，高素质劳动者数量不足，这要求现阶段发展的关键就是建立一种多元化、多层次的文化和人才培养体系。

三、建立有效的文化机制

文化是将文化因素揉进县域地区管理，以形成新的价值观体系，最终达到增强地区生机活力，提升市场竞争力和市场地位，引导地区走向成功的目的。成功地区能够常立于市场竞争中的不败地位，关键在于它们的文化能够在复杂多变的市场环境中逐渐形成具有凝聚和激励群众的价值观念、基本信念、最高目标以及行为规范，而这恰恰是这个地区未来发展所必需的。非理性倾向者认为，世界上成功县域地区的背后，必有一套强有力的文化，认识是最大的资源，管理它们的方法是文化的微妙暗示。相关研究表明，一些成功的地区在竞争风浪中经久不衰，关键在于它们能够有意识地把握和培育优良的传统和县域文化。建立一种超越时代，适应新时期需要的县域文化，将成为文化建设的核心内容。

建立有效的文化机制包括很多方面的内容，在县域中可以从两个方面来看：一方面是县域文化的外部机制，主要是指影响文化的县域外部宏观环境；另一方面是县域文化的内部机制，主要指文化的内部组成要素。有效的内部文化机制建设是一项系统、复杂的工程，其中包括很多因素，主要是关于建立激励、竞争和评价等机制。激励是将外部适当的刺激转化为内部心理活动，从而增强或减弱人的意志和行为。激励是现代人事管理、创造和谐县域文化氛围的重要手段之一。文化作为现代县域的一种管理方式，同以往的管理相比更强调"人"的因素，更加关注县域地区赖以生存的精神环境和外部环境，它主要从精神、文化、政治、观念形态等方面的相互影响来对居民起到激励作用。该地区对人的激励作用，在一定程度上通过竞争机制来实现，所以竞争机制是现代区域文化机制的最关键因素。通过不断完善地区内部竞争的机制，为打造具有公平性和竞争力的激励与约束环境奠定良好基础。最后需要在激励和竞争基础上建立公平的评价机制，这样有助于推动县域经济的发展。建立在激励、竞争以及评价体系基础上的县域文化体系是建立有效的文化机制的关键。

第三节　县域经济发展模式的技术环境制度设计依据

一、技术创新系统的整合效率问题

影响我国中小型高科技企业的产学研合作与知识流动的主要障碍之一是整个技术创新系统的整合效率过低。主要表现为以下几个方面。

1. 企业、科技、教育等各个子系统相互脱节，没有形成有效运行的系统

在各个子系统内部已经形成了相当的力量，但官、产、学或产、学、研之间缺乏密切合作，没有形成合力。从总体来看，科技与经济的结合并未取得突破性的进展，"两张皮"的问题依然存在。在科技活动商业化的进程中，科技企业和科研机构在商业利益最大化的驱使下，出现了科研体系单项推进的现象，这在某种程度上加剧了科技活动的自我封闭性，不利于整个科技体系的进步。教育和科研之间本来具有天然密切联系，但各自独立的评价体系，造成了两者之间的脱节。

2. 企业在产学研合作与知识流动中的核心作用未能充分发挥出来

企业是创新的主体，也是知识流动的主要受体。企业对技术、人才和信息等生产要素的需求程度对知识流动和创新有着直接的影响。一个普遍的现象是，企业在与研究机构和高校合作时，总是处于比较被动的地位，抱着试试看的心态，在这种情况下，知识流动常常达不到预期的效果。在供给侧结构性改革的背景下，企业对市场需求和面临的竞争压力具有较强的敏感性，如果能将市场对产品的需求变化与竞争压力及时向高校和科研机构传递，形成产、学、研的压力传递机制，

促进以市场为导向的高校科研机制的形成，必将激发出产学研之间的合作创新动力，充分发挥企业在产学研合作与知识流动中的核心作用。

3. 技术改造、技术引进和技术创新相互脱节

技术改造和技术引进是发展中国家的企业提高技术能力的重要手段，也是我国政府为提高企业技术能力所投入的最大资源。日本等国的发展表明，技术改造、技术引进必须和技术创新结合起来，才能实现企业从依赖外国技术向提高自主开发能力的转变。而在我国，三者之间是相互脱节的，在企业用于技术开发、技术引进和技术改造的所有经费中，用于研究与发展、消化吸收和购买国内技术三方面的总和仅占6%，工业研究与发展经费同技术引进的金额不成比例，这使得企业的技术创新能力不能随着企业经济实力的增强而增强。

二、企业适用技术的供给问题

科技界许多人士一谈起科技投入、技术转移和知识流动，就会自然地把存在问题的主要原因归结为企业缺乏技术需求。然而，在实践中我们发现，我国企业每年都在大规模的引进技术，特别是工业生产技术和装备，而研究机构和高校能够向企业提供的通常是单项的技术和产品，不能满足企业大生产对技术的需求。可见，科研院所和高校不能及时提供高质量的实用技术，也是制约产学研合作与知识流动的重要障碍之一。

三、产学研合作中的权益保障与利益分配问题

在我国目前情况下，市场经济体制不够完善，法律不够健全，利益分配就成为知识产权政策的核心。在以技术类成果转让为主的知识产权交易中，利益分配涉及纵、横两个方面。横是指交易双方的利益分配，纵是指提供方内部投资者、承担单位和发明人之间的利益分配。

（一）知识产权交易双方的利益分配

利益分配机制涉及利益分配的比例、方式等问题。利益分配比例即利益分配在数量上的多少取决于成本、预期收益、风险及供求关系等多种因素。但在实际中，由于技术成果的特殊性，这些因素很难计算。首先是开发的成本难以计算，对于技术的供方来说，由于技术开发过程的复杂性和不确定性，一般没

有一份技术开发费用的准确而完整的记录，往往很难分离出某一项技术的开发成本，更不用说其中蕴含的脑力劳动的附加值。其次是预期收益和风险，对它们的估计同技术的成熟度及市场环境密切相关，供需双方往往会有相当大的差距。

（二）技术成果供方内部的利益分配

技术成果供方内部的利益分配主要涉及投资者、承担单位和发明人三个方面。一般而言，"谁投资，谁受益"无疑是正确的，但是由于科技劳动的特点，实际上科技成果是投资方和承担方共同形成的，一方提供了资金，另一方提供了人力资源或者说智力资本，因此，根据《中华人民共和国技术合同法》，应该说是双方的共有成果。但仅限于此是不够的，还应该引入《中华人民共和国民法通则》中"按比例共有"的概念，根据双方出资的多少，界定占有成果的比例。

当前的另一个突出问题是，在组织内部，发明人的权益未能得到充分保证，缺乏有效的激励。在我国的专利中，职务发明创造的比例仅占 8%左右，这与缺乏对发明人的激励措施有关。实际上，在职务发明与非职务发明之间存在着一个模糊带，处于这一范围的成果最终无论归于哪一方，都会在一定程度上损害另一方的利益。国外通行的处置办法是设置权属之外的补偿机制。我们不但缺乏相应的机制，而且在确定权利归属上明显地带有个人歧视特征，并且一旦初始权界定之后，又缺乏可行的向个人转移权利的交易渠道，致使数量可观的只有个人转化才有经济性的成果，得不到个人积极性的支持，从而阻碍了这类成果的创新和转化。

（三）产学研知识合作与知识流动的环境还需进一步改善

知识流动同其他社会活动一样，都是在一定的外部环境条件下开展的。政府有关部门为了推动知识流动，虽然已经制定了许多相关政策，但这些政策措施往往是单项的，针对某个具体问题。而实践中的许多具体问题，常常又是和其他问题交织在一起的，政府部门制定的某一个单项措施的效果通常不会很理想。因此，必须将知识流动与环境的改善联系起来，当前的重要任务就是加强国家创新体系的建设，从国家宏观层面上，构筑起有利于创新、有利于知识流动和各种创新活动执行主体相互联系的外部环境。

四、建立有效的科技创新机制

科技进步创新是县域经济发展的动力，没有动力，县域经济就不可能发展。

这种动力就是在科技进步上不断创新，以高科技、高品质、高效益、低消耗、低成本的产品不断地培育市场、开拓市场、巩固市场和占领市场。市场的竞争是人才、科技、管理的竞争，归根结底是科技进步的不断创新和提高，科技创新是县域经济发展不可或缺的基本条件。在当前我国县域的经济改革和创新中，不可否认这样的事实，科技创新重视不够、力度不够、投入不够，县域科技创新也在"不搞技改等死搞了技改找死"的矛盾论点下陷入茫然状态，除了国家关注的产业外，其他县域地区的科技进步进展迟缓。中国通过40年的消化、吸收和改造国外的先进技术，与国外的差距在缩小，甚至在5G技术上处于领先地位。

我国县级政府在高科技创新上，应该建立有效的创新机制。首先，应该是科技开发机制，根据市场定位，组建和依靠有独立开发能力的机构，并且保证这个机构能够不断地追踪当今世界本行业的先进水平，不懈地进行技术改造、提高和创新，形成自己独特的技术进步手段，有鲜明的地区特征。这样就可以保证该地区在兴旺和困难的时候都能够依靠这个科技开发机构顺利过渡到下一目标阶段，这个机构的存在也就能够发挥其应有的作用。其次，就是要使该地区对引进的高科技有一定的吸收应用机制，由于各种复杂原因，我国县域科技进步还远远不能够做到自主研发创新，所以在这种情况下地方政府必须采取"拿来主义"，迅速消化和吸收应用当今世界比较先进的技术手段，尤其是一些急需的和关键的技术。然而，要获取这样的高新技术还必须要付出一定的代价，以保障本地区在一时不能够开发和掌握的情况下不至于陷入困境。然后，就是要有技术储备机制，这是该地区搞好科技自主创新的物质基础。最后，就是要有一定的投入机制，由于县级政府资金有限，很多情况下无法给该地区的科技研发提供有力的资金支持，依靠资金借贷来创新势必有很大的风险性，若不能形成生产力，正常的生产经营就会为负债所累。因此，要想办法建立本地区科技创新的投入机制，用设立专项基金等办法来提高科技经费，当然这种投入应以不影响正常生产经营为原则。

第四节　县域经济发展模式的管理环境制度设计依据

一、制定县域地区人才管理战略

（一）实施"人才强县"战略

人才一般都具备一定的内在素质。首先，人才必须具备独立的人格。独立人格是实现超越前人形成创新成果的重要因素。独立的人格要求不唯书、不唯上、不迷信权威、不畏惧权势、不怕孤立，坚持独立思考、独立决断，按照自己的意愿和认定的原则做人处事。健全独立的人格的特征是坚持实事求是、敢于追根探源，是以发展、完善和捍卫成果为己任的崇高精神的基础。要培养独立的人格，就需要在人才的培养过程中做到人人在知识面前平等。其次，人才还需要有自由的精神。精神自由就是心灵无负担、精神无禁锢、思维无定式，即主体在探索过程中，精神和思维上不受物质条件的压迫、没有利害得失考虑的煎熬、没有与事业无关的应酬和干扰，不受定式的束缚、不受传统的羁绊。然后，拥有广泛的兴趣也是新型人才必备的素质特征之一。最后，人才还必须具备坚忍的意志和强烈的个人信仰等方面的素质。

县域文化的发展需要"人才强县"战略的支撑。通过营造浓厚的文化氛围和优良的人才发展环境，实现各类人才脱颖而出的目的，支撑县域经济的可持续发展。人才的开发是一个系统工程，其中包括人才观念、人才选拔、人才评价、人才培训、人才使用、人才激励等各个环节。人事工作要牢固树立以人才为中心的观念，真正做到尊重人才、发现人才、培训人才、开发人才，人才的选拔必须以知识为标准。人才的评价，不仅仅是学历、职称，更重要的是人才内在素质的要求。人才的培训必须终身化，要建立人才的知识更新机制，了解同行业培训教育发展趋势、最新方法，制定近远期培训规划，对各类人才通过不同的方式进行再教育，使人才不断学习和掌握世界最先进的科技知识，保持较强的竞争实力，人才的激励必须具体化，要精神激励和物质激励相结合。

（二）创建学习型组织，提升能力战略

善于不断地学习是学习型地区的本质特征。学习型组织及其互动共享的学习系统，是应对变化以及未来的唯一持久的竞争优势。这已经成为学术界和成功地区的广泛共识，并被称为是迄今为止社会竞争法则给予我们的最为明确、最为智慧的回答之一。

创建学习型组织首先要增强本地区居民的学习能力，促使他们去学习、掌握各种技能，这样可以持续地增强他们的工作能力，从而创造出对自己以及区域发展更为重要的成果。建设学习型组织的地区应因地制宜，其具体做法也千差万别，应培植适合各地区的学习理念。一般创建学习型地区要从以下几个阶段进行：首先是教育启动阶段，本阶段主要要求加大宣传力度、各层各级发动部署、加强学习指导、制定创建规划。其次是构建基本框架，按照短、中、长期学习目标，制定与之相应的学习计划的基本框架。最后是要求构建比较完善的学习体系，包括学习环境的营造以及完善的制度的规定等，争取全面构建社会化、开放式、多层次的终身学习体系。

文化是尊重知识和尊重人才的文化，是彼此相互信任、相互合作，在合作中竞争和在竞争中合作的良性文化，是信息与知识及时交流与共享，而不是相互封闭、相互拆台的文化。所以，进一步完善县域文化建设对策之一就是要创建学习型组织，加强内部的交流与协作、学习与竞争。创造和生产知识以及应用和传播知识的重要环节包括教育和培训，县域内部教育和培训体系的完善程度甚至直接影响本地区人口素质的提高，继而影响人们能力的提高。建立高水平的人才队伍，提升创新能力，促进科研成果转化成现实生产力。倡导终身学习，推进终身教育体系的建设。开展学习成果评比活动，设立学习型组织奖励基金，并根据各单位实际，引导全体员工确立个人学习目标、制定年度季度学习计划，举办形式多样的学习竞赛活动，定期举行专题学习讲座或学习典型的经验交流会。

（三）基于自主研发的自主战略

改革开放以来，我国的科技水平得到了迅速提高，一些高新技术产业得到超常发展。我国与发达国家相比还有较大差距，以制造业为例，我国制造业在规模上已经称为制造业大国，但是还不是制造业的强国，主要表现在制造技术创新能力不强、制造技术基础薄弱和制造技术创新体系尚未形成。要想获得长期利润，取得战略竞争优势，就必须尽可能地提高地区自主研发的能力。目前，技术引进还是受到大多数县域地区的青睐和重视，然而很少有地区重视吸收消化已引进的技术，以及对该引进技术的再创新。创新性技术研发在我国县域科学研究中极为匮乏，在原始性技术创新、集成创新以及引进消化和再创新能力方面存在明显不足。理论上科学技术提到了"第一生产力"的战略高度，但科学技术并不是直接的、现实的生产力，它需要通过技术转化为新的工艺和新的产品，才能使市场需求不断得到满足又不断被更新，创造出更大的经济效益。近年来韩国越来越重视高新技术的研究开发。为此，韩国实施了开发经费补贴、原型制造补贴、风险投资、税收优惠等措施，紧缩对资本密集型工业的支持而加强对技术密集型工业的支持力度。提倡自主研发不但要完善人才的知识体系，而且要为人才的行为营造良好的人文环境，以及对其行为进行适当的激励，还要加大科研资金投入，使自主研发不受束缚、无后顾之忧，保证研发的顺利进行。

二、建立有效的管理机制

管理是新经济时代地区竞争的制高点。管理是将管理要素或要素组合，列入地区管理系统，使之具有新的功能，以达到提高地区整体管理水平的目的。现代社会中，管理是一门大学问，任何组织都会涉及管理方面的知识和问题。管理的好与坏、专业与不专业直接影响一个组织的发展前景，所以地区的发展也离不开管理。管理是个永恒的主题，然而随着市场经济的发展、形势的变化，管理的主体和对象已发生了质的变化。管理的机制要有利于培养居民的凝聚力、向心力和贡献力，提高居民和本地区的亲和度。管理机制必须是能够为居民提供生存空间、使每个人都有归宿感的管理机制，必须是使员工有发展空间、能够实现自我价值的管理机制，必须是能给员工带来获利空间的管理机制。管理机制应该把活化的劳动"资本化"。因此，管理就是向有利于激发居民而不是限制居民的方向转变。要实现以"人"为中心的管理，尤其要研究和重视逐步商品化、市场化的人的管理，做到以能用人、以事留人、以情感人，这是管理的"魂"。

管理的正确方向应该是能够建立起本地区完善的制度体系、良好的生产经营环境、和谐的团队组织、畅通的交流沟通组织结构以及较强的商业市场意识。通过这样的管理使居民有较强的凝聚力，有强烈的主人翁意识，使每一个居民都能自觉承担地区兴衰的责任，把本地区的持续健康发展看成是自己的目标和方向。

三、建立合理的制度安排

制度作为在实践中形成的带有强制性的义务，并保障一定权利的规定，它能有序地组织居民为本地区的目标和个人目标奋斗，并保证不同层次和不同角色的居民行为和谐、统一。在影响地区竞争力的多种因素中，内部及外部的制度因素是一个重要方面。在国内诸多研究中，也把一个地区的制度和经营机制方面的因素看作是影响地区竞争力的重要方面。参与者的意识、积极性等受其治理结构激励监督机制的影响，而现代区域经济制度的确立和运行是影响其成败的前提因素。我国著名经济学家吴敬琏曾指出"检验一种制度的安排是不是合理的最终标准，在于它是否有利于发挥掌握着人力资本的专业人才的积极性和创造力"。没有好的制度，一方面，难以获得大量有用人才；另一方面，即使有了人才也难以使其发挥应有的作用，最终导致留不住人才。所以，通过制度安排来激励人才，是推动一个地区自主发展的前提条件。文化的运行必须有一定的制度体系为基础，要从建立激励、培养、保护等机制入手，推进培养体系，建立健全评价制度、奖励制度、知识产权占有制度和人才管理制度，全面系统、持续不断地营造鼓励探索、宽容失败、敢为人先的氛围。努力破除体制性障碍，大力提升人才的社会地位和经济地位。一般来说，一个地区的制度首先是建立健全"共同治理"制度体系；其次是增强居民自我管理的能力。制度变革的同时，对政策体制、政府职能等方面都提出新的要求，由此激发本地区的发展潜力，创造出更多的财富。

第十章 贵州省县域经济发展模式典型案例研究

第一节 紫云县红芯红薯经营模式案例研究

一、紫云县红芯红薯"公司+农户"经营模式概况

紫云县位于贵州西南部，隶属安顺市，是全国唯一的苗族布依族自治县，苗族史诗国家级非物质文化遗产"亚鲁王"就诞生在这里。紫云县地处贵州高原向广西丘陵过渡斜坡地带的中低山盆谷区，属亚热带季风湿润型气候，为中亚热带与北亚热带的过渡地带。得天独厚的地理和气候条件造就了许许多多的珍稀特产。其中，紫云红芯红薯就是当地的一张靓丽名片。紫云红芯红薯只能在黄色土壤中生产，其特点是细嫩酥软，个体适中均匀，蒸熟后通体晶莹，香甜扑鼻，甚至入口即化，口感远超一般的番薯。2011 年，紫云红芯红薯荣获国家地理标志产品，2012 年又获得国家无公害农产品产地认证。所含氨基酸、钙、铜、锰、钾、锌等多种矿质微量元素是普通红薯的 3～8 倍，碘、硒含量是普通薯种的 20 倍以上，极富营养，其抗癌功能在所有食品中居第一，长期食用，具有抗癌、降压、补钙、延年益寿之功效，具有很高的食用、药用和经济价值。

紫云县作为典型的农业县，红薯的种植长期处于自然经济的状态，缺乏产业化的引导，随着经济条件的发展、饮食结构的变化，红薯产量和销量逐渐下降。为了改变此种现状，响应原贵州省委书记陈敏尔同志提出来的"让红芯红薯红起来"的要求，通过政府引导，企业帮扶，逐渐形成了"公司+农户"的经营模式。

"公司+农户"经营模式，是指将从事农产品生产的农户与企业的生产、加工、销售结合起来，以市场为导向，按照约定的利益联结机制，形成种养加、农工商一体化的产业链和一定程度的风险共担、利益共享的利益共同体。具体方式有自由买卖方式、合同订单式、保护价方式、参股联结式。紫云县通过"公司+农户"模式的推广，红芯红薯的生产逐步走上了产业化经营发展的道路，培育壮大了一批经营方向好、带动能力比较强、辐射范围比较广、发展后劲足的农产品加工企业。紫云县红芯红薯的生产基地初具规模，在松山镇磨南村和白石岩乡幸福园村建有紫云县重点发展项目的优质红芯红薯示范点。依靠当地农产品加工企业紫云朗高有限公司的"格凸河"牌农特系列商品市场走俏，基本形成了当地红薯产业化经营模式。与此同时，积极把农民专业合作经济组织作为合作企业来培育和发

展。在规模化生产的同时，引进贵州黔冠实业发展有限责任公司、深圳一日三鲜生态农业技术有限公司等加盟，打通红芯红薯的销售渠道。

二、紫云县红芯红薯"公司＋农户"经营模式取得的成效

通过"公司＋农户"的经营发展模式，紫云县红芯红薯近年来取得了快速发展。

一是红芯红薯的基础设施建设上了一个大的台阶。逐渐形成了以松山街道、五峰街道、白石岩乡为核心的种植区，建设紫云红芯红薯标准化示范园区 2 个，建成 500 亩核心种苗基地 1 个、1000 亩高标准种植基地 1 个，修建 10 吨位薯窖 12 个、8 吨位薯窖 5 个，建设红芯红薯销售集散中心 2 处①。

二是产业链得到了延伸，从传统的种植不断向加工、保鲜专业化发展，发展加工与储藏保鲜专业化企业 5 家，从储藏、物流、运输配送、产品溯源跟踪的"三品一标"体系逐步建成，杭州闻远科技有限公司、紫云中通快递股份有限公司等逐渐加入到产业链中来。在销售方面不断引进电子商务模式，利用微信端口和淘宝等开展销售，大大提高了销售的速度，销售的市场也扩展到了全国各地。

三是种植面积和产量不断扩大。在贵州省农业科学院的帮助下，逐步完善了红芯红薯的种植标准体系，扩大了标准化种植的规模。截至 2017 年，紫云县红芯红薯种植面积达到了 1.5 万亩、产量 1.8 万吨，种植农户达到 1500 余户，销售金额达 1800 多万元，直接带动 101 户贫困户脱贫致富。

三、紫云县红芯红薯"公司＋农户"经营模式的经验

实践证明，紫云县的"公司＋农户"农业产业化经营模式取得一定的成功，是农业经营体制的重大创新，对实现农村经济结构战略性调整，促进农村经济发展，增加农民收入，实现农业现代化，全面建设小康社会起到了巨大的促进作用。紫云县紧紧围绕农业增效和农民增收的目标，按照农业产业化的基本思路和"公司＋农户"的成功经验，大力培养和发展龙头企业，完善企业与农户的利益联结机制，加快发展各种类型的中介组织，进一步推进农业现代化经营体制创新，全面提高"公司＋农户"产业化经营水平，推动农业现代化和农村小康建设。紫云县的"公司＋农户"经营模式主要通过以下思路来发展和完善"公司＋农户"的经营模式。

---

① 资料来源：http://www.ddcpc.cn/news/201801/t20180125_54986.html。

（一）壮大龙头企业

没有龙头企业就没有"公司＋农户"的经营模式，龙头企业经济实力的强弱和带动能力的大小，决定着"公司＋农户"经营模式的程度、规模和成效。因此，培育龙头企业是提高"公司＋农户"经营水平、推进农业产业化发展的关键。政府通过加大对龙头企业资金扶持力度，改善金融信贷环境，完善基础设施建设，为龙头企业发展创造了宽松的环境。要坚持以市场为导向，依托基地的资源优势、主导产业和特色产品，规划一批现代化的新型龙头企业，按照优胜劣汰、有进有退的原则，择优培育壮大一批有优势、有特色、有市场竞争力的重点龙头企业。按照产权明晰、责权明确、管理科学的现代企业制度的要求，努力建设一批跨行业、跨地区、跨所有制经营的企业集团。要不断提高龙头企业经营管理、人才培养和科技创新能力，加大龙头企业和大专院校、科研院所的联合，不断引进新技术、新成果，生产适销对路、科技含量高、附加值高的产品，进一步延长龙头企业的产业链。

（二）培育特色生产基地

要紧紧围绕本地区资源优势，建设区域特色明显、规模优势突出、市场空间广阔的农产品生产基地，不断提升农业产业化经营水平。主导产业、特色产品基地是连接企业加工销售的第一车间，基地产品的规模和质量直接关系龙头企业的生产和长远发展。因此，龙头企业要发挥资金、技术、品牌、信息等优势，通过提供优质种苗、发放预订金、贴息贷款，提供全程服务等手段，改善生产基地的生产条件，培育和扶持基地建设。要通过产品鉴定会、产业联席会等方式，定期加强与基地农户的信息沟通，注重解决生产基地发展中出现的新问题。要进一步整合资源优势，发展专业户、专业村、专业乡镇，走一户带多户、多户带全村、一村带多村、多村成基础的路子，实行集中连片、规模发展，尽快形成产业带和产业群，改变现有的小而全的产业布局。

（三）扶持中介组织

中介组织是针对"公司＋农户"经营模式的缺陷而进行的制度创新，是"公司＋农户"经营模式健康发展的有效组织载体。中介组织能提高农民的组织程度，改变农户在市场谈判中的弱势地位，对推动"公司＋农户"经营模式的健康发展具有十分重要的意义。中介组织的形式有专业协会、专业经济组织、合作社等多种形式，这些形式都是各地的农民根据自己的实际情况，通过自愿联合、共同所有、联合控制等方式建立起来的。其谈判地位和能力明显提高，同时能够对组织内单个农户的机会主义行为加以监督与处罚。政府要在建立中介组织的舆论宣传、政策引导、扶持力度上下工夫，不断提高广大农民对中介组织重要性、必要性的认识，制定财政、信贷、税收等优惠政策，建立相关法律法规，按照群众自愿、市场运作的原则，加快中介组织建设步伐。通过中介组织遏制公司与农户双方的机会主义行为，降低契约谈判、监督、执行、交易的成本。

（四）完善服务体系

"公司＋农户"农业产业化经营模式的服务体系由三个方面组成：一是政府提供的社会化服务，为了促进红芯红薯的发展，紫云县政府制定了《"紫云红芯红薯红起来"三年行动计划》。二是中介组织提供的社会化服务。三是企业提供的社会化服务。其中，企业提供的服务是社会化服务的主体和基础，主要提供信息、技术、农业机械、农用物资、种子以及农产品的加工运销等。而中介组织提供的服务主要包括信息、科技创新推广体系、金融信贷协调、标准化质量等，这是社会化服务的核心。

（五）健全政策法规

一是要健全和完善农产品的市场法规，保证农产品市场秩序的公平、规范、有序。二是建立标准化法规，用同一规范的农产品标准控制农产品在收购过程中的压级压价和农户参假的行为。三是对中介组织要尽快建立法规和制度。确立农村合作经济组织的法律地位，明确中介组织的性质、登记程序、权利义务、内部机构、运行模式、利益分配方式等。四是规范农产品购销合同的内容，主要包括权利义务、履约方式、违约处理等，确保双方在自愿、平等、互惠互利的基础上进行交易。

四、紫云县红芯红薯"公司＋农户"经营模式的价值与示范性

经营模式价值。作为西部地区的国家级贫困县和农业典型县，以落后的、松散的农民为主体的生产和销售模式受到了资金、技术和市场等多方面的制约，难以做大做强。而通过"公司＋农户"的方式，整合了资源、提高了产量、扩大了销售市场，使得公司和种植的农户两方面受益，避免了出现"种的少赚不了钱、种的多价格下降"的"谷贱伤农"现象。政府在促进经营模式的形成过程中，发

挥了重要的作用，在红芯薯的综合价值逐渐被人们认识的同时，政府也加大了对紫云县红薯的支持力度。近年来，紫云县依托资源优势，大力发展特色产业，努力把资源优势转化为经济优势，为了促进红芯红薯的发展，从积极引导、开展招商引资、联系专家、投资基础设施等方面给予了重要的支持。

经营模式的示范性。紫云县红芯红薯的模式为西部贫困地区的农业发展提供了一条思路，那就是有着种植优势的农产品可以通过规模化经营、品牌化建设逐渐摆脱传统的自然条件的种植模式，成为西部地区群众脱贫致富的一个重要手段。

第二节　湄潭县茶产业链延伸模式案例研究

一、湄潭县茶产业链延伸模式概况

湄潭县位于贵州省北部，总面积 1864 平方千米，隶属于遵义市。湄潭县是典型的山区农业县。这里产茶历史悠久，茶圣陆羽在《茶经》上记述："茶生夷州，每得之，其味必佳"。1939 年民国中央农林部在湄潭设立桐茶实验场（即现在贵州省茶叶研究所和省湄潭茶场的前身），一代茶叶大师张天福、刘淦芝、李联标等云集湄潭，创造了茶叶科技与茶文化研究的辉煌成就，推开了中国当代茶业发展的第一扇大门。湄潭县大力发展茶产业，茶叶加工技术逐渐成熟，湄潭茶叶名声鹊起，冠名中华大地。湄潭县先后获得中国茶业十大转型升级示范县、国家级出口食品农产品（茶叶）质量安全示范县、中国茶文化之乡、中国茶叶产业示范县、中国十大最美茶乡、全国茶叶籽产业发展示范县、全国重点产茶县等荣誉称号。

湄潭县茶产业链延伸模式是指以茶叶种植为基础，通过引进、嫁接、借鉴等多种方式，不断将单一的茶叶种植延伸到茶叶的加工、贸易、和其他产业融合发展。产业链的延伸，逐步改变了传统的茶叶种植、加工、销售等的自然经济状态，不断推进了茶叶基地建设、茶叶品牌建设、茶叶销售渠道建设。通过产业链条关键节点上的企业自主发展和政府提供多样的公共服务逐步推动湄潭茶叶规模扩大、产品丰富、品质稳定和品牌价值形成。

二、湄潭县茶产业链延伸模式取得的成效

湄潭县经过多年的发展，茶产业链不断延伸，形成了从生产、加工、销售等一条龙的茶叶发展道路，取得了较好的成效。

第一，茶叶的种植面积和产量不断扩大。截至 2017 年，作为全国第二重点产茶县，茶园面积从五年前的 28.5 万亩增加到了 60.87 万亩，产量从 1.5 万吨增加

到了 5 万吨，产值从 9.13 亿元增加到了 35 亿元，综合收入从 13.7 亿元增加到了 87 亿元，茶叶综合效益位居全国茶叶百强县第二位[①]。

第二，培育了众多的茶叶企业。截至 2017 年，拥有茶叶生产、加工、营销企业、加工大户 538 家，国家级龙头企业 4 家，年加工能力 7.5 万吨。加工的产品涉及绿茶、红茶、黑茶及茶叶籽油、茶多酚、茶树花等 13 类综合开发产品[②]。这其中最具代表性的企业是贵州湄潭兰馨茶业有限公司，于 2001 年注册，经过十多年的发展，成为集茶叶生产、加工、销售为一体的湄潭茶叶龙头企业、农业产业化国家重点龙头企业[③]。建设生态茶园核心基地 1200 亩、带动农户发展茶叶基地 3 万亩，通过引进微波杀青、远红外提香专利技术和自主研发"电热与微波组合杀青新工艺"等技术，名优茶生产装备技术达到了国际领先水平。

第三，实现了茶与旅游等产业的融合。茶海生态园和天下第一壶升级为 4A 级景区，以"茶海""茶壶""茶汤""茶城""茶村"为代表的旅游文化名片不断擦亮。茶与节庆融合，举办了贵州国际茶文化节和茶产业博览会。茶产业与体育结合，举办了"遵义·中国茶海山地自行车赛"。截至 2017 年，旅游从业人员突破 7000 人，旅游收入 17.88 亿元，吸引了全国各地游客来到这里观光生态茶园、品尝美味茶宴，体验多彩的茶事文化[④]。

第四，茶叶品牌价值不断提高。湄潭翠芽、遵义红先后获得第十届国际名茶评比和"百年世博中国名茶"金奖。2018 年中国茶叶区域公用品牌价值评估结果显示，湄潭翠芽位列第 24 位，品牌价值由 2013 年的 12.27 亿元上升为 21.93 亿元[⑤]。

三、湄潭县茶产业链延伸模式经验

一是以科技创新为抓手提升茶产业整体技术水平。通过与省市各级科技机构合作促进科技要素向基层集聚，加强了茶叶产业集群发展。通过科技项目的转化，实现了茶叶生产清洁化、标准化，夏秋茶苦涩味改善，推出了冷水泡茶技术、遵义红发酵工艺技术、恒温蒸汽杀青工艺技术，开发了遵义红茶、出口绿碎茶、冷水茶、高栗香型名优茶、茶香酒、红茶酒等新产品 10 余个。通过科技项目的实施，促进了茶叶产业自主创新能力的提高，增强了企业核心竞争力。建立了湄潭县生产力促进中心、湄潭县检验检测中心、贵州湄潭茶叶工程技术研究有限公司等创

---

① 资源来源：湄潭县 2017 年政府工作报告。
② 资料来源：http://politics.people.com.cn/n1/2018/1117/c1001-30406030.html。
③ 资料来源：http://www.lanxintea.com/About/Index.asp。
④ 资料来源：http://www.zunyi.gov.cn/zwgk/jcxxgk/zfgzbg/qxzfgzbg/201710/t20171024_638534.html。
⑤ 资料来源：http://www.puercn.com/cysj/dcbg/45830.html。

新服务机构和平台，建立起了服务全县中小企业的技术咨询、成果转化和检验检测等服务平台。通过科技成果的转化，形成了茶叶企业从简单加工到精深加工、从中低端产品到高端产品的科技研发体系，推出了多样化的产品链，实现了茶产业链的延伸。通过与高校科研机构合作，建立了贵州省茶产业技术创新战略联盟，推动形成了茶产业技术创新链。

二是培育茶产业链中关键企业并发挥其带动效应。龙头企业是茶产业链中的关键环节，发挥着内联农户外联市场的重要作用，其数量的多少和实力的强弱直接决定着湄潭县茶产业发展的速度和水平。湄潭县围绕茶产业链的各环节注重培育龙头企业，通过政策扶持、科技计划项目带动、奖励等措施培育龙头企业。这些政策最早可追溯到2007年，在扶持龙头企业、加快工业化进程中，对新建茶厂或技改投资规模达到中型龙头加工企业标准的，享受下列政策：一是建厂或技改贷款，贴息3年；二是投产后按企业当期实现的县级地方税收等额奖励3年；三是优先安排征用土地，建厂用地作农业用地管理，非永久性建筑物占地，作为临时用地办理；四是优先安排产业化项目和技改项目，帮助企业申报国家、省、市级项目，龙头企业获得成功的，分别一次性奖励企业100万元、10万元、1万元；五是建厂或技改县级规费一律缓交。在推进茶叶企业标准化生产中，对达到要求验收合格的企业，县政府采取以奖代补的方式进行奖励，获得认证的分别一次性奖励2万元。在实施品牌战略、加快市场化进程中，积极组织企业推介"湄潭翠芽"产品，参加"中茶杯"和"中绿杯"以及国际名茶评比活动，对获得最高奖的企业一次性奖励1万元；获得省著名商标、省名牌产品的一次性奖励2万元；获得国家驰名商标、中国名牌产品、销售收入达3000万元、税收达100万元的，一次性奖励100万元。通过培育龙头企业，逐步将茶产业覆盖到了包装、广告、加工、农机、运输、劳务、旅游等行业。

三是运用大数据技术打造智慧黔茶产销模式。湄潭县通过建立茶产业产销战略联盟，实现了对联盟成员分散茶园的资源集聚、原料茶叶的集群加工、商品茶的集中精制和茶产品市场的集约经营，运用大数据技术整合行业资源，从而形成了智慧黔茶产销新模式。通过"联盟+企业+核心基地+合作社+农民"的管理模式实现了茶园管理质量的提升，通过实施"物联网"打造了智慧茶园，通过产销战略联盟实现了全县茶产品的生产标准，通过统一精制作解决了小微企业因生产批量小难以完成精制工序的难题，通过电子商务、物联信息平台建设构建了湄潭茶叶直通国内外市场的新模式。

四、湄潭县茶产业链延伸模式的价值与示范性

产业链延伸模式价值。湄潭县茶产业的发展从传统种植加工向中高端加工的

升级，从单纯的发展茶产业到茶旅结合，不断地拓展了产业技术链、价值链和创新链，通过培育龙头企业带动了茶企的集群发展，等等，这些经验是符合产业链发展理论的。这是从工业产业链思维向农业产业链发展的重要尝试，为我国乡村振兴战略中的"产业兴旺"提供了借鉴。

产业链延伸模式示范性。在我国，与湄潭县有着类似农业资源的山地型农业县可以借鉴湄潭县发展茶产业的经验，不断将传统的自然种植和简单加工转变为高端的加工和集群化产品的现代化生产，实现经济资源向经济效益的华丽转变。

第三节　纳雍县玛瑙红樱桃产业化发展模式案例研究

一、纳雍县玛瑙红樱桃产业化发展模式概况

纳雍县位于贵州省西北部，隶属毕节市，地处滇东高原和黔中山区的过渡地带，海拔在 1052～2476.4 米，面积 2448 平方千米，是典型的喀斯特地貌广泛发育地区。樱桃树抗逆性强，且种植技术和果树管理难度不大，不需占用好土好田，是纳雍县群众喜爱的树种之一。樱桃对调节水果春淡季和丰富人们菜篮子有着重要作用。同时，由于其成熟早，果实上市期田间病虫害还未发生，栽培上极易达到无公害甚至绿色食品的要求，是人们可以放心食用的水果，历来深受消费者喜爱。纳雍县早先种植的品种多为"那翁""红灯"及本地品种，品种退化严重、品质较差极大地影响了经济效益。

有"中国南方樱桃之王"美誉的玛瑙红樱桃，是 1996 年 2 月由"玛瑙红樱桃之父"徐富军在库东关乡陶营村自己的樱桃园发现，因其颜色与玛瑙红非常相似，徐富军就将新品种樱桃命名为"玛瑙红樱桃"，这一名称 2011 年 11 月通过了贵州省农作物品种审定委员会审定。其果实为椭圆形，果肉厚，平均单果重 4～5 克，可溶性固形物 45.75%，可溶性糖 11.88%，每 100 克果实维生素 C含量为 22.578 毫克，成熟期果实鲜红亮丽，红中透紫，晶莹剔透。玛瑙红樱桃从 1996 年被发现，经过嫁接培育，2003 年正式挂果，当年产量达到亩产 1000多千克，批发商价格每千克 9 元，是传统樱桃的 3 倍。成功培育出玛瑙红樱桃之后，徐富军大力推广，并实现产业化发展，他给周边农户免费提供玛瑙红樱桃幼苗，给予栽培、嫁接压条等方面的技术指导，带动大家共同致富。玛瑙红樱桃的特别品质只有在纳雍境内才是最好的，所以目前为止，该品种鲜果仍然供不应求，市场缺口较大。

玛瑙红樱桃以其上乘的外观品质和巨大的市场前景受到政府部门的高度重

视，纳雍县将其作为种植业结构调整的新兴产业与石漠化治理、生态畜牧业建设等项目捆绑发展，在发展中创新机制，做到上规模、上档次、出品牌。纳雍县的樱桃种植面积在县内各种水果中居第一位。2006 年以来纳雍县樱桃种植迅猛发展，在各级政府部门的高度重视和大力支持下，相继整合了财政、农业、林业、扶贫、水保等上级部门资金，促进产业发展，先后获得国家"三江源"生态保护项目、巩固退耕还林成果专项资金特色经果林建设项目、贵州省农业委员会精品水果项目、中央财政现代农业生产发展资金（精品果业）项目、扶贫资金精品水果项目等重大项目支持。截至 2017 年，在纳雍县总溪河两岸的库东关乡和维新镇，已经形成种植面积 4787.33 公顷的连片玛瑙红樱桃，"中国纳雍国家玛瑙红樱桃公园"初具规模。

二、纳雍县玛瑙红樱桃产业化发展模式取得的成效

纳雍县通过推广玛瑙红樱桃特色经果林建设实现了兴林与富民、生态效益与农民增收的双赢。

一是扶贫开发。从 1996 年开始的产业转型，让总溪河两岸的农民完成了从"粮农"到"果农"的转变。玛瑙红樱桃主产丰产区内平均每 667 平方米可创增收 2400 元以上，好的达上万元，樱桃收入占全乡农民人均收入 50%以上。2017 年全县玛瑙红樱桃种植面积达到了 15.7 万亩，年产值达 19.78 亿元。在纳雍县的库东关乡，全乡玛瑙红樱桃从昔日仅有 165 亩的樱桃园突变为 3 万余亩果山，全乡 10 个村中有 9 个村种植玛瑙红樱桃，其中 5 个村基本实现全覆盖。全乡受益群众 1.6 万人（其中贫困户 3900 人），人均增收 7312.5 元[1]。玛瑙红樱桃种植已经成为当地的主导产业，成为农民增收的主渠道，解决了农村剩余劳动力就业问题，让农民走上了脱贫致富的道路。据不完全统计，玛瑙红樱桃在纳雍县带动了 12 000 余户近 40 000 人走上了脱贫致富之路[2]。

二是旅游发展。总溪河畔现在成了春季赏樱桃花、夏初采摘玛瑙红樱桃的重要旅游目的地。截至 2017 年，这里建成成片的玛瑙红樱桃采摘园 15 个，采摘步道 60 余千米，樱桃交易中心 10 个，停车场 12 个，配套建设的酒店、农家乐突破 100 家[3]。樱桃仙子选拔大赛、白族三月节、"樱桃花开"音乐节等系列活动的开展，提升了市场吸引力，小樱桃带动了大产业，"二月邀您来赏花，四月请您来品果，夏季畅游总溪河"特色价值逐步凸显，随着基础设施的完善和杭瑞高速、夏蓉高速的开通，每年从赏花到品果，接待游客近 100 万人。

---

① 资料来源：http://www.gz.chinanews.com/content/2018/06-12/83237.shtml。
② 资料来源：http://www.minge.gov.cn/n1/2018/1029/c415707-30369580.html。
③ 资料来源：http://www.ijia360.com/portal.php?mod=view&aid=39318。

三是生态建设。伴随着玛瑙红樱桃的大面积推广种植，这里生态脆弱的山乡的森林覆盖率达到了85%[①]，比贵州省森林覆盖率57.3%高出27.7个百分点。

三、纳雍县玛瑙红樱桃产业化发展模式的经验

第一，优良品种的选育。从发现变异品种后到县里相关职能部门的高度重视，然后采取在贵州省其他地方进行对比实验，最后到成功的定名，都离不开农业技术人员的努力。

第二，大面积的规模化生产示范。其中，重要环节是建立良种母本园。在总溪河畔的陶营村建成66.67余公顷的优良玛瑙红樱桃母本园，通过加强肥水管理和病虫害防治，以培育提供优良接穗和种苗为主，为保护优质樱桃种质资源和纳雍县各地种苗商育苗建园提供种源起到了良好保障，促进了樱桃种苗供应产业化生产。

第三，加强对农民的技术培训。通过举办多层次、多形式的宣传、技术培训和技术咨询，一方面举办技术讲座，组织县、乡技术干部进行系统学习和培训，以提高他们的技术服务指导能力；另一方面安排技术人员深入基层和果园，对农民进行室内培训和田间现场培训，提高了群众实践操作能力。掌握了栽培、管理技术、病虫害防治技术的农民逐渐成为推广种植的重要力量，在他们获得了种植玛瑙红樱桃带来的收益的时候，自然会调整种植结构，改种樱桃。

第四，加大玛瑙红樱桃的宣传。通过媒体宣传、举办生态文化节等宣传樱桃品质，这些文化宣传活动逐渐将玛瑙红樱桃推向了公众的视野。"玛瑙红樱桃之父"徐富军不仅自己种樱桃，还积极地向群众宣传种植的好处，带着自己收获的樱桃到处跑营销，通过自己的现身说法，让县内的群众和县外的市场看到了玛瑙红樱桃的价值，最终实现了"众人拾柴火焰高"的效果。

四、纳雍县玛瑙红樱桃产业化发展模式的价值与示范性

玛瑙红樱桃产业化发展模式的价值。通常情况下，农产品优良品种的发现来自农业科研院所的实验室，或是国外，而玛瑙红樱桃的发现和培育则来自基层的农业技术人员。在没有外部援助的情况下，纳雍县靠自己的努力一步一步地走向了产业化、规模化的发展道路，通过"小樱桃，大产业"探索出了一条"绿水青山就是金山银山"的纳雍道路。

玛瑙红樱桃产业化发展模式的示范性。玛瑙红樱桃产业化发展模式对于当前

---

① 资料来源：http://szb.gzrbs.com.cn/gzrb/gzrb/rb/20181114/ArticelT09006JQ.htm。

正在实施农业供给侧结构性改革的县域经济具有较高的示范性，在特色品种的选择、规模化生产和防止"谷贱伤农"等方面值得借鉴。

第四节　黔西县旅游业发展政府主导模式案例研究

一、黔西县旅游业发展政府主导模式概况

黔西县位于贵州省的西北部，隶属毕节市，是典型的喀斯特地貌区，居住着汉族、彝族、苗族等18个民族。千百年来，沉淀了灿烂的民族文化，是"黔剧"的发源地，少数民族传统节日品种丰富，如插花节、苗族跳花坡、彝族火把节、彝族年、满族颁金节等。黔西县旅游资源丰富，东有六广河大峡谷、九龙山象祠、钟山古柏、谷里古驿道；东南有清代兵部尚书李世杰墓、大箐坡林海、东风湖、八仙洞；南部有凤凰川洞、柯家海子、沙井观音洞、风景优美的水西湖；西北有国家级森林公园百里杜鹃、大坑洞、大黑洞、卷洞门水库、附廓水库；北有国家二级保护动物大鲵保护区等；县城内有水西公园、观农台、武庙、玲珑洞、烈士陵园等。

黔西县旅游业发展起步于20世纪90年代，由于认识、体制和经济条件的限制，旅游业长期处于低谷状态。21世纪以来，随着"毕节实验区"实践的深入探索，县政府对旅游业的认识不断深化，2000年"旅游开发基地"战略目标的提出和《黔西县旅游发展总体规划》的编制标志着黔西县旅游业的发展走上了跨越发展之路。在政府的推动下，旅游基础设施不断完善，以百里杜鹃为核心的旅游产业得到了快速发展。2007年将"旅游活县"作为黔西县发展的四大战略目标之一，"中国杜鹃花都""水西古驿""乌江源百里画廊"成为黔西的三张旅游名片。

为构建旅游全域化的发展格局，黔西县加强了机制改革，2017年探索形成了"1+5"工作机制改革，通过加大党政统筹力度，形成旅游发展齐抓共管的合力；成立了县级旅游发展和改革领导小组，落实了促进旅游全域化管理的五项工作制度，形成了旅游市场执法联合检查、旅游安全生产联合治理、旅游项目建设论证、旅游发展督办考核、旅游整体营销等工作机制。工作机制的改革释放了旅游发展的红利，黔西县旅游步入了快车道。在全域旅游理念的指导下，黔西县大力挖掘和传承民族文化、地域文化，将城市经济发展、文化设施、市政建设和环境保护等与旅游产业发展的需要紧密结合，实施建设"山水花园旅游城市"。出台促进旅游发展的调结构、出产品、搞服务、树形象、出景点、创特色等十个方面的措施，加强了三产之间的融合发展。

二、黔西县旅游业发展政府主导模式取得的成效

在黔西县政府对旅游业发展的大力推动下，黔西县旅游配套设施逐步完善、城市旅游环境不断优化，旅游景区服务不断改善，旅游业态不断丰富。

旅游配套设施不断完善。实施"治路、治河、治污"和"亮化、绿化、美化""三治三化"工程，城市交通网络布局科学合理，让每个黔西人亲自经历和感受到了黔西这几年来的变化，街道宽阔平坦而干净，两旁有花有树，夜晚时分水西大道、莲城大道亮起串串红灯笼，整个城市显得温馨而富有活力。百里杜鹃旅游景区厕所、步道建设和旅游公路建设改善了景区的通达性，提高了游客的满意度，获得了"国家森林公园""全国低碳旅游实验区""国家生态旅游示范区""国家5A级景区""世界上最大的天然花园""地球的彩带，世界的花园"等称号。

旅游业态得到了丰富。全域旅游概念提出后，黔西县在注重发展景区旅游的同时，探索了乡村旅游、养生养老、避暑休闲、民族文化体验等多种丰富的旅游业态。2016年举办了首届黔西旅游发展大会，丰富了旅游会展经济。先后获得"中国最佳养老养生宜居宜游名县""中国最具特色乡村体验旅游名县""中国避暑养生休闲旅游最佳目的地"等称号。林泉镇海子村、洪水镇解放村、素朴镇灵博村荣膺"省甲级乡村旅游村寨"称号，柳岸水乡荣获"贵州省十大最美油菜花农事景观"等称号。2017年乡村旅游经营户达到385户。

旅游服务和旅游接待能力大为提升。2017年黔西县拥有星级旅游饭店5家、乡村旅游经营户385户，经济型酒店272家、旅行社7家。其中，经济型酒店从2016年14家迅速增加到272家，乡村旅游经营户从2016年的无统计数据跃迁到385户。2017年乡村旅游发展直接带动3000名贫困群众就业创业。这反映了黔西县乡村旅游和全域旅游的格局初步形成。

旅游接待量和旅游收入井喷式发展。接待游客人数从2013年的373万人增长到2017年的900万人次，增长了1.4倍，年均增长24.6%；旅游收入从2013年的25.38亿元增长到2017年的85亿元，增长了2.35倍，年均增长35.3%，见图10-1和图10-2。

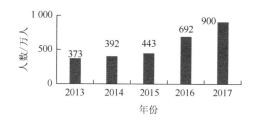

图 10-1　黔西县旅游接待人数

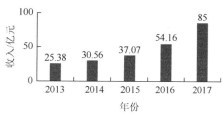

图 10-2　黔西县旅游收入图

三、黔西县旅游业发展政府主导模式的经验

县域旅游产业发展的主体应是政府。首先，旅游产品具有准公共性的特点，旅游产品在消费过程中所产生的利益不能为某个人或某些人所专有，要将一些人排斥在消费过程之外。因此，黔西县政府必须承担起开发、维护、发展旅游业的责任。其次，旅游产品属于垄断性资源，这无疑需要黔西县政府承担开发成本，并合理分配旅游资源所创造的价值。最后，旅游业的产业链延伸与工业产业链延伸不同，"旅游＋"模式认为旅游业可以向任何产业延伸，不仅包括旅游景点建设、改造，还包括餐饮、住宿、交通等，这些综合性要求政府进行整体规划、系统开发。黔西县政府围绕旅游制定的十个方面的措施正说明了这一点。

县域旅游开发的引导者应为政府。旅游开发投资量大，且收回投资的时间较长，因此需要发挥政府和市场的合力，形成政府主导的旅游业多元投入体系。黔西县政府在完善旅游基础设施的过程中，一方面加大财政资金的投入，另一方面通过政府与社会资本合作项目向社会资本融资。围绕旅游产业发展规划，根据全域旅游的发展要求，不断吸引社会资本向旅游产业的规模化方向快速发展，尽快形成产业集群，产生联动效应，形成旅游企业的核心竞争力。

全域旅游的发展需要政府主导。全域旅游从概念进入到实践中后，需要全方位的谋划，要求进行旅游资源普查、旅游产品开发、旅游配套设施完善、设计旅游线路、宣传旅游景点等系统性的工作。整个工作的推进必须要政府牵头，通过政府的基础性工作，有计划分步骤地对区域内的旅游资源进行整理和开发，实现旅游资源向旅游产品和旅游商品的转化。

脱贫攻坚工作与乡村旅游的结合。黔西县在推进全域旅游的过程中，及时将景区景点周边的贫困户纳入进来。让贫困户在黔西县旅游业发展的过程中分得红利，促进他们在提供旅游服务的过程中不断提升"造血"能力。

四、黔西县旅游业发展政府主导模式的价值和示范性

黔西县旅游业发展政府主导模式的价值。黔西县拥有丰富的旅游资源，但是由于资金、交通条件的制约，旅游资源的开发具有不平衡性和不充分性。由于旅游业的发展具有准公共产品的特征，这就要求政府必须主导开发建设。黔西县在实践中则找到了政府、市场和解决贫困问题的平衡点。

黔西县旅游业发展政府主导模式的示范性。西部山区的县多数旅游资源丰富，但是由于缺乏开发意识和资源整合思路，他们经常是"端着金碗要饭"，黔西县政府从较少重视旅游发展到近年来高度重视旅游发展的变化，以及由此

带来的旅游收入、旅游接待人数的井喷式增长为其他贫困县的脱贫提供了一条思路。

第五节　余庆县乡村振兴模式案例研究

一、余庆县乡村振兴模式概况

余庆县位于黔中腹地，隶属遵义市。余庆县在全国率先提出并实践"四在农家·美丽乡村"，这是由时任余庆县县长的杨兴友 2001 年总结出来的，"四在农家"指的是"富、学、乐、美"。余庆县当时为乡村统一了建筑风格，正青瓦坡屋顶，白墙雕花窗。经过十多年的发展，余庆县的乡村快速发展，环境建设取得了明显的进步，成为贵州"四在农家·美丽乡村"的样板、国内其他地区乡村建设学习的对象。

党的十九大报告首次提出实施乡村振兴战略，这是继中央 2005 年提出新农村建设重大任务之后的又一个加快农业农村发展的战略举措。作为"四在农家·美丽乡村"经验的发源地，余庆县有着良好的乡村建设基础，为此提出来要举全县之力创建"乡村振兴先行示范县"。以此为契机，带动脱贫攻坚、全面小康社会建设，推动余庆县尽快走上现代化建设道路。在乡村振兴阶段，余庆县提出了新的发展目标：坚持产业兴旺为重点、生态宜居为关键、乡风文明为保障、治理有效为基础、生活富裕为根本，围绕"富、学、乐、美、安"进行探索，实现"农家小美"向"乡村大美"的华丽转身，把余庆"四在农家·美丽乡村"升级版打造成为全省乃至全国的新时代社会主义新农村先行示范样板。

余庆县的乡村振兴与中央提出的五个要求相一致，但在具体的内涵上结合县情进行了调整。在产业兴旺方面，坚持做精山地特色现代农业、做优生态旅游文化服务业、做强劳动密集型工业的总体思路，深化农业供给侧结构性改革，大力发展休闲、观光、生态型现代山地农业，着力推进生态文化旅游业，培育新兴现代服务业态，深入实施冷焰烟花爆竹、新型石材等工业，推动三产深度融合发展，壮大村级集体经济，增加就业岗位，保持乡村经济发展旺盛活力。在生态宜居方面，坚持人与自然和谐共生，农村人居环境持续改善，加强生态系统保护与建设，加大污染防治力度，健全完善生态文明制度；加强农村突出环境问题综合治理，建成国家级生态示范县、全省新农村建设示范区。在乡风文明方面，坚持传承发展提升农耕文明，兴盛乡村文化，全面提高农村人口素质，加快推进农村科技进步，加强农村思想道德建设，传承发展提升农村优秀传统文化，加强农村公共文化建设，开展移风易俗行动，提升农民精神风貌，培育文明乡风、良好家风、淳朴民风，不断提高乡村社会文明程度。在治理有效方面，坚持党建引领，促进"三治"融合，加强农村基层组织建设，探索建立村党组织领导下的网格化管理的乡村治理体系，形成村集体与市场紧密结合、党的领导与各种经济组织和农民衔接互动的机制以及乡村自治、法治、德治相结合的社会治理体系，加快推进乡村治理体系和治理能力现代化。在生活富裕方面，以决战脱贫攻坚、决胜全面小康为统领，坚持农民增收，民生改善，发展壮大乡村产业，促进农村劳动力转移就业和农民增收，加强农村社会保障体系建设，建立健全全民覆盖、普惠共享、城乡一体的基本公共服务体系，让农民有更多的获得感，实现农民生活优裕，富足安康。

二、余庆县乡村振兴模式取得的成效

第一，凝聚了余庆县干部群众的发展共识。以往的规划编制均采取自上而下的方式编制，一级做给一级看，下级盯着上级干。而余庆县在党的十九大之后在全国率先提出要发展乡村振兴模式，这是自下而上提出的发展思路。在整个规划编制过程中，遵义市委主要领导高度重视，要求余庆县的乡村振兴成为全国一流、西部领先、贵州第一。因此，余庆县委、县政府高度重视，整个乡村振兴规划经过前期大量的调查研究之后，反复地研讨、会议讨论才定稿。余庆县乡村振兴的发展模式是在统一了全县干部群众意见的基础上提出来的。这也为接下来的乡村振兴战略规划的实施打下了坚实的基础。

第二，引导余庆县全面发展。余庆乡村振兴的模式摒弃了传统的 GDP 主义思维，通过实施经济总量突破战略、脱贫攻坚同步战略、绿色发展战略、城乡融合发展战略、重大项目带动战略实现余庆县的"综合实力提升，基础设施实现突破，城乡面貌大幅改善，民生事业加快发展，生态建设成效显著"。这是落实十九大提出的高质量发展要求，解决"人民日益增长的对美好生活的需要和不平衡不充分的发展之间的矛盾"的重要实践。

第三，形成了客观评价乡村振兴发展程度的指标体系。这套指标包括一级指标、二级指标和三级指标，其中，一级指标 5 个，二级指标 53 个，三级指标 4 个。指标体系不仅明确了年均增长率，还进一步明确了责任单位，见表 10-1。

表 10-1　余庆县乡村振兴战略发展指标体系

序号	一级指标（5 个）	二级指标（53 个）	三级指标（4 个）
1	产业兴旺	地区生产总值，财政总收入，固定资产投资，税收收入占公共财政收入比重，有机、绿色和无公害农产品种植面积占比，高标准农田面积，农机总动力，耕地农业产出率，农产品加工转化率，规模以上农产品加工业总值，农产品知名品牌数，村级集体经济积累量，乡村旅游总收入，农产品网上销售额，农村电子商务交易额，文化产业占 GDP 比重	第一产业，第二产业，第三产业，一般预算收入

续表

序号	一级指标（5个）	二级指标（53个）	三级指标（4个）
2	生态宜居	森林覆盖率，城镇化率，大气环境质量及管理指数，农村饮水安全达标率，水环境质量及管理指数，城乡生活垃圾无害化处理率，农作物秸秆综合利用率，农村卫生厕所普及率，村村通（撤区建镇前）沥青（水泥）路比重，村内道路硬化率，人均拥有道路面积，农村广播电视覆盖率	
3	乡风文明	社会主义核心价值观知晓率，人才发展综合指数，综合科技进步水平指数，人均拥有公共图书数量，文艺团队建设个数	
4	治理有效	基层党组织标准化建设覆盖率，"双培"机制培育人数，村务公开民主管理监督群众参与率，法律法规宣传普及率，安全事故发生率，治安案件发生件数，人民群众对社会治安的满意度，行政服务群众满意度，和谐村居与社区达标率	
5	生活富裕	农村常住居民人均可支配收入，贫困发生率，城乡居民收入比，农村常住居民恩格尔系数，基本养老保险覆盖率，三年学前教育普及率，九年义务教育巩固率，高中阶段教育毛入学率，特殊儿童教育普及率，乡镇养老院床位数，千人卫生床位数	

第四，余庆县域经济社会取得全面发展。过去三年，全县地区生产总值一年一个新台阶，分别实现64.4亿元、74.9亿元和80.86亿元，年均增长14.1%。全社会固定资产投资年均突破100亿元，城镇居民人均可支配收入和农村居民人均可支配收入分别达到26 721元和10 631元，年均增长9.4%和9.7%。增比进位综合测评排位在全省第二方阵中稳居前列。"四在农家·美丽乡村"覆盖率达94%，惠及农村人口24.8万人。脱贫攻坚连战连捷，3个贫困乡镇"减贫摘帽"，19个贫困村按国家标准出列，累计减少贫困人口3.39万人，贫困发生率从18.69%降至4.36%以下。基本普及十五年教育，率先在全省通过"全国义务教育发展工作基本均衡县"认定，先后被评为"全国科普示范县""国家级妇幼健康优质服务示范县""公立医院综合改革第二批国家级示范县""国家卫生县"；蝉联全国社会治安综合治理最高等次"长安杯"。"国家级生态文明示范县"创建扎实推进，森林覆盖率达到59.03%，人均湿地面积为115.25平方米，建成区绿化覆盖率居全省前列。城乡生活垃圾无害化处理率达到90.9%，城镇污水处理设施基本实现全覆盖，环境空气优良率达到100%①。

三、余庆县乡村振兴模式的经验

坚持把解放思想、凝聚共识作为县域经济发展的重要前提。在工作中，要把

① 资料来源：余庆县人民政府2017年政府工作报告和《余庆县乡村振兴战略规划（2018—2022年）》。

中央、省市决策部署与自身实际紧密结合，在解放思想中统一思想，在干事创业中凝聚共识。余庆的实践证明，只有深入解放思想、凝聚共识，才能提振发展精气神，把握发展主动脉，构筑发展新高地。

坚持以开放倒逼改革，以改革促进开放。大力推进各项改革，扫除各种体制性障碍；加大开放力度，厚植发展优势。实践证明，只有深化改革，才能改出余庆发展新天地；只有扩大开放，才能开创余庆崛起新局面。

坚守发展与生态两条底线，突出余庆生态、区位等优势，走出了绿色经济发展新路径。实践证明，只有坚持转型发展、绿色发展，推动差异化竞争、错位式发展，余庆才能在新一轮发展中抢占先机、脱颖而出。

把以人为本、民生至上作为根本。始终把人民群众利益放在首位，切实解决基层最关心、最直接、最现实的问题，群众的幸福感、向心力不断增强。实践证明，只有坚持以人为本、民生至上，把百姓幸福放在心上，把为民服务抓在手上，才能更好凝聚民心、集中民智、汇聚民力、促进发展。

四、余庆县乡村振兴模式的价值和示范性

余庆县乡村振兴模式的价值。余庆乡村振兴模式的理论价值在于其长期以来对美丽乡村建设的独立思考和实践基础，提出了今后我国乡村建设的方向。长期以来，以城市为中心的发展思想忽视了农村。而余庆县政府并没有走这条道路，相反非常重视农村的发展，这是立足余庆县情基础上独立思考的结果。进入新时代，农村怎么振兴，40年前安徽凤阳县的小岗村提供了"联产承包"，现如今余庆县的经验值得思考。

余庆县乡村振兴模式的示范性。乡村振兴战略不是三年五年的战略，而是长期的发展战略，余庆的"四在农家·美丽乡村"经验已经在全国推广，其升级版的"乡村振兴模式"同样值得借鉴。

第六节　台江县"民族文化＋旅游"发展模式案例研究

一、台江县"民族文化＋旅游"发展模式的概况

台江县位于贵州省黔东南苗族侗族自治州中部，地处云贵高原东部苗岭主峰雷公山北麓、清水江中游南岸。苗族人口占全县总人口的98%以上，被誉为"天下苗族第一县"，是个具有民族风情的民族聚集区。台江县是黔东南州内较早开

发民族文化旅游产品的县份，早在 1999 年就举办了以民族节日为主题的"贵州苗族姊妹节"，素有东方迪斯科美名的"反排木鼓舞"和苗族情人节之称的"贵州苗族姊妹节"就是台江县特有的文化旅游产品。台江县紧紧依托当前建设"民族文化与生态旅游大州"的战略目标，在日趋激烈的文化旅游产业市场中脱颖而出，走出一条比较优势与集聚优势相得益彰、极具台江特色的民族文化旅游发展道路，以实现台江经济社会的和谐发展。

台江"民族文化＋旅游"模式的形成包括以下四个条件：一是丰富的原生态民族文化，银饰刺绣、苗族服饰、舞龙嘘花、反排木鼓舞、苗族多声部情歌、施洞独木龙舟、东方情人节苗族姊妹节等。其中，列入国家级非物质文化遗产名录 9 项，被授予世界著名文化旅游县、中国十佳最具原生态旅游大县和中国苗绣之乡。二是自然地理地貌，境内河谷、台地、丘陵形成秀美的地质地貌，气候宜人，适合旅游，翁密河漂流、白水洞瀑布等景区建设，丰富了旅游业态。三是政策支持，全域旅游的提出，贵州建设"集山地旅游休闲、原生态民族文化体验、避暑休闲为一体的旅游大省"的战略定位，将民族旅游业纳入产业化扶贫的重点，符合我国十九大报告提出的乡村振兴战略。四是进入大众旅游消费时代，国内生态旅游热持续升温，民族村寨旅游越来越受到关注，排扎、登鲁、交宫、红阳、长滩、反排等一批乡村旅游脱贫示范村成功申报，被农业部授予"全国休闲农业和乡村旅游示范县"，被《小康》杂志社授予"2017 年度中国十大品质休闲县"，为台江县生态旅游发展提供了良好的社会基础。

二、台江县"民族文化＋旅游"发展模式取得的成效

台江县旅游产业快速发展。2017 年台江县文化旅游业初具规模，实现旅游接待 184.2 万人次，增速 51%，旅游总收入达 12.2 亿元，增速 53%。以银饰、刺绣为主的文化产业增加值实现 1.38 亿元。

旅游产业减贫效果明显。"十三五"以来，台江县着力全域旅游建设，用好用活生态和民族文化两个"宝贝"，通过实施"旅游＋"和"民族文化＋"的模式不断延伸旅游的产业链，在传承民族文化时实现经济效益与生态效益相结合，通过实施政府的资金奖励政策、小额贷款优惠政策等促进了银饰、刺绣等旅游商品的发展，逐步引导零散加工销售向集约化、规模化方向发展，搭建电子商务销售平台，增加了农民收入，降低了贫困发生率。2017 年来，全县减少贫困人口 11 438 人，贫困发生率从 2016 年的 21.41%下降到 16.45%，实现 1 个乡镇、9 个贫困村出列[①]。

---

① 资料来源：台江县人民政府 2018 年政府工作报告。

三、台江县"民族文化 + 旅游"发展模式的经验

台江县民族旅游起步较早，可追溯到 20 世纪五六十年代。台江民族旅游模式的演化主要体现在要素创新与关系变迁。

一是重视自发旅游阶段的积累。据资料记录，1958 年，民主德国专门组织人员到台江县施洞拍摄了独木龙舟竞渡纪实片。1962 年，中央新闻电影制片厂专程赶到施洞镇，全程拍摄了清水江独木龙舟竞渡纪录片。之后，海内外各路新闻媒体络绎不绝地来施洞采访，竞相报道，独木龙舟蜚声海内外。1979 年，日本、美国、法国、英国、澳大利亚、新加坡等 62 个国家及地区的游客、学者纷纷前来施洞参观考察，由此开启了台江县民族旅游业的发展。

二是重视政府推动。"十二五"期间，台江县持续加大对旅游村寨交通和环境等基础设施建设力度。同时，台江县推出了施洞文化旅游综合体、红阳草场、翁密河漂流、南市温泉水城等一批精品景区景点。

三是重视引入市场主体，发挥政府和市场的合力作用。在政府前期投入后，基础设施条件得到大幅度改善，越来越多的外商开始开发当地的民族文化产业，政府逐渐从台前走向了幕后，着力于将台江打造成为具有一定国际化程度的世界苗族原生态节庆文化热点旅游目的地之一和中国森林康养与山地旅游热点目的地之一。工作重点是围绕旅游吃、住、行、游、购、娱，全力推进现代服务业发展，加快星级酒店、精品民宿、县城游客服务中心等旅游配套服务设施建设，全面提升台江旅游接待能力。

四、台江县"民族文化 + 旅游"模式的价值与示范性

台江县"民族文化 + 旅游"模式的价值。产业融合发展是近年来学界关注的焦点，但并没有形成一个一致的观点。产业融合是两个独立的产业之间自主的有机融合，还是从外部硬拉到一起的融合，其效果完全不同。台江县民族文化和旅游的发展既有历史的原因，又有政府的推动，但其丰富而深厚的原生态民族文化是具有吸引力的，是主体，而旅游则是助推力。因此，台江县的模式是"民族文化 + 旅游"，而不是"旅游 + 民族文化"。台江旅游发展是基于民族文化保护的商业开发模式的典型代表。

台江县"民族文化 + 旅游"模式的示范性。台江县缺少工业，是典型的农业县和贫困县，通过开发利用民族文化资源和生态农业资源，推动农文旅一体化融合发展，可以为相似的区县提供借鉴。

第七节　平塘县"三天＋旅游"发展模式案例研究

一、平塘县"三天＋旅游"发展模式概况

平塘县位于贵州省的南部，隶属于黔南布依族苗族自治州，依托世界唯一的"天眼、天坑、天书"旅游资源和良好的生态资源，打造"观天探地，世界唯一"旅游业态，形成了"天眼＋旅游""天坑＋旅游""天书＋旅游"的平塘县旅游发展模式。

"天眼＋旅游"模式。"天眼"由我国天文学家南仁东于1994年提出构想，历时22年建成，于2016年9月25日落成启用，位于平塘县克度镇大窝凼的喀斯特洼坑中。由于其具有高科技含量，成为贵州县域科技旅游的重要目的地，首批中国十大科技旅游基地之一，2017年成功创建4A级景区。"天眼"的建设过程中，锤炼出了"追赶、领先、跨越"新时期黔南精神和"登高望远、精益求精、勇于争先"的大射电创新精神。

"天坑＋旅游"模式。平塘县天坑群是中国十大天坑之一，天坑群所在的打带河一带均为喀斯特地貌，峰峦涌翠，山石屹立，其原始森林茂密，洞穴、暗河景观十分壮丽。这里有代河天坑、安家洞天坑、猫底陀天坑、倒陀天坑、瑶人湾天坑、音洞天坑、打赖河天坑等12个天坑，天坑群范围约20平方千米。众多的天坑奇观成为探险旅游爱好者的目的地。

"天书＋旅游"模式。平塘县一巨石上经风化形成了酷似"中国共产党"五个大字的地质奇观被誉为"天书"，有学者宣称"贵州平塘神秘'天书'，疑是外星人所为"。独特的"天书"带有很多人类难以解释的现象，成为探索神奇现象和科考者的旅游目的地。

二、平塘县"三天＋旅游"发展模式的成效

旅游品牌建设方面。平塘县已经获得"中国文艺家科普创作基地""国家地质公园""中国县域旅游品牌景区500强"等称号，创建了掌布藏字石景区、"中国天眼"4A级旅游景区和"全国中小学生研学实践教育基地"等众多旅游品牌。旅游服务的科技含量不断提升，建成智慧旅游分控中心，智慧旅游平台成为贵州省科技含量最高、功能最全的全域旅游精品平台。不仅为平塘旅游业态向更高层面拓展奠定了坚实基础，还将形成强力拉动旅游"全覆盖"。

丰富了旅游业态。"三天＋旅游"的模式，带动了平塘旅游资源的开发，国

家非物质文化遗产牙舟陶和卡蒲毛南族"跳猴鼓舞"和克度藤编斗笠、新塘苗族泡糟酒成为旅游商品,民间水龙表演暨龙舟争霸赛成为端午节旅游必看的节目,这些旅游资源的开发满足了不同文化层次游客的需求。中国"天眼"作为世界科技前沿工程,许多家长现在都喜欢带孩子来参观天文体验馆,孩子们也能在学中玩,玩中学。

旅游产业化扶贫特色鲜明。按照"一镇一品",重点打造一批特色鲜明、环境优美、功能完备的休闲农业园区和美丽乡村,建成一批观光茶园、观光花园、观光果园、观光竹园,推动农民向旅游协会和专业合作社股民转变、常规农产品向旅游商品转变、农村老木屋向主题度假客栈转变。以"乡愁记忆"为主题的京舟美丽乡村、采摘为主题的平舟杨梅基地等成为特色农业旅游目的地。

旅游产业发展势头良好。在"三天 + 旅游"模式的带动下,平塘的旅游产业快速发展。据统计,2016 年平塘县旅游总收入为 55.29 亿元,是 2010 年的 3.28 倍①。2017 年全年接待游客数、旅游总收入分别增长 68%、54%,实现持续的"井喷式"增长。自中国"天眼"正式启动以来,带来了酒店、客栈、农家乐、山庄和旅游商品加工的发展。据统计,每天有 3.3 万人直接或间接从事与大射电有关的旅游等三产服务。

三、平塘县"三天 + 旅游"发展模式的经验

经验一:以"三天 + 旅游"为核心,不断坚定发展旅游业的信心。解放思想,深入挖掘"三天"旅游的独特性和唯一性背后的文化内涵,积极拓展相关的产业链,丰富旅游的业态。旅游产业在不到三年的时间内,一举获得建设世界上最大的射电天文望远镜、国家地质公园、4A 级旅游景区和国家自然遗产四张"名片",完成了省内其他景点用 20 年才走完的发展历程,有力地带动了相关产业的发展。

经验二:旅游产业链的延伸,带动平塘县民族、农业资源的开发利用,推动了旅游商品的开发和生产。发展特色农业,包装农家乐,重点开拓野外拓展、户外露营、山地运动等健身产品,不断创新旅游产品。

经验三:以"三天 + 旅游"为依托,深入推进"大扶贫、大旅游、大生态"战略行动,始终牢固树立"抓旅游就是抓发展、抓旅游就是抓扶贫"的理念,将旅游业视为新的支柱产业。通过乡村旅游的发展,挖掘贫困乡村的自然、民族、文化资源,实现重点景区景点与乡村旅游相互融合,推进旅游精准扶贫。

经验四:以"三天 + 旅游"为核心,不断提高旅游配套设施的高科技含量,实现旅游服务平台的智慧化,提高平塘县的旅游品牌价值。

---

① 资料来源:https://news.china.com/finance/11155042/20170928/31525226_1.html。

四、平塘县"三天＋旅游"模式的价值与示范性

平塘县"三天＋旅游"模式的价值。该模式中有一个核心的要素，就是"天眼"，这是在贵州旅游的人们都想一睹为快的旅游吸引物，不仅是中国最大，而且是世界最大的天文射电望远镜。这个新增的旅游景区无疑改变了平塘县原有的旅游地位，虽然在黔南州还有 5A 景区的大小七孔，但是其高科技含量会让旅游的人们优先选择平塘。如何利用好这个机会，快速地发展自己？平塘用"登高望远、精益求精、勇于争先"的大射电创新精神鼓励自己、鞭策自己，不断提升"三天＋旅游"模式的品牌价值，这具有重要的理论和实践价值。

平塘县"三天＋旅游"模式的示范性。随着平塘固有旅游资源有序开发，"产旅结合""城旅结合""工旅结合"等进入旅游"全覆盖"阶段，呈现出全域旅游的发展态势。平塘县"三天＋旅游"文化产业的发展不仅仅对平塘来说具有十分显著的价值，对于贵州省甚至全国县域经济发展而言，更提供了一条值得探索学习的路径。

第八节　福泉市磷化工循环经济发展模式案例研究

一、福泉市磷化工循环经济发展模式的概况

福泉市位于贵州省中部，隶属于黔南布依族苗族自治州，享有"亚洲磷都"之美誉。福泉磷化工发展有 30 多年的历史，瓮福矿肥基地已经形成了较好的规模效益。福泉市先后获得了"国家新型工业化产业示范基地（磷化工）""国家外贸转型升级专业型示范基地（磷化工）""黔南州磷煤化工高新技术产业示范基地""贵州省千亿级工业园区"等殊荣，"福泉磷化工"在 2016 年中国区域品牌评价榜价值达 43.6 亿元[①]。

作为典型的资源型城市，为了应对环境容量有限、生态承载力不足、节能减排等严峻形势，福泉磷化工走上了"循环经济"的发展道路。到 2018 年福泉市已建成 4 个国家级技术研发机构、3 个省级技术研发机构，形成核心技术成果 300 余项。其中，瓮福（集团）有限责任公司研发的湿法磷酸净化、伴生资源回收利用、磷石膏综合利用等技术，贵州川恒化工股份有限公司自主研发的半水法磷酸技术以及磷化工行业工艺技术装备设备的大型化、成套化技术等，处于国际先进水平。福泉市拥有国内第一套有机胺烟气脱硫、世界最大的磷石膏制硫铵、国内最大的二甲基亚砜、世界首套磷资源碘回收、国内最大半水法磷酸、国内最大湿法磷酸净化等装置。

---

① 资料来源：http://www.ahmhxc.com/gongzuobaogao/7828_2.html。

　　福泉市磷化工形成了典型的循环经济模式。贵州龙源瓮福环保科技有限公司为电厂火电机组配套脱硫系统，通过该系统可以把发电排出的烟气制成浓硫酸，随即通过管道输送到 5 千米外的瓮福磷肥厂，用作生产磷酸的原料。经过二氧化硫回收处理，电厂排出的都是水蒸气。这种模式打通了煤、电产业与磷产业之间的循环通道，形成了一条完整的循环产业链。

　　磷化工的产业链条不断延伸。福泉依托磷矿资源优势，聚集了从磷矿开采、磷矿洗选、伴生资源回收利用、磷化工设备运维、磷化工产品包装、物流服务、三废综合利用等 50 多个循环经济项目，拥有从原矿到肥料级、饲料级、工业级、食品级、电子级全产业链产品。同时依托磷矿处理尾酸循环利用优势，成功引进二乙基蒽醌等高附加值工业品项目落地。

二、福泉市磷化工循环经济发展模式取得的成效

　　一是转变了发展方式，实现了清洁生产。循环经济模式下，通过"资源—产品—废弃物—再生资源"的反馈式循环过程，可以用尽可能小的资源消耗和环境成本，获得尽可能大的经济效益和社会效益，从而使经济系统与自然生态系统的物质循环过程相互和谐，促进资源永续利用。在福泉市规模工业企业中，除瓮福（集团）有限责任公司、贵州川恒化工股份有限公司等几家大型企业外，大部分企业规模小、产品结构单一、技术含量低、附加值低、经济效益不佳，自我升级改造能力差，发展能力明显不足。"十二五"之前，福泉市工业初级产品比重较大，资源利用率低，能耗高，高附加值的精细磷化工产品的发展相对迟缓；"三废"综合利用率不高，环境压力大。通过"十二五"期间的技术改造，实现了清洁生产。废气治理方面，实施了磷矿伴生资源碘回收、硫化氢回收制二甲基亚砜、氟硅酸回收制氟化氢铵、烟气脱硫制酸、硫化氢回收制硫铵、二氧化碳回收制干冰等项目，年减少二氧化硫、硫化氢、碘蒸汽、二氧化碳等排放 40 余万吨。废水利用方面，实施了磷矿伴生资源氟回收制无水氟化氢、池水磷资源回收制饲钙、酸性废水回用选矿及尾矿再选、废氨水回收制工业氨水等项目，年减少氟硅酸、氨水、酸性废水等排放 250 余万吨。废渣治理方面，实施了粉煤灰制建材（超细磨粉煤灰、加气混凝土砌块）、磷石膏制硫铵、磷石膏制建材（水泥缓凝剂、纸面石膏板、饰面石膏板、磷石膏砂浆、磷石膏粉）等项目，年消耗磷石膏、粉煤灰、二氧化硅渣、黄磷渣等废渣 300 余万吨[①]。

　　二是磷化工实现了产业链的延伸。以瓮福矿肥基地为中心，已经初步形成了瓮安—福泉—都匀这条磷化工产业带。至 2017 年年底，全市共有 124 户规模工业企业（其中磷及磷化工企业 49 户），完成工业总产值 234.51 亿元（其中磷

---

① 资料来源：http://www.gzfuquan.gov.cn/doc/2018/10/19/1325899.shtml。

及磷化工企业 146.3 亿元），同比增长 8.6%，规模工业增加值达 58.5 亿元，较 2011 年增加 37 亿元[①]。目前已经形成了煤炭、冶金、建材、包装、农产品加工等多行业的工业体系，工业化水平较高。主要工业产品包括磷化工、煤化工、氟化工、碘化工协调发展，食品级、电子级磷产品、高浓度磷肥、磷酸、磷铵、黄磷、钙镁磷肥，普通过磷酸钙、磷酸氢钙、颗粒磷肥、磷矿石、磷精矿及原煤、焦煤、水泥等。主要产业为依赖当地矿产资源优势的以磷矿深加工为主的"三产融合"型工业企业。

三是磷化工生产向精细化、循环化转变。"十二五"期间，福泉经济技术开发区获评"瓮福煤电磷一体化循环经济生产性服务业集聚区""全省磷及磷化工循环产业知名品牌创建示范区"。国家卫生应急示范县（市）通过省级验收。城市环境空气质量优良率达 99.38%，集中水源地水质达标率保持 100%，森林覆盖率由 2011 年的 42% 增加到 2016 年的 55.55%，生态环境大幅改善[②]。

三、福泉市磷化工循环经济发展模式的经验

党的十九大精神和习近平总书记在贵州代表团的重要讲话精神，守好发展和生态两条底线，通过"三个坚持"落实省、州关于磷石膏"以用定产"政策方针，切实抓好工业领域结构性改革，促进磷化工产业绿色、创新、集约、高效发展。一是坚持生态优先、机制倒逼。把生态环境保护放在优先位置，按照"谁排渣谁治理，谁利用谁受益"的基本要求，发挥法律法规和政策措施工作推进作用，倒逼企业主动消纳产生的磷石膏，将磷化工企业生产磷酸等产品与消纳磷石膏资源挂钩。督促指导辖区内磷石膏产生企业按产能制定磷石膏消纳年度计划和消纳措施。二是坚持政府推动、企业负责。全力构建磷石膏利用消纳的政策体系，充分发挥政策调控作用，注重多领域多部门推动协作。进一步强化企业主体责任，落实工作推进措施，共同推进工业又好又快发展。三是坚持过程控制、动态管理。强化对"以用定产"工作的过程监管，将消纳计划、消纳情况、项目建设等纳入过程监管范围，实行动态管理、监察，及时修正和督促工作按计划目标实施。

抓结构调整促产业升级。一是紧扣"资源型城市转型"的发展目标，重点引进投资规模大、技术含量高、市场效益好、带动力强、智力要素密集度高、产业附加值高、资源消耗小、环境污染小的循环发展项目。二是积极引进新型建材企业，降低磷石膏的废渣量。三是根据去产能的要求，淘汰落后产能和关闭特困企业。

抓技术创新促科学发展。通过加大科技创新力度，以奖代补、财税支持等，

---

① 资料来源：http://www.gzfuquan.gov.cn/doc/2018/01/26/1279528.shtml。

② 资料来源：http://www.ahmhxc.com/gongzuobaogao/7828_2.html。

鼓励企业开展技术创新。建设技术研发机构,专业从事磷化工系统领域技术研发工作,推动处于国际国内领先水平核心技术成果的形成。不断推进技术成果的工业化应用,助推福泉市传统磷化工行业工艺技术装备实现了大型化、成套化、国产化,并对产品升级和产业结构调整发挥了积极作用。以增品种、提品质、创品牌为抓手,积极引导企业个性化、柔性化生产,提升产品品质和供给创新,优化产品结构,推动初级产品向精深产品、中间产品向终端、一般产品向品牌转变。

依托重点企业发展循环经济。以建设国家级循环经济示范区为目标,依托区域内瓮福(集团)有限责任公司、贵州川恒化工股份有限公司、贵州天福有限责任公司、贵州瓮福蓝天氟化工股份有限公司等中端产品优势,吸引外来投资参与企业产品产业链上下游项目建设,聚集新的循环经济项目;充分挖掘现有企业潜力,促进既有企业的技术交流与合作,优势互补发展循环经济。依托大企业技术研发中心,鼓励企业与四川大学、贵州大学等高等院校、科研院所开展产学研合作,建设磷石膏综合利用等一系列科技创新平台。推动有条件的工业企业进行生产流程的智慧化改造,探索智慧车间、数字化工厂等智慧制造模式,全面提升制造业的劳动生产率。

四、福泉市磷化工循环经济发展模式的价值与示范性

绿色发展是新发展理念的重要内涵之一。它强调以效率、质量、和谐和可持续为经济社会发展的目标,通过人与自然生态的和谐相处来实现包容性发展。自然和谐、绿色化和生态化已经成了绿色发展的核心价值。福泉市磷化工的绿色发展模式转型,可以有效突破我们面临的自然环境约束,破解经济发展中的生态难题,为县域经济发展模式中具有矿产资源的地方探索一种绿色发展路径。

党的十九大把"增强绿水青山就是金山银山的意识"写入了党章,再次彰显了生态文明建设和绿色发展的重要性。以循环经济理念指导的福泉市磷化工产业的绿色发展模式,一方面,在福泉市的磷及磷化工产业建设为成为贵州省的优势产业和支柱产业方面产生了十分积极的影响;另一方面,也对同样具有矿产资源的其他县域经济发展产生积极的示范效应,尤其是在推动新型绿色化工产品和高效节能管理体系的创新方面。

第九节　花溪区"大数据＋旅游"发展模式案例研究

一、花溪区"大数据＋旅游"发展模式概况

花溪位于黔中腹地贵阳市南郊,行政区域面积964.15平方千米。花溪景区以

秀美的自然山水景观和天然的田园湿地花圃为特色，以青岩古镇等厚重历史文化名胜为内涵，与奇峰异洞、高原地貌、遗址遗迹和民族风情相结合，是适宜开展观光览胜、休闲度假、民俗体验、科学文化活动的城郊型省级风景名胜区。花溪风景名胜区划分为天河潭景区、十里河滩景区、高坡云顶景区、黔陶峡谷景区、青岩历史文化名胜景群及花溪公园独立景点。花溪区在"十三五"旅游发展规划中率先提出了"全景式打造，全季节体验，全产业发展，全社会参与，全方位服务，全区域管理"的全域旅游发展模式。

近年来，花溪区抢抓建设国家大数据综合实验区和"中国数谷"机遇，结合省市大数据战略行动部署，加快推进大数据与文化旅游、服务民生、社会治理、乡村振兴等方面的深度融合，通过空间打造、基地建设、平台搭建、企业引进和产业聚集，形成以溪云小镇为核心的"1＋N"数字经济总部区，实施大数据研发创新工程、智慧旅游工程、电子商务工程等引领示范工程，引进领英中国、中建科技集团有限公司、勤智数码科技股份有限公司等知名企业，推动了大数据产业的创新与发展。

作为国家首批全域旅游的创建区，花溪区政府在政策、资金等方面全力支持"大数据＋旅游"产业的发展，积极推进大数据企业与花溪区旅游项目的合作。"大数据＋旅游"也可称为智慧旅游模式，其不仅仅涉及互联网，还涉及物联网、云计算、大数据、人工智能等多种信息技术、手段。在全球都在高呼信息革命的今天，旅游业同样在走向智能化，各种"黑科技"在旅游中得到应用，语音购票，刷脸、扫码进景区，机器人客服，VR（虚拟现实）实景导航等多种新应用纷纷涌现。花溪在全域文化旅游创新区建设上，也极力牵手大数据，率先植入信息化的"大脑"，运用新技术，建设智能景区，着力打造智慧旅游，走"大数据＋旅游"的智慧发展模式。

2016 年 12 月，花溪区政府推出促进"大数据＋旅游"产业发展优惠政策十条，其中多条政策大力支持智慧旅游企业入驻花溪，中国智慧旅游产业联盟还与花溪区政府合作，充分发挥了联盟在技术创新、资源管理、人才培养等方面的优势。花溪区政府以 2016 中国·花溪"大数据＋旅游"产业高峰论坛为发展契机，设立了中国智慧旅游产业联盟大数据创新中心，鼓励智慧旅游企业入驻花溪，共同建设花溪"大数据＋旅游"产业交流合作平台，推动智慧旅游创新、大数据应用技术提升、旅游产业综合运营、旅游产业信息化项目开发等业务合作。例如，有 600 多年历史的青岩古镇已经和大数据技术融为一体了。青岩古镇还推出"智慧手环"，逐步实现游客住宿、饮食、定位、查询一体化，实现从景区管理者、游客到商家的综合"智慧旅游"。青岩古镇正借助贵州大数据产业技术平台和环境优势，打破传统旅游行业利益格局壁垒，推动花溪区整个旅游行业的转型发展，为打造区域旅游发展升级版提供强劲支撑力。花溪区智慧旅游建设工程投资 6000

万元，包括智慧旅游综合管理平台、景区监控管理平台、智慧旅游分类管理平台、景区一卡通管理平台、办公管理平台、智慧旅游应急管理平台、旅游交通运营管理平台、智慧旅游平台硬件系统等内容。2018 年与平台公司合作开展"花溪十大美食评选"、"花溪十大必游之地"和"全民探寻·发现最美的花溪"等系列活动。

二、花溪区"大数据＋旅游"发展模式取得的成效

第一，通过发展"大数据＋旅游"，花溪区旅游收入实现大幅增加。2017 年实现旅游收入 267 亿元，同比增长 35%，接待省外游客 1800 万人次，同比增长30%。2015～2017 年，乡村旅游间接带动就业 5000 余人，全区 75%的贫困人口、低收入群体实现了增收致富[①]。

第二，"大数据＋旅游"模式的发展带来了全域景观的加快形成以及旅游服务体系不断健全。建成了青岩—黔陶—高坡、马铃乡沿河等 6 条美丽乡村示范带和 11 个美丽乡村"提高型"示范点。2017 年 2 月，青岩古镇率先在全市荣膺国家 5A 级旅游景区，填补了全省文化类 5A 级旅游景区的空白，4A 级以上旅游景区达到 3 家，数量位列贵阳市首位，天河潭景区迈进创建 5A 级景区新起点，十里河滩（孔学堂）景区成为传播优秀传统文化和生态文明的高地。花溪区被评定为首批省级旅游度假区，荣获中国旅游风云榜"美丽中国"十佳旅游县（区）。截至 2017 年，住宿床位从 4437 张增至 16 170 张，旅行社从 20 家增至 49 家，景区停车场车位达到 4000 个，游客服务中心、旅游公厕、标识标牌等不断完善，旅游服务满意度达到 100%，实现旅游安全事故、旅游投诉零发生。

第三，"大数据＋旅游"模式使得花溪旅游行业实现精准管理。以建成智慧旅游为目标，成功举办了 2016 中国·花溪"大数据＋旅游"产业高峰论坛，首次发布了 2016 年全域旅游国家发展指数、百度花溪旅游大数据分析报告，发布了全域旅游示范区影响力指数，展现了花溪旅游的好形象。建立了花溪区旅游数据中心运行监管及应急指挥平台，并接入青岩古镇、天河潭景区智慧景区视频系统。引进了太极智慧旅游管理系统，实现了精准管理、精准服务和精准营销。打造"大数据＋旅游公共信息服务"电商免费交易平台，通过政府、企业、游客三方高效联动，为游客快速提供相关景区景点的票务、语音导游、电子导航及酒店、餐饮、民宿等信息，帮助游客解决来花溪"玩什么""怎么玩"的问题。

第四，花溪区"大数据＋旅游"的快速发展，使得其旅游示范形象大大提升。花溪区在北京、香港等地开展旅游宣传推介活动，2016 年在昆明举办了中国·花

---

① 资料来源：http://www.huaxi.gov.cn/zwgk/xxgkml/ghjh/201901/t20190111_2194770.html。

溪专场旅游宣传推介，"高原明珠·灵秀花溪"全域旅游品牌形象得到国内外广大消费市场的认可。中央电视台《寻找中国最美旅游地》和《美丽乡村快乐行》栏目组走进青岩古镇拍摄报道，青岩古镇登上"国家名片"、入选《中国古镇》特种邮票。引进全球化的社交媒体平台——领英，在全球范围内定期推介花溪旅游，国际美誉度和影响力加快提升。成功举办了第九届贵州省旅游产业发展大会、2016中国青岩·古镇峰会等重要活动，成立了古镇联盟，发布了《古镇发展青岩共识》。2016年代表全省在全国全域旅游创建工作现场会上作交流发言，传递了花溪全域旅游示范区创建的好声音。

三、花溪区"大数据＋旅游"发展模式的经验

各级政府对"大数据＋旅游"的支持。2013年年底，国家旅游局发布了《关于印发2014中国旅游主题年宣传主题及宣传口号的通知》，"美丽中国之旅——2014智慧旅游年"成为2014年旅游宣传主题。围绕"2014中国智慧旅游年"主题，我国加快推动了旅游在线服务、网络营销、网上预订、网上支付等智慧旅游服务。贵州省政府和各级人民政府对旅游业发展也是相当重视，希望通过"智慧旅游"，实现旅游产业的升级。花溪区党政"一把手"亲自抓旅游，积极推动了大数据企业与花溪区旅游项目的合作，推出了《花溪区大数据旅游产业三年行动计划》（2017～2019）、《花溪促进"大数据＋旅游"产业发展优惠政策十条》，推动了花溪"大数据＋旅游"的发展。

广泛开展对外合作。2016年中国贵州智慧旅游产业联盟在花溪成立，大数据、新媒体、智慧旅游、旅游服务实体等六种类型企业实现共生、共享，旅游生态经济体的形成为花溪"大数据＋旅游"的深度融合并应用于旅游经济构筑了基石，为花溪区依靠科技进步快速发展全域旅游提供了助力。

积极开展"大数据＋旅游"的培训工作。花溪区为打造"大数据＋旅游公共信息服务"电商免费交易平台，多部门联合主办平台的培训，免费学习"贵途花溪全域智慧旅游数据技术云平台"的应用流程、运营规则及线上销售操作等内容，帮助涉旅商家更好地运用大数据平台拓展销售渠道，进一步提升了全域旅游服务品质及品牌价值。

游客旅游观念和消费习惯的变化为大数据旅游发展提供了重要条件。经济的发展和社会的进步，促使人们在消费观念、旅游观念方面都产生了很大的改变，让消费者在个性化方面的需求不断增长。此外，信息网络技术和交通设施的完善，也为人们的出行提供了更多方便，因此散客旅游和自助游成为目前旅游的新趋势。我国居民拥有私家车的数量迅速增加，同样也为游客出行提供了更多方便。国内旅游超过九成游客在旅游过程中，并没有选择旅行社服务。散

客化和自由行趋势明显，散客游将成为未来旅游活动最主要的表现形式。旅游业逐渐向个性化、多元化的体验式旅游发展。随着互联网和电脑、手机、苹果平板电脑（iPad）等智慧设备的发展，游客的消费习惯正在发生变化。移动互联网的迅速发展，使得人们可以随时随地上网，不再受场地与时间的限制，智慧手机与平板电脑的超便携性，为花溪区打造智慧旅游模式提供了硬件支撑，使移动互联网有了使用的载体。

四、花溪区"大数据+旅游"模式的价值和示范性

花溪区"大数据+旅游"发展模式的价值。到 2020 年，我国"智慧旅游"服务能力将明显提升，智慧管理能力持续增强，大数据挖掘和智慧营销能力明显提高，移动电子商务、旅游大数据系统分析、人工智慧技术等在旅游业应用更加广泛，培育若干实力雄厚的以智慧旅游为主营业务的企业，形成系统化的智慧旅游价值链网络。依托大数据产业，综合运用物联网、云服务等现代信息技术，加快推进智慧旅游建设，建设旅游综合数据中心、数字平台、智慧系统和具有旅游宣传、电子商务功能的旅游网站，形成一批引领作用强、示范意义大的智慧景区、智慧酒店、智慧旅行社等旅游企业，把旅游业发展成为信息含量高、知识密集的现代服务业，带动信息产业加快发展。花溪区"大数据+旅游"模式建设是全省旅游业牢牢守住生态和发展两条底线的有效途径，是助推贵州旅游业走出一条不同于东部地区、有别于西部其他省份发展道路的新举措。

花溪区"大数据+旅游"发展模式的示范性。花溪区"大数据+旅游"模式的发展前景仍然很大，通过智慧景区建设实现旅游资源整合，旅游业发展内外部环境优化，在旅游业发展的同时实现经济、社会、环境效益的综合提升，这为同类县域经济发展大数据旅游业提供了宝贵经验。

第十节　乌当区"两山"发展模式案例研究

一、乌当区"两山"发展模式的概况

贵阳市乌当区，位于贵阳市东北部，土地总面积 9624 平方千米，喀斯特地貌类型多样广泛分布，平坝占全区总面积的 19.01%、丘陵占 49.60%、山地占 31.39%。其生态文明实践始于 2007 年，当年其经济总量偏低，工业总产值仅为 70.8 亿元，二元结构明显，基础设施建设滞后。2008 年贵阳市提出建设生态文明城市之后，乌当区开始了生态文明建设的探索与实践，并取得较好效果，形成具有代表性的乌当模式。从"自然乌当"到"生态乌当"再到"生态健康之区"，乌当的发展定位不断升级。

2017 年召开的全国生态文明建设现场推介会上，乌当区等 13 个地区被命名为全国第一批"绿水青山就是金山银山"实践创新基地。以此为契机，乌当区生态文明建设的步伐加快了。以城乡"三变"改革、生态产业化、产业生态化的纵深推进为目标，以大健康、大数据、大旅游为主战略，加快了新兴产业发展及传统优势产业转型升级步伐。一方面，立足区位、生态、山水、田园、地热、文化、产业优势，努力修复改善环境污染造成的"外伤"、生态系统破坏造成的"神经性症状"、资源过度开发造成的"体力透支"，加快产业转型升级，初步实现了发展模式从粗放增长向集约创新转型、空间格局从两极分化向协调发展转型、规划建设从无序开发向生态治理转型、产业层次从低端高耗向低碳循环转型、发展重心从工业为主向全面提升转型。另一方面，努力将生态优势转化为经济优势，释放生态经济红利。在巩固提升特色食品、航空航天、装备制造、新材料新能源等传统优势产业的基础上，以大健康产业为引领，推动"大健康、大数据、大旅游"产业融合发展，奋力建设贵州大健康产业发展示范区，基本形成了大健康、大数据、大旅游融合发展的特色产业体系；以公园城市建设为载体，打造生态宜居家园；推进生态环境大数据建设试点，全方位构建生态环境监督治理体系，提升生态治理能力；以绿色文化培育为内涵，倡导健康生活方式，推动群众在衣食住行等方面向勤俭节约、绿色低碳、文明健康方式转变。

乌当区将把"两山"实践创新工作融入公平共享创新型中心城市和以生态为特色的世界旅游名城建设过程中，分三个阶段稳步推进。力争到 2020 年，成为全省"两山"实践典范；到 2023 年，成为西部"两山"实践模范区；到 2026 年，成为全国"两山"实践示范区。

二、乌当区"两山"发展模式取得的成效

生态文明水平明显提升。启动建设"一河百山千园"，开展南明河排污口整治、湿地公园建设、山体生态治理、景观绿化与植树造林、水库建设、生态乡镇村创建等工作。扎实推进中央环境保护督察问题整改，取缔养殖污染户，整改经营户，升级改造垃圾填埋场。统筹山水林田湖系统治理，搭建生态大数据系统，对林地、饮用水、土壤、空气、排污管网等生态环境敏感环节进行实时监测。全面推行河长制，率先在全省开发"河长制"手机软件云平台，实行政府、企业、民间"河长制"并行，全方位实时监管。2017 年，森林覆盖率达 54.93%，饮用水源地水质 100%稳定达标，城区垃圾无害化处理率达 100%，空气环境质量优良率达 93.8%。

"两山"模式的产业转型步伐加快。贯彻新发展理念，深入推进供给侧结构

性改革，全力实施"双千工程"①，大健康、大数据、大旅游现代产业体系日趋成形，大健康产业示范区引领地位持续巩固。医药制造和医药物流经济规模在贵州保持领跑地位，数字经济等新兴产业快速发展，大旅游融合带动效应持续显现。2017年大健康医药制造业总产值突破120亿元，大数据产业总产值达85.6亿元，增长20.63%；接待游客1394.8万人次，实现旅游收入74.63亿元，分别比上年增长30%②。

经济社会持续健康发展。大健康、大生态、大数据的融合发展，促进了乌当区整体水平的提高，丰富了生态产业业态，在提高生态效益和社会效益的同时，也提高了经济效益。2016年完成地区生产总值160.69亿元、财政收入35.76亿元，城、乡居民人均可支配收入分别达到28 673元、14 567元，在贵州省县域经济发展综合测评中位列18个城区方阵第4位。2017年乌当区生产总值完成179亿元，增长比上年12%；固定资产投资完成229亿元，比上年增长22%；规模以上工业增加值完成66亿元，比上年增长10.5%；社会消费品零售总额完成43.18亿元，比上年增长11.6%；城镇、农村常住居民人均可支配收入分别达到31 305元、15 617元，比上年增长9%、10%③。

三、乌当区"两山"发展模式的经验

强化"两山"模式的组织保障。成立以区委书记，区委副书记、区政府区长为双组长，分管农业农村工作的区委副书记和区政府副区长为副组长，各乡（镇）、新天社区、高新社区党委书记、乡（镇）长（主任）和区属各工作部门主要负责人为成员的领导小组。领导小组下设办公室全面负责乡村振兴战略各项推进工作的统筹协调、调度、指导及上情下达和下情上报等工作。

发挥各级党委在"两山"建设中的作用。各级党委发挥决策参谋、统筹协调、政策指导、落实督导等职能，强化"四个意识"。认真贯彻2014年中共中央办公厅印发的《关于加强乡镇干部队伍建设的若干意见》，加强乡镇干部队伍特别是乡镇农业服务中心的队伍建设，增加投入，完善机构。在乡镇干部队伍中，既配备熟悉现代农业、村镇规划、社会管理、产业发展、文化教育等方面的专业人才，又要有相当数量在本地成长、熟悉农村、了解农民、与农民群众有深厚感情的干部。

强化资源整合和规划工作。通盘考虑基础设施、公共服务、资源能源、产业

---

① "双千工程"是指贵州省住房和城乡建设厅、教育厅联合组织1000名规划设计技术人员和1000名高校学生对口支援新农村规划编制工作。
② 资料来源：http://www.gzwd.gov.cn/zwgk/xxgkml/jcxxgk/ghjh/zfgzbg/201801/t20180129_1556183.html。
③ 资料来源：https://max.book118.com/html/2017/0709/121307512.shtm。

发展、生态保护等布局，因地制宜，实事求是，分类规划，避免千村一律、千村一面一刀切。健全适合农业农村特点的农村金融体系，把更多金融资源配置到农村经济社会发展的重点领域和薄弱环节。创新财政资金使用方式，推广政府和社会资本合作，实行以奖代补和贴息，支持建立担保机制，撬动金融和社会资本更多投向农业农村，建立财政、银行、保险、担保"四位一体"的多元化立体型支农政策体系。创新金融支撑乡村发展机制，鼓励和支持金融机构开发适宜乡村振兴的农村金融产品和服务。拓展农业农村保险，建立健全风险分担机制，统筹推进特色、优质、精品农产品的政策性保险。

四、乌当区"两山"发展模式的价值与示范性

乌当区在"两山"模式建设的创新实践中，形成了具有鲜明地区特点和时代特征的模式，为我国其他地区"两山"模式建设，尤其是西部地区生态文明建设提供了实践经验。乌当区充分发挥自身的资源禀赋优势，集中精力做好"生态＋"文章，取得了显著成效。首先，加快生态经济发展是"两山"模式发展的首要任务。"两山"模式必须建立在强大的物质基础之上，只有提高人民生活水平，才能更好地促进"两山"模式的发展。因此，乌当把发展放在第一位，牢牢扭住经济建设这个中心不动摇，一心一意谋发展，在发展中保护环境，在发展中改善生态。通过产业发展和结构调整，实现了经济的崛起，逐渐形成绿色生态产业体系，夯实了"两山"发展模式的物质基础。

其次，统筹城乡发展，贯彻乡村振兴战略，铺就城乡人民幸福之路是"两山"模式的目标。发展"两山"模式既是发展问题，又是民生问题。因此，乌当除了加快经济转型和发展之外，还坚持把统筹城乡和乡村振兴战略作为"两山"模式发展的重要任务，以城乡公共服务资源均衡配置为方向，以加快农村基础设施建设为落脚点，努力实现城乡一体的公共服务体系和基础设施体系，让农民享受到与城镇居民同样的文明和实惠，提升了人民群众的幸福感。

最后，产业转型升级是实现经济发展与生态保护共赢的关键因素，也是"两山"模式的重要内核之一。发展"两山"模式必须牢固树立生态文明观，促进产业绿色转型。乌当把加快构建绿色产业体系作为推进生态文明建设的着力点扎实推进。通过推进传统工业高新化，农业现代化，发展旅游业，逐步构建绿色产业体系，着力实现生态建设产业化，产业发展生态化，实现经济效益、社会效益和生态效益相统一。特别是通过把旅游、农业、农村建设结合起来，打造主题鲜明的旅游品牌，不仅仅创新了乡村旅游发展模式，提高了乡村旅游发展的效率和质量，更为重要的是推动了农业的转型升级，推

进了美丽乡村建设，提高了农民收入，化解了经济发展与环境保护的突出矛盾，实现了多赢。

乌当区以建设"两山"理论实践创新基地为契机，扎实推进生态文明建设，优化生态体系，持续改善生态环境。利用自身生态环境的优势，在实践中不断创新"两山"模式，既保护了自身的绿水青山，又实现了金山银山的发展目标，为贵州县域经济的发展提供了一条可持续化的绿色路径。

第十一章　贵州省县域经济创新模式和对策建议

第一节　资本推动型发展模式

一、资本推动型发展模式概述

　　资本推动型发展模式是指县域经济发展中树立资本经营和运作的理念，通过培育良好的资本环境，用好县域内外的资本，服务于县域农业发展、工业转型、城镇化建设和乡村振兴，谋求县域经济的转型升级与跨越式发展。资本推动县域经济发展在东部发达地区有着丰富的经验，资本运作弥补了财政资金在发展县域经济的投资缺口，活跃了县域经济的市场，为县域经济走上快车道提供了助力。

　　贵州县域经济发展总体上表现为资本运作能力较弱。在工业发展方面，表现为工业基础薄弱，资源开发利用差，闲置资金比例大，企业科技含量低，经营管理粗放，融资能力弱。因此，贵州县域经济发展在今后一段时期应以此模式为主，在农业发展方面，以资本经营观念为主导，按照市场的需求，充分利用农村土地、基础设施等资源，实施资产重组、结构优化，推进农村产业结构调整，努力构建现代农业。在城镇化建设方面，用资本的观念经营城市、规划城市、建设城市。要坚持市场取向原则，按照市场经济的规律和要求，以全新的观念经营城市土地，从而将城市的自然资源、基础设施资源、人文资源及其他经济要素变为资本，通过市场进行合理配置，在容量、结构和秩序上实现最大化。牢固树立从经济行为、经济效益和市场竞争的角度对待人力的资本观念。通过市场的方式，合理配置人力资源，充分发挥人力的资本效益。在实施乡村振兴战略过程中，应积极将工商资本引入农村，盘活农村的闲置土地资源，实现农村的资本化运作。

　　贵州县域经济债务压力和风险的化解需要社会资本的参与。前期地方政府发展一方面靠的是土地财政，另一方面是政府借债发展。贵州县域经济发展不平衡，经济条件差的县面临着还债压力，已成为当地经济发展的瓶颈。因此，只有积极引进社会资本，才能帮助政府走出融资困境。

二、对策建议

　　建立健全县域经济发展的市场机制。按照资本运作和经营的理念，对现有的市场进行完善，为各类资本的发展搭建平台。大力发展要素市场，搭建产权交易平台，激发劳动力和人才市场活力、推进人力资源资本化、实施企业间的资本重组。通过完善管理办法繁荣市场经济，促进资本经营和资本运作模式的形成，实现县域经济发展中市场在资源配置中的主导作用。

营造良好的市场经济政策环境。按照非禁即入的原则，建立健全相应的政策和灵活便利的运行机制，规范引导民间资本、县外资本向本地产业流动，形成资本集聚效应。引导资本合理开发使用土地资源，从市场准入、运作方式、管理制度等方面进行规范管理，确保土地资本收益的最大化。积极培育本地的龙头企业，鼓励它们参与资本运作，为它们上市提供便利服务。

塑造良好的营商服务环境。在过去 GDP 主义主导的时代，县域经济发展重视的是招商引资，在以高质量发展为主导的新时代，更为重视引进高质量的资本。为此，应从理念上改变"开门招商，关门打狗"的招商引资模式，要求各职能部门强化在营商环境建设方面的协调与配合。认真履行职责，创新服务方式和内容，为资本经营提高规范的服务和善意的监督。通过服务环境的改善，增加市场在县域经济中的资源配置能力。

协调好各经济主体的利益关系。县域经济发展过程中，政府、企业和居民作为不同的经济主体，在同一个市场中具有不同的利益诉求，甚至会出现矛盾。政府不能当做"守夜人"，而应从中协调，防止一方侵害另一方的利益。政府不能只管自身的利益，而忽视其他经济主体的利益。新时代对党委和政府有新的要求，必须按照中央的要求进行担当和作为。

第二节　电商平台下的市场拉动型发展模式

一、电商平台下的市场拉动型发展模式概述

电商平台下的市场拉动型发展模式是指县域经济发展中应充分重视电子商务在对接县内外市场的重要性，通过打通县外大市场实现县内商品的走出去，消除市场狭窄"谷贱伤农"现象的出现，低成本引进外埠商品和生产要素，由此推动县域经济产业转型升级的发展模式。电子商务对于县域经济转型发展的价值主要体现在：通过促进县域农业、制造业、服务业的创新发展，调整产业结构；通过发展农村电子商务拉动消费、促进农民返乡创业、推动农民就地城镇化。

贵州县域经济中，电子商务的发展起步较晚，但是发展速度非常快，这一方面得益于贵州近年来交通运输、物流仓储、互联网等条件的根本性改变，另一方面得益于政府和电子商务企业的大力推动。农村淘宝、快递等在贵州农村已经普

及，总体上看，离城市较近的地方发展得较快，交通不便利的乡村则发展较慢。这与贵州县境内山多沟深，有些群众居住在交通不便利的山顶有关。因此，贵州县域电子商务呈现出不平衡、不充分的特征。此外，贵州电子商务还有一个重要特征，通过电子商务购买外地的商品多，而本地的商品走出去的少，形成了巨大的电子商务逆差。

发展县域电子商务的作用。电子商务以消费者为中心，通过互联网平台打通生产者、消费者之间的交易障碍，便利双方的直接沟通和交易，这样就改变了农业的传统生产方式，农民原先盲目的先生产后销售的模式转变为有订单再生产的模式，这种"逆行农业"解决了销售难题。同时，市场的需求会倒逼着农民生产要有一定的标准，避免了农业生产的随意性，"精准农业"的发展也提升了农业的现代化水平。此外，电子商务的发展促进了县域经济的三产融合，电子商务一旦渗透到传统产业之后就会引发产业变革，不断催生出新的业态，从生产什么、生产多少自己说了算转变为"精准定制"生产，倒逼着行业的改革和配套服务业的发展。这对改变贵州县域生产节奏、丰富产品类型、提高服务质量有着重要的促进作用。

二、对策建议

提高对县域电商的认识。县域电商有着独特的运营体系，要从概念上、内涵和外延上认识清楚，把破解认识问题作为决策的关键前提。电商发展涉及的部门多，不能只是商务部门了解电商，而要让所有职能部门都了解电商，特别是县镇的主要领导认识到县域电商的重要性。

做好县域电商规划。电子商务的发展不仅仅是技术的问题，更是服务配套的问题，涉及领域多，一个县的电商就是一个电商生态链。因此，每一个县都要有一个电子商务的发展规划，系统谋划电子商务在本县的发展。通过规划的编制，整合各部门的资源，统一思想认识。

做好电商技术培训和人才培育工作。电商技术培训应由政府和电子商务企业共同来完成，重点针对当地的中青年，他们经常使用计算机、移动通信，对外交流也无语言障碍，经过培训后他们很快就能开展工作。在他们开始从事电商业务时，可以出台优惠政策帮助他们募集到启动资金，为他们的创业提供创客空间等。培训要经常开展，不断针对县域电商发展的阶段和出现的新问题，进行系列性的培训，便于他们掌握最新的技术、不断提高自己的电商运营能力。

根据电商的发展推动县域经济转型。通过发展电商，发现市场的新需要和新要求，推动县域经济在三产方面的转型和三产之间的融合发展。供给侧结构性改革实施，产业结构调整，都要围绕市场来进行。电子商务的发展为供给侧结构性改革提供了方向，县域经济转型升级因此有了思路。政府部门要抓住这些线索，推动县域各产业的转型和升级工作，不断总结经验，提供针对性的服务。

第三节　扶贫下的政府主导型发展模式

一、扶贫下的政府主导型发展模式概述

扶贫下的政府主导型发展模式是指在以脱贫攻坚、全面建成小康社会为主要任务的阶段，县域经济发展的主题是完成扶贫任务，政府通过控制、分配、使用扶贫资源和资金推动扶贫工作，实现县域经济发展的模式。扶贫下的政府主导模式不仅符合经济学中"守夜人"的公权救济理念，也反映了我国贫困人口绝大多数居住在农村的特点。

贵州不仅是我国贫困人口最多的省份，还有贫困程度最深、贫困原因最复杂的身份。一方面，贵州地形复杂，没有平原，难以进行大面积的粮食生产和农作物种植，农民收入少；另一方面，过去交通不便形成的对外交流少，少数民族人口多，市场经济意识弱，对教育重视不足等，造成严重的贫困的代际遗传。

为改变贵州的贫困现状，国家非常重视贵州的扶贫工作，要求贵州要在 2020 年与全国同步建成小康社会，给予了大量的资金支持，特别是党的十八大以来，中央对贵州扶贫资金的转移力度不断加大。

扶贫资金和扶贫资源的使用、配置的主导自然落到了县级政府的头上。与过去不同，贵州的扶贫不是缺少资金和资源，而是有着较为充沛的资金和丰富的资源。如何将这些资金的使用落到实处，做到"真扶贫，扶真贫"，是当前贵州县级和乡镇政府需要优先考虑的问题。党的十九大之后，更是提出了乡村振兴的战略，不仅要考虑贫困农民的脱贫问题，还要解决更为重要的"产业兴旺、生态宜居、乡风文明、治理有效、生活富裕"的问题。统筹使用扶贫资金和扶贫资源，促进乡村振兴战略的实施，促进县域经济的发展，发挥扶贫资金的撬动作用，是扶贫下政府主动模式的重点任务。

在承认贵州县级政府在扶贫中付出努力取得重要成效的同时，也伴生了一些问题，包括政府扶贫目标发生偏离与转换；贫困人口瞄准困难；贫困人口的诉求得不到反映，需求得不到满足；扶贫效率不高，产业性扶贫项目少、效果差等问题。这就要求扶贫下的政府主导模式应进行调整和完善。一是制度的设计安排要更为科学、合理；二是提高资金使用的效率；三是在扶贫的同时注重发挥人的主动性，防止造成"贫困精神"；四是在扶贫工作的效果上，重视自身资源的开发和利用，增强内生性的"造血"能力。

二、对策建议

加强扶贫的制度安排和创新。一是在对承担脱贫攻坚任务的基层政府官员考核体系当中纳入扶贫效果的相关指标，提高贫困地区政府官员扶贫的积极性。二是加强监管，通过项目的申报和审批制度使得扶贫资源真正用于扶贫，减少扶贫资金挪作他用和资金渗漏。三是增加扶贫资金使用的透明度和公开化，让真正的贫困群体具有知情权利和话语权，防止真正贫困群体的"集体失语"。四是提高市场组织和其他组织有序、合法、规范地进入扶贫领域，开展扶贫活动。

推动市场化扶贫机制建设。一是县级政府要积极培育和引导市场主体参与本地区的扶贫工作，广泛联络社会扶贫机构、企业，扩大扶贫资金的募集渠道，发挥市场主体具有的自身技术、市场运作能力，将资源优势转化为产业优势。二是通过前期扶贫工作模式的反思，设计一套符合县域特点的市场化扶贫机制，做到政府、扶贫对象和参与的市场主体的利益平衡。例如，贵州探索的城乡"三变"改革中如何平衡经济主体的利益，激发他们参与的积极性。三是完善传统市场化扶贫模式，按照乡村振兴的要求，拓宽市场化扶贫的领域，提高扶贫的精准性和效率，如电商扶贫、教育扶贫等。

第四节　农民自主合作型发展模式

一、农民自主合作型发展模式概述

农民自主合作型发展模式是指通过农民自主合作组织化程度的不断提高，实现资金、技术、劳动力、土地等要素的优化组合，增强农民参与市场竞争力和抵制市场风险能力，提高农业资源使用效率和综合效益，促进县域经济走上现代化农业道路的发展模式。农民专业合作社、农民协会等均为此类组织。在县域经济发展中，农民自主合作组织是社会主义市场经济向农业和农村经济扩展、渗透的必然产物，是推动县域经济发展的重要力量。

农民自主合作组织在促进贵州县域经济发展中的作用。发展农民自主合作组织是繁荣农村县域经济、促进农民增收的重要举措，是提高农民组织化程度、增强农民市场竞争力的基本手段，也是建设现代农业、提升农业整体素质和综合效益的有效途径。在县域经济发展的各个层面上，农民自主合作组织又发挥着桥梁纽带作用，将微观层的农户、中观层的农业产业化和宏观层的县域经济三者有机地联系在一起。

贵州省农民自主合作组织经过多年的发展，呈现出发展模式的多元化、合作形式的多样化、优势特色行业的产业化等特点。农民自主合作组织主要有四类人发起成立，一是种植大户、养殖大户和农民经纪人为核心创办，这些都是当地的能人，他们在当地有一定的威信和信任度；二是由村级干部发起，他们具有一定的组织能力和优化资源的能力；三是农业技术人员发起，主要是将自己掌握的技术产业化、规模化，吸收当地农民参与；四是龙头企业参与带动型，最典型的就是"公司＋协会＋农民"的模式，协会起着中介的作用。通过农民自主合作组织的发展，推动农业资源的整合与优化利用，提高了参与农民的收入，提升了整体县域经济的发展水平。

在实际的运行中，贵州省农民自主合作组织也存在一些问题，如合作组织的机制不健全；参与人的素质较低，难以承担组织赋予的责任；组织的治理结构单一，治理的顶层设计缺失等。

二、对策建议

加大政府对农民自主合作组织的扶持。各级政府非常重视培育农民自主合作组织的地位，将其作为繁荣县域经济、促进农民脱贫的重要举措，但是缺乏具体法律依据。贵州省可以从地方法规、条例的制定，完善对农民自主合作组织的扶持政策，从财税扶持、信贷优惠利率、土地使用优惠等方面进行细化。搭建公共信息平台，做好精准服务工作。

加大县域经济中农民自主合作组织的参与度。在县域经济发展的重要产业化项目实施时，积极争取农民自主合作组织的参与，为他们融入县域经济整体发展提供机会。只有让他们不断参与县域经济的发展，才能不断提高组织能力，为县域经济发展的转型升级发挥更为重要的作用。

加大对农民自主合作组织的培训与规范管理。加入合作组织的主体是农民，其学历低造成财务、管理、市场的知识缺乏，难以适应复杂市场环境对其能力的要求。政府不应袖手旁观，任其自生自灭，而应积极作为，根据合作组织的阶段性特点和困难，及时为他们提供各种培训，帮助他们化解矛盾纠纷，解决遇到的具体问题。此外，应加强合作组织的规范化管理，帮助他们做好顶层设计和治理结构的优化。

第五节　大数据平台下的共享经济型发展模式

一、大数据平台下的共享经济型发展模式概述

大数据平台下的共享经济型发展模式是指地方政府利用大数据搭建的共享平

台，实现政府治理的精细化、服务决策的精准化和产业的融合发展，推动县域经济走上高科技应用发展的道路。大数据虽然提出的时间不长，但是应用范围比较广泛，是共享经济的重要技术支撑。

大数据在推动县域经济发展方面的作用有三个方面：一是地方政府可以利用大数据进行精细化社会治理。在大数据时代，每一个市场主体都会将自己的数据进行汇聚，地方政府作为这些数据的管理者，不断认识到大数据进行共享后带来的强大的市场价值，决策更多地依赖数据。二是利用大数据技术提升公共服务能力。大数据技术的优势是从海量的微观数据中挖掘价值信息，形成供决策用的数据分析应用体系。这在社会风险控制、预测预警和应急响应方面具有更大的能力。三是利用大数据引领县域经济发展，利用其功能推动智慧城市建设、推进商业模式创新、推动传统产业升级。

贵州省在发展大数据方面取得了重要的成效。在贵州，大数据与大生态、大健康一起作为全省的发展战略目标。贵州大数据的发展得到了习近平总书记的亲自关心和亲切关怀。大数据与产业融合取得了实际效果，在传统制造业、高端装备制造业、物流业及新兴产业的深度融合发展方面均有典型案例。结合电子商务、全域旅游、健康医药、智能制造等发展，大数据在传统产业转型升级、新兴产业发展壮大方面发挥着引领作用。大数据的应用促进了企业的绿色发展，实现了增长方式的转变，落实了中央提出的高质量发展的要求。大数据在数字共享社区、数字共享村寨建设方面发挥了重要作用，提高了社会治理和民生服务能力，增强了人们的获得感。

二、对策建议

不断解放思想主动作为。大数据是技术的变革，更是一场思想的革命。面对新生事物，要努力克服本能恐慌和被动应付的心态，把大数据当成一种产业、一种生活方式不断融入工作中，将大数据技术的应用纳入县域经济发展的规划中。突出县域经济体系建设中发挥大数据在创新中的引领作用，加快大数据与县域内实体经济、各产业之间的融合发展、创新发展，不断促进县域商业模式的创新。

以共享经济培育县域经济增长点。采用开门发展大数据的方式，避免行业垄断，广泛动员社会力量投入大数据产业，逐步形成各经济主体多元投入的融资体系。主动谋划大数据与产业融合发展项目，分步骤向区域内的企业、行业渗透，推动县域共享经济的发展，培育新的经济增长点。

推进数据开放共享提升要素支撑能力。利用大数据技术时，重视数据资源管理的制度建设，除了需要开放共享的公共服务数据、一般性学术研究数据外，对于其他有经济价值的数据资源，制定定价标准、设立产权交易市场等，实现数据资源在不同市场主体的共享。

注重大数据专业人才的引进和培育。大数据从概念理解到实际应用还需要技术人才的支持，加大对青年创新人才的培育，引导他们积极投入到县域经济发展的关键产业、领域并发挥作用，不断出创新成果，不断挖掘数据价值，促进县域经济的提质增效。

第六节　技术创新驱动下的转型升级发展模式

一、技术创新驱动下的转型升级发展模式概述

技术创新驱动下的转型升级发展模式是指在县域经济发展中高度重视科技创新的支撑与引领作用，以科技创新引领经济社会发展、产业升级，实现县域经济高质量增长的发展模式。随着"科学技术是第一生产力"的提出，各地在经济发展中越发重视技术创新在县域经济中的地位和作用。进入新时代，实现经济的高质量发展更离不开技术创新。

长期以来，贵州县域经济中技术含量较低。农业方面，种什么、怎么种凭的是经验，因此这些农产品的产量低、品质差，难以在市场上卖出高价，不能作为农民致富的手段。大部分县域工业基础薄弱，工业大多是一些传统工业，其科技含量低，工业附加值少，企业规模较小，管理方式落后。工业产品的生产技术和生产设备较为落后，粗加工产品多，精加工产品少；资源密集型和劳动密集型为主，生产方式较为粗放，资源利用率较低，基本处于原材料生产的初级阶段。能源利用率低，生态环境破坏较为严重。开发区引进的中小工业企业多是承接产业转移的技术，缺乏原创技术的产品，难以在市场上形成竞争力。所以，贵州县域经济发展绝大多数处于萧条状态，各地的农业示范园区和工业园区长期处于营养不良状态，有厂房没有企业。在我国经济进入新常态后，缺乏原创技术已经成了制约贵州县域经济发展的瓶颈。他们的勤劳付出，只能勉强解决温饱问题，并不能实现较高的回报。以煤矿、磷矿、锰矿等资源开发利用为主的县，一方面要进行供给侧结构性改革，另一方面在建设生态文明先行示范区的要求下，必须走绿色发展节能减排和转型升级的道路。

县域经济一般难以有重大创新的科研能力。因此，县域经济的技术创新有三种途径：一是承接产业转移技术，经过一段时间的生产后，进行技术改造和创新；二是通过购买知识产权的方式，直接将专利技术引进到县里进行产业化生产；三是针对本地出现的技术难题，与科研院所、高校等具有科研实验室和技术人才的单位合作，联合攻关，形成的创新技术成果双方共享。

二、对策建议

成立高层次的科技创新领导小组。领导重视有利于工作推进。在县级政权层面，也是如此。成立以县委书记、县长为组长的科技创新驱动领导小组是必要的，真正做到一把手重视科技工作。发挥全县干部的作用，从过去的全民招商转变为全民参与科技创新，发动广大干部思考科技创新问题，人人争当科技辅导员，切实为企业解决技术问题。主动出击，寻找县外高科技项目在本县落地。

投入财政资金支持技术创新工作。确保每年在科技投入方面的资金保证，设立科技型企业发展基金，落实国家对高新技术企业的所得税减免规定，为技术创新营造良好的氛围。立足县域经济发展的主导产业，针对共性技术问题，对于在这些领域有突破性创新技术的给予必要的奖励。鼓励高新技术企业与当地企业联合攻关，申报专利技术，促进科研成果向生产力转化。

注重体制创新解决产学研两张皮问题。县域经济的支撑较少为大型企业，更多的是中小企业，它们有着对新技术的渴望，但是由于资金、科研能力的限制，长期不能实现技术改造。此外，高校和科研院所的新技术则束之高阁，消除两者之间的壁垒是县域科技部门的重点工作。将县域内企业对技术创新的需求搜集整理好，对应的找到能够解决、愿意解决这些问题的专家是他们的重点工作。因此，县科技主管部门应从服务中小企业升级改造的视角创新体制机制，消除造成两张皮的体制和机制障碍。

参 考 文 献

白素霞，蒋同明. 2017. 苏南模式、珠江模式与温州模式的比较分析. 中国经贸导刊，34：44-46.

毕辰欣. 2015. 地方治理视野下贵州乌蒙山地区扶贫开发研究. 贵阳：贵州财经大学.

曹群. 2012. 我国县域经济发展的区域差异及模式选择. 商业研究，8：175-179.

曹伟. 2013. 经济转型中的政企耦合. 杭州：浙江大学.

陈厚义，刘斌. 2010. 贵州县域经济现状及发展对策. 贵州财经学院学报，（3）：92-98.

陈毓钊. 2016. 绿色磷都转型跨越. 贵州日报，（13）：1-14.

陈泽浦. 2010. 沿海县域经济发展模式研究. 青岛：中国海洋大学.

程劲松. 2008. 人口与县域经济发展的关系研究. 贵阳：贵州大学.

董晓燕. 2014. 贵州县域经济发展的战略模式. 北方经贸，（11）：82-83.

杜涛. 2018. 茶产业成为脱贫攻坚主导产业. 中国食品报，（2）：1-4.

段雪珊，黄祥祥. 2018. 乡村振兴：战略定位与路径探索——第二届中国县域治理高层论坛会议综述. 社会主义研究，1：169-172.

范阳阳. 2016. 济南柳埠镇樱桃产业发展对策研究. 泰安：山东农业大学.

冯葆昌. 2016. 贵州：南方草地畜牧业的引领者. 中国畜牧业，（15）：23-24.

付野. 2011. 科技进步与县域经济增长差异研究. 沈阳：沈阳农业大学.

顾洁. 2011. 县域经济温州模式与苏南模式的对比分析——路径依赖导致的差别. 品牌（理论月刊），1：23-24.

何建雄. 2013. 基于"两型社会"建设目标的县域经济发展研究. 长沙：湖南农业大学.

洪银兴. 2007. 苏南模式的演进及其对创新发展模式的启示. 南京大学学报（哲学·人文科学·社会科学版），2：31-38.

胡忠俊，姜翔程，肖洁. 2008. 民族地区县域经济发展模式之思考——以贵州为例. 安徽农业科学，3：1244-1246.

黄承伟，叶韬，赖力. 2016. 扶贫模式创新——精准扶贫：理论研究与贵州实践. 贵州社会科学，10：4-11.

黄俊明. 2017. 发展马铃薯产业、助推贵州精准脱贫. 中国马铃薯大会.

黄明辉. 2012. 贵州县域经济发展现状及问题与对策. 六盘水师范学院学报，24（1）：85-88.

吉宏，邹昀芹，鄢海艳. 2014. 我国县域经济发展中财政支持的制约因素及对策研究. 金融与经济，11：90-93.

计晓燕. 2012. 贵州旅游产业定位与贵州经济发展研究. 特区经济，6：127-129.

贾明月，朱云海，罗来疆. 2015. 二元经济结构对县域经济发展的影响——以浙江省为例. 经济研究导刊，12：56-58.

蒋焕洲，尚海龙，吴显春. 2016. 贵州县域经济发展方式转变的对策研究. 经济论坛，12：37-39.

蒋彦.2012. 贵州省县域经济问题研究. 知识经济, 15: 58.

匡远配, 曾锐.2010. 长株潭试验区发展"两型农业"的对策研究. 农业经济与管理, 3: 51-56.

雷梅. 2014. 农村扶贫攻坚情况调查研究——基于贵州扶贫对象视角的调查报告. 云南行政学
    院学报, 16 (1): 124-127.

李媚.2015. 河北省县域经济发展模式研究. 天津: 河北工业大学.

李瑞霞.2008. 县域循环经济发展模式研究. 武汉: 华中科技大学.

李瞳.2017. 贵州茶产业钻石模型分析. 河南牧业经济学院学报, 30 (6): 38-42.

李艳.2015. 浅析贵州县域经济发展方式的转变. 劳动保障世界, 23: 31-36.

李燕.2018. 西南民族地区农产品电子商务经营模式研究. 山东纺织经济, 3: 66-68.

李瑶, 张志奖, 付英, 等. 2010. 江西绿色农业产业化发展模式及对策研究. 江西农业学报,
    22 (07): 206-209.

梁晓琳.2015. 磷都福泉绿色前行. 黔南日报, (2): 5-21.

梁兴辉, 王丽欣.2009. 中国县域经济发展模式研究综述. 经济纵横, 2: 123-125.

廖家鸿, 张冰, 陈曦.2016. 贵州省湄潭县茶产业"十二五"回顾与"十三五"发展的思考.
    贵州茶叶, 44 (1): 29-32.

林峰.2006. 中国特色县域经济发展模式研究. 长沙: 湖南师范大学.

林荣清.2009. 基于农业产业化的县域经济发展模式研究. 科技和产业, 9 (9): 35-40.

凌飞鸿.2017. 关于全域旅游助推县域经济发展的思考. 经济研究导刊, 8: 84-85.

刘广燕.2017. 对县域经济分类发展模式的思考. 中国集体经济, 7: 16-17.

刘国良.2006. 苏南模式与温州模式、珠江模式的比较. 浙江经济, 18: 36-37.

刘吉超.2013. 中国县域经济发展模式研究评述及其反思. 企业经济, 32 (2): 154-158.

刘锦.2016. 贵州旅游业的发展现状及对策分析. 旅游纵览 (下半月), 6: 136.

刘久锋.2017 . 贵州盘县: 黑色煤城的绿色变身. 农民日报, (4): 1-3.

刘开华, 陈廉, 熊正贤, 等. 2014. 贵州旅游产业发展的决定因素分析——基于 Johansen 协整
    检验方法. 生态经济, 30 (8): 121-126.

刘洋.2015. 大洼县家庭农场发展案例研究. 大连: 大连理工大学.

刘渝洲.2012. 贵州省县域经济发展研究. 贵阳: 贵州财经大学.

刘志伟.2008. 武汉市现代都市农业发展评价与对策研究. 武汉: 华中农业大学.

龙江, 欧阳犇.2014. 贵州县域经济发展模式的创新. 商场现代化, 19: 142.

陆学泽.2006. 以新型工业化理念发展壮大县域经济. 社会主义论坛, (2): 48-49.

罗以洪, 陈涛, 谢孝明.2018. 基于茶文化视角的黔茶产业转型升级路径研究. 贵州师范大学学报
    (社会科学版), 1: 104-110.

马洪斌.2016. 贵州省茶产业链组织模式评价研究. 贵阳: 贵州大学.

马跃.2009. 高效农业是安徽农业现代化的必然选择. 安徽农学通报 (上半月刊), 15 (3):
    35-45.

孟召宜.2011. 我国区域经济发展模式的研究述评与展望. 淮海工学院学报(社会科学版),9(21):
    64-68.

苗元振, 王慧.2014. 山东省农业产业化二十年发展状况研究. 山东农业大学学报 (社会科学版),
    16 (1): 49-54 .

聂永刚. 2013. 贵州农村财政扶贫资金使用与管理存在的问题及对策. 贵州财经学院学报, 1:

108-111.

屈甜利.2015. 贵州特色农业发展的 SWOT 分析. 商界论坛，29：279.

桑维亮.2017. 毕节市马铃薯产业现状及发展方向——在 2017 年中国马铃薯大会上的主题报告.
　　世界农业，（8）：244-245.

沈雪潋.2012. 中国经济区划改革与经济发展模式研究. 成都：西南财经大学.

施钱贵.2017. 贵州荔波大力发展全域旅游，为精准扶贫探索新路. 人民政协报，（7）：7-21.

史晋川，朱康对.2002. 温州模式研究：回顾与展望. 浙江社会科学，3：5-17.

宋金平.2002. 北京都市农业发展探讨. 农业现代化研究，23（3）：199-203.

孙秋芬，任克强.2017. 生态化转型：苏南模式的新发展. 哈尔滨工业大学学报（社会科学版），
　　19（5）：117-124.

孙秋芬，任克强.2017. 生态化转型：苏南模式的新发展. 哈尔滨工业大学学报，（9）：118.

王炳，李睿.2012. 自然资源与区域经济发展关系的理论之辩. 生态经济（学术版），1：87-90.

王景新，支晓娟.2018. 中国乡村振兴及其地域空间重构——特色小镇与美丽乡村同建振兴乡村
　　的案例、经验及未来. 南京农业大学学报（社会科学版），18（2）：17-26.

王礼全.2010. 贵州县域经济发展研究报告.贵阳：贵州人民出版社.

王丽彬，孙瑞艳，黄国清.2013. 都市现代农业发展现状及其趋势. 天津农业科学，19（5）：
　　20-24.

王曼.2006. 县域经济发展动力机制与发展模式研究. 上海：华东师范大学.

王宁宁.2017. "互联网＋"背景下我国农产品电子商务发展模式研究. 电子商务，12：19-21.

王平，战磊.2006. 创新导向型县域经济发展模式及其路径选择. 探索，2：125-130.

王强.2014. 茶产业提升纳雍县域经济发展品质. 四川农业科技，2：8-12.

王婷婷.2011. 贵州余庆县产业结构优化问题研究. 科技经济市场，3：54-55.

王小梅.2012. 魅力杜鹃花都水西文化胜景. 贵州日报，（6）：4-14.

王义婷，张文良，张之.2018. 广西特色农产品电子商务发展模式研究. 产业与科技论坛，
　　17（10）：23-24.

王志鑫.2014. 贵州扶贫生态移民立法研究. 贵阳：贵州民族大学.

文岚.2008. 黔西旅游业发展的昨天、今天和明天. 毕节日报，（3）：8-16.

吴大华，王志鑫.2014. 贵州扶贫生态移民权益保护研究. 贵州师范大学学报（社会科学版），
　　2：56-61.

吴水林.2013. 论发展县域经济的模式及方向研究. 现代经济信息，16：467.

夏雪燕.2009. 湄潭县发展茶产业的主要做法及启示. 贵州茶叶，37（2）：29-31.

肖奇.2016-12-02. 雷山："六个一"打造"贵州茶叶大县". 贵州政协报，（B04）.

谢涛.2010. 珠三角企业面临挑战——论珠江模式的变迁及转型. 中国国情国力，10：62-64.

邢志广.2006. 中国县域经济发展模式研究. 哈尔滨：哈尔滨工程大学.

徐文霞，冉崇江.2012. 思南县的红薯产业发展现状及对策. 农技服务，29（8）：986-987.

徐小佶，韦信宽.2010.县域经济发展模式.北京：社会科学文献出版社.

徐新.2016. 大数据战略行动与贵州发展新路. 中共贵州省委党校学报，1：67-71.

许义娇.2013. 贵州省县域经济低碳化研究. 长春：吉林大学.

薛进杰，许瑞虹.2006. 山西农业节水模式探讨. 山西水利科技，5：56-57.

燕安，刘明辉.2012. 统一战线参与贵州扶贫开发问题初探. 贵州社会主义学院学报，4：19-23.

杨昌德. 2018. 大生态战略行动推动贵州发展思考. 理论与当代, 3: 15-18.

杨超. 2016. 加大人力资本投入, 促进贵州经济的高效增长. 全国商情 (经济理论研究), 2: 81-82.

杨亚云. 2009. 毕节地区玛瑙红樱桃发展现状及对策. 现代农业科技, 1: 102-103.

杨颖, 胡娟. 2013. 贵州扶贫开发成效、历程及挑战思考. 开发研究, 2: 89-92.

余红英. 2015. 余庆县乡村旅游的发展路径探索. 赤峰学院学报 (自然科学版), 31 (14): 49-50.

余霜, 李光, 邱玥, 等. 2011. 紫云县红薯产业发展的 SWOT 分析与对策. 广东农业科学, 38 (17): 177-178.

曾德永. 2015. 湄潭县茶叶产业化经营存在的问题及探讨. 贵州茶叶, 43 (2): 26-28.

曾刚, 赵建吉. 2009. 上海浦东模式研究. 经济地理, 29 (3): 357-362.

战焰磊. 2005. 县域经济发展模式: 自身局限与演进趋势. 山东社会科学, 12: 59-62.

战焰磊. 2010. 中国县域经济发展模式的分类特征与演化路径. 云南社会科学, 3: 109-113.

张桂强. 2015. 企业参与扶贫研究. 北京: 中国地质大学.

张海霞, 汪宇明, 张旭亮, 等. 2008. 中国的专业市场推动型区域发展模式探讨. 开发研究, (2): 44.

张洪力. 2006. 县域经济发展模式的理性思考. 中州学刊, 4: 59-61.

张建国, 晋京串, 肖宁月. 2009. 山西旱地农业降水高效利用技术探讨. 山西农业科学, 36 (1): 52-54.

张莉莉. 2010. 国内外县域经济发展研究综述. 北方经济, 23: 76-78.

张伟丽, 欧静, 姚世雄. 2017. 百里杜鹃风景区花卉景观和花卉旅游产品规划探讨. 绿色科技, 5: 184-187.

张毅, 杨俊. 2012. 贵州扶贫开发中的制度创新思考——基于连片特困区的自我发展能力培育. 贵阳市委党校学报, 5: 10-12.

张应有, 王凤, 张军. 2017. 贵州省纳雍县玛瑙红樱桃产业发展的思考. 农技服务, 34 (3): 179-180.

赵伟. 2007. 县域经济发展模式: 基于产业驱动的视角. 武汉大学学报 (哲学社会科学版), 4: 481-486.

周感华, 赖晓玲. 2006. 建立完善新机制建设文明新农村——遵义市余庆县 "四在农家" 运行机制启示录. 中共贵州省委党校学报, 6: 22-23.

周密. 2013. 资源型县域经济发展模式转型研究. 长沙: 湖南大学.

周维现. 2013. 中国欠发达县域经济发展研究. 武汉: 武汉大学.

朱恩鼎. 2008. 黔西县经济发展战略研究. 天津: 天津大学.

邹进泰, 彭先镇. 2005. 县域经济发展的四种模式. 湖北日报, (A03): 8-11.

后　记

本书由贵州省经济学一流师资团队建设专项资金资助出版。

具体负责书稿撰写与整理的是：前言（李家凯）；第一章贵州省县域经济与发展模式概况、第二章国内外县域经济发展模式的理论研究（李家凯、黄军结）；第三章中国县域经济发展的典型模式研究、第四章西部地区县域经济发展的典型模式研究（李家凯、马竞天）；第五章贵州省县域经济发展模式及存在的问题研究、第六章贵州省县域经济发展模式的影响因素研究（李家凯、周祖玲）；第七章贵州省县域经济发展模式的优化路径研究、第八章贵州省县域经济发展模式创新研究（李家凯、安新春）；第九章贵州省县域经济发展模式制度设计依据研究（李家凯、李政）；第十章贵州省县域经济发展模式典型案例研究（李家凯、张建威、高雨晨）；第十一章贵州省县域经济创新模式和对策建议（李家凯、李政）。全书由高雨晨负责校稿。

感谢以上各位对本书付出的辛勤劳动。本书的出版，还得益于许多老师、领导、同事的指导和帮助，在此，表示深深的谢意！感谢各位朋友为本书研究所提供的帮助；感谢家人对我的学习、工作的支持！最后借此机会，向支持和帮助本书研究的有关个人、单位以及写作过程中参阅研究成果的专家、学者表示诚挚的谢意！

限于作者水平，书中难免有疏漏之处，恳请广大读者批评指正。

李家凯

2019 年 6 月